Kohlhammer

Autor

Dr. Jörg Koch, geb. 1968, ist promovierter Historiker, Oberstudienrat in Frankenthal/Pfalz und Stadtrat in Worms. Er hat zahlreiche Beiträge zur Wormser Stadtgeschichte vorgelegt, ebenso überregionale Titel, zuletzt „Staatliche Gedenk- und Feiertage in Deutschland von 1871 bis heute" (2019), „Einigkeit und Recht und Freiheit. Die Geschichte der deutschen Nationalhymne" (2021) und „Deutsche Bahnhöfe in historischen Ansichten. 200 Meisterwerke der Architektur" (2021).

Jörg Koch

Kino für das Ohr

100 Jahre Rundfunkgeschichte(n)

Verlag W. Kohlhammer

Dieses Werk einschließlich aller seiner Teile ist urheberrechtlich geschützt. Jede Verwendung außerhalb der engen Grenzen des Urheberrechts ist ohne Zustimmung des Verlags unzulässig und strafbar. Das gilt insbesondere für Vervielfältigungen, Übersetzungen, Mikroverfilmungen und für die Einspeicherung und Verarbeitung in elektronischen Systemen.

Es konnten nicht alle Rechtsinhaber von Abbildungen ermittelt werden. Sollte dem Verlag gegenüber der Nachweis der Rechtsinhaberschaft geführt werden, wird das branchenübliche Honorar nachträglich gezahlt.

Dieses Werk enthält Hinweise/Links zu externen Websites Dritter, auf deren Inhalt der Verlag keinen Einfluss hat und die der Haftung der jeweiligen Seitenanbieter oder -betreiber unterliegen. Zum Zeitpunkt der Verlinkung wurden die externen Websites auf mögliche Rechtsverstöße überprüft und dabei keine Rechtsverletzung festgestellt. Ohne konkrete Hinweise auf eine solche Rechtsverletzung ist eine permanente inhaltliche Kontrolle der verlinkten Seiten nicht zumutbar. Sollten jedoch Rechtsverletzungen bekannt werden, werden die betroffenen externen Links soweit möglich unverzüglich entfernt.

Umschlagabbildung: © Adobe Stock

1. Auflage 2023

Alle Rechte vorbehalten
© W. Kohlhammer GmbH, Stuttgart
Gesamtherstellung: W. Kohlhammer GmbH, Stuttgart

Print:
ISBN 978-3-17-043171-3

E-Book-Format:
pdf: ISBN 978-3-17-043172-0

Inhaltsverzeichnis

Einleitung 7

I. Grundlagen des Hörfunks 11
„Hallo, hallo, hier Königs Wusterhausen" 12
Vom Senden und Empfangen 16

II. Der Hörfunk in der Weimarer Republik 21
„Achtung! Achtung! Hier ist die Sendestelle Berlin" –
die Geburtsstunde des Rundfunks 22
Programminhalte 34
Alles rund ums Radio 41

III. Rundfunk unterm Hakenkreuz 53
Der Rundfunk als „Rufer und Künder" 54
Institutionen nationalsozialistischer Rundfunkpolitik 60
„Volksempfänger" und „Goebbels-Schnauze" für alle 65
„Deutsche Musik" statt Jazz 75
Die „Bunten Abende" erobern den Rundfunk 79
Filmmusik im Rundfunk 83
Exkurs: „Wunschkonzert" 86
„Sehr geehrter Herr Dr. Goebbels" – Hörerzuschriften 91
Unterhaltungsmusik ist „genau so wichtig
wie Kanonen und Gewehre" 95
Exkurs: „Lili Marleen" 111
Vorbild BBC – Gründung der deutschen Big Band 117
Bombenstimmung bis zum Untergang –
das Rundfunkprogramm im Zeichen des „totalen Krieges" 123

IV. Neuanfang in den Besatzungszonen 139
„Hier spricht Berlin" – Rundfunk in der Ostzone 140
Sendervielfalt im Westen 145

V. Rundfunk in der Bundesrepublik 151
„Heinzelmann" & Co 152
Gründung der ARD 159
Meilensteine der Rundfunkgeschichte 165

VI. Rundfunk in der DDR 177
„Auferstanden aus Ruinen" 178
„Stimme der DDR" 183

VII. Rundfunk im wiedervereinigten Deutschland 189
Eine neue Senderlandschaft 190
Die Digitalisierung des Hörfunks 193
Der nichtkommerzielle Rundfunk 195
Hörfunk im 21. Jahrhundert 196

Ausblick 205

Anmerkungen 209

Abbildungsnachweis 221

Personenregister 223

Einleitung

Im Zeitalter moderner Massenkommunikation ist es kaum noch vorstellbar, dass ein alltägliches Gerät wie der Radioapparat in früheren Tagen eine Rarität darstellte. Noch vor drei Generationen war es ein Ereignis, wenn die gesamte Familie in der guten Stube oder um den Küchentisch beisammensaß und gebannt den Stimmen und Tönen lauschte, die aus dem bestaunten Wunderwerk der Technik erklangen. Das Radio stand für eine neue Zeit, für eine bislang nicht gekannte Modernität. Heute dagegen ist das Rundfunkprogramm für die meisten Hörer in den Hintergrund getreten, es wird beiläufig gehört und dient, von Nachrichtensendungen abgesehen, vielfach nur als akustische Berieselung.

„Radio" ist die Kurzform für „Radioempfangsgerät", also ein Gerät, mit dem Hörfunk empfangen werden kann. Umgangssprachlich wird „Radio" auch für einen Hörfunk- bzw. Radiosender oder eine Senderkette benutzt, zum Beispiel „Radio Bremen". Die Bezeichnung „Radio" leitet sich vom Lateinischen *radius* ab, was Strahl bedeutet. In der Tat nutzt das Radio elektromagnetische Strahlung zur Informationsübertragung. Würde der Rundfunk heute erfunden, würde man ihn sicher nicht mehr „Radio" nennen, zu sehr ähnelt dieser Name dem Wort „Radium", das ein strahlendes, radioaktives Element bezeichnet. Zwar wurde die Physikerin und Chemikerin Marie Curie mit zwei Nobelpreisen geehrt (den einen erhielt sie 1903 für die Erforschung der Radioaktivität, den anderen 1911 für die Isolierung des Elements Radium), doch überwiegen bei Weitem die negativen Assoziationen. Und so wäre der Name „Radio" heute wohl zu vorbelastet und eine schwere Bürde für die Vermarktung eines Mediums.

Die Anfänge, Entwicklung und Verbreitung des Radios fallen in eine unruhige Zeit, die mit Schlagworten wie „Ruhrkampf", „Inflation", „Weltwirtschaftskrise", „Demokratie ohne Demokraten" etc. in die Geschichtsbücher eingegangen ist. Mit den Worten „Achtung! Hier Sendestelle Berlin, Vox-Haus, Welle 400 Meter" begann am 29. Oktober 1923 die erste Sendung der Berliner Radio-Stunde und damit zugleich der allgemein zu empfangende

Einleitung

Rundfunk in Deutschland. Nachdem dieser sich in den späten 1920er Jahren als „Belehrungsinstrument" etabliert hatte, instrumentalisierte der nationalsozialistische Staat ab 1933 das neue Medium für die politische „Gleichschaltung" des Volkes. Das Rundfunkhören war fortan nicht mehr eine „Privatangelegenheit jedes Einzelnen", sondern „eine staatspolitische Pflicht" für jeden Volksgenossen.[1] Das für die Nationalsozialisten so wichtige Gemeinschaftsgefühl ließ sich mit dem neuen Medium bei hohem Wirkungsgrad und minimalem Aufwand erreichen. Überall im Sendegebiet konnten Millionen Hörer gleichzeitig an den „nationalen Ereignissen" teilhaben. Dank der geringen Zeitverzögerung bei der Übermittlung von Tonaufnahmen gab der Rundfunk den Hörern das Gefühl, geradezu dabei zu sein. Vor allem die über den „Volksempfänger" ausgestrahlte Unterhaltungsmusik war während des Zweiten Weltkrieges „genau so wichtig wie Kanonen und Gewehre".[2]

In den 1950er Jahren beflügelte das Radio mit seinen flotten Rhythmen vor allem aus den USA die Jugendlichen zur Rebellion gegen alles Althergebrachte – zumindest in West-Deutschland. Die Verbreitung des Transistorradios machte die außerhäusliche Nutzung des Rundfunkprogramms alltagstauglich. Ab den 1960er Jahren trat dem Radio zunehmend das Fernsehen als große Konkurrenz an die Seite, und zwar in West-Deutschland genauso wie in der DDR. Nach der kontinuierlichen Programm- und Angebotserweiterung bot der duale Rundfunk ab Mitte der 1980er Jahre eine ungeahnte Vielfalt. Auch im Zeitalter der Digitalisierung und der Allmacht des Internets hat der Rundfunk für viele weiterhin einen festen Platz im Leben. Er liefert Informationen, bringt Struktur in den Alltag und sein Programm gliedert den Tagesablauf.

In diesem Buch möchte ich einen Überblick über die abwechslungsreiche Geschichte des Rundfunks in Deutschland bieten, indem ich in chronologischer Abfolge an wichtige Meilensteine, Moderatoren und Sendungen erinnere. Dabei muss die Entwicklung des Rundfunks in Anlehnung und vor dem Hintergrund der deutschen Geschichte betrachtet werden.

Das Buch möchte – wie sein Untersuchungsgegenstand – nicht nur Informationen bereitstellen, sondern darüber hinaus Unterhaltung im besten Sinne des Wortes bieten. Nichtsdestotrotz liegt der Schwerpunkt der Darstellung auf der NS-Geschichte, weil der Rundfunk unter dem Hakenkreuz im öffentlichen Leben eine so große Rolle gespielt hat. Aufschluss über diese

Epoche bieten zeitgenössische Tageszeitungen und Zeitschriften, vor allem die nicht-gedruckten Quellen des Bundesarchivs Berlin. Darunter fallen Bestände des Reichsministeriums für Volksaufklärung und Propaganda, der Reichskulturkammer (RKK), der Reichsrundfunkkammer (RRK), des Reichssicherheitshauptamtes sowie der Reichsrundfunkgesellschaft (RRG). Sie beinhalten Akten, Notizen, Protokolle, Manuskripte, Gutachten, Organisationspläne, Personalunterlagen, Tätigkeitsberichte etc.

Genauso lesenswert sind die Einblicke in die Anfangsjahre des neuen Mediums sowie der Überblick zur Hörfunkgeschichte nach 1945, gegliedert in das Rundfunkwesen der Besatzungszonen, der Bundesrepublik, der DDR und des wiedervereinigten Deutschlands von 1990 bis heute.

Für Anregungen und Hinweise danke ich Dr. Bernd Braun, dem Archiv des Sender- und Funktechnikmuseums Königs Wusterhausen danke ich für die freundliche Abdruckgenehmigung einiger der Bilder in diesem Buch, und Dr. Peter Kritzinger und vor allem Dr. Julius Alves vom Kohlhammer Verlag für die erneut konstruktive Zusammenarbeit.

Viel Vergnügen bei dem Gang durch 100 Jahre Rundfunkgeschichte und Radiogeschichten wünscht –

Jörg Koch

I.

Grundlagen des Hörfunks

I. Grundlagen des Hörfunks

„Hallo, hallo, hier Königs Wusterhausen"

Im Ersten Weltkrieg besaß die Mobilität der Kampfeinheiten eine große Bedeutung. Hierfür wurden kleine, tragbare Funkstationen eingesetzt, deren Entwicklung 1914 begonnen hatte. Zunächst auf das Senden von Morsezeichen beschränkt, wurden nach und nach Versuche mit der Sprachübermittlung per Funk gemacht. Es begann die drahtlose Kommunikation.

Pioniere des Funks waren die Ingenieure Hans Bredow und Alexander Meißner, denen es 1917 mit einer Versuchsanordnung von Röhrensender und Empfänger gelungen war, Sprache zu übermitteln. Noch im selben Jahr wurde sogar Grammophonmusik zur Unterhaltung der Soldaten übertragen. So entwickelte sich aus bescheidenen Anfängen ein militärisches Kommunikationsmittel. Zugleich stellten diese erfolgreichen Versuche den Ausgangspunkt für den zivilen Rundfunk in Deutschland dar.

Der Physiker Alexander Meißner, 1883 in Wien geboren, ging nach seinem Studium nach Berlin. Bei der Firma Telefunken (Gesellschaft für drahtlose Telegrafie GmbH) forschte er als wissenschaftlicher Mitarbeiter nach der bislang unmöglichen Übertragung von Sprache und Musik per Funk. Mit dem Röhren-Verstärker entwickelte er das System einer Sender- und Empfängerschaltung. Mit seiner bereits 1913 angemeldeten, aber erst 1919 patentierten Erfindung zur Erzeugung elektrischer Schwingungen schuf er den Grundstein der Rundfunktechnik. Bei Telefunken hatte Meißner den ebenfalls kongenialen Hans Bredow kennengelernt. 1879 in Pommern geboren, war der gelernte Elektrotechniker seit 1908 technischer Direktor der Firma, einer Tochtergesellschaft der in Berlin ansässigen Firmen AEG und Siemens & Halske. Mit seinen ebenfalls bahnbrechenden Entwicklungen zählt er zu den Begründern des deutschen Schiffs- und Auslandsfunkverkehrs. Zwischen 1909 und 1914, dem Ausbruch des Ersten Weltkrieges, hatte er zahlreiche Patente erworben und mehrere Unternehmen gegründet, die den internationalen Funkverkehr organisierten. Nach dem Krieg, den er als Leutnant einer Funkertruppe an der Westfront erlebt hatte, wurde er zum Vorsitzenden des Direktoriums der Telefunken ernannt. Doch bereits im Frühjahr 1919 übernahm er als Ministerialdirektor eine Stelle beim Reichspostministerium und baute unter Nutzung der freigewordenen militärischen Infrastruktur ein Reichsfunknetz auf. Eine staatliche Kontrolle dieses Bereichs wurde politisches Ziel, hatten doch am Ende des Krieges, während der

Novemberrevolution 1918, sozialistische Arbeiter- und Soldatenräte Nachrichtenagenturen besetzt und ihre Bekanntmachungen und teils irreführenden Aufrufe verkündet. Höhepunkt ihrer Falschinformation war am 9. November die Bekanntgabe des Siegs der Revolution mittels eines Funkspruchs. Seit April 1921 Staatssekretär für das Telegrafen-, Fernsprech- und Funkwesen, verwendete Bredow in einem Vortrag auf der Hauptversammlung der Weltwirtschaftlichen Gesellschaft am 17. Juli 1921 erstmals öffentlich den Begriff Rundfunk (statt Radio). Nun begann er mit der Organisation des Rundfunkwesens. Bereits wenige Monate zuvor, am 22. Dezember 1920 um 14 Uhr, hatte über den Sender Königs Wusterhausen in Brandenburg die erste Rundfunkübertragung stattgefunden: „Hallo, hallo, hier Königs Wusterhausen auf Welle 2.700 ...".

Die 1916 als militärische Funkstelle in Betrieb genommene Station war nach dem Ersten Weltkrieg von der Deutschen Reichspost übernommen und umgebaut worden. Von hier sendete sie drahtlos Wetter- und Börsentelegramme für den Wirtschaftsfunk. Auf Initiative von Bredow hatte die Reichspost ein einstündiges Weihnachtskonzert ausgestrahlt, das Angestellte der

Abb. 1: Der erste Rundfunksenderaum in Königs Wusterhausen, hier das Weihnachtskonzert von 1920 (nachgestellte Szene).

I. Grundlagen des Hörfunks

Abb. 2: Hinweisschild auf den Sender Königs Wusterhausen.

Post instrumental, mit Gesang sowie Gedichtvorträgen gestalteten (am 23. März 1921 folgte ein Osterkonzert). Als Mikrofon diente ein Telefonhörer mit Sprechkapsel; Studiomikrofone waren noch nicht bekannt. Somit gilt Hans Bredow als „Vater des Deutschen Rundfunks" und der Sender Königs Wusterhausen, von dem während des Krieges Heeresberichte übertragen worden waren, als „Geburtsort" des öffentlichen Rundfunks in Deutschland.

Vorarbeiten für die drahtlose Übertragung von Sprache und Musik hatte bereits die Versuchsfunkstelle Eberswalde geleistet, die im Februar 1909 als „Radio Lorenz, Eberswalde" ihren Betrieb als erster deutscher Versuchsradiosender aufgenommen hatte. Mit ihren Experimentalsendungen, für die Patente des dänischen Physikers Valdemar Poulsen genutzt wurden, erbrachte die von der C. Lorenz AG in Berlin-Kreuzberg in Auftrag gegebene Anlage am Finowkanal einen wesentlichen Beitrag zur Entwicklung des Rundfunks.[1] Bedeutender war jedoch der bereits erwähnte Sender Königs Wusterhausen, ebenfalls in Brandenburg gelegen. Ab 1922 wurden von hier, der Hauptfunkstelle der Weimarer Republik, Wetterberichte und Wirtschaftsnachrichten ausgestrahlt. Der Wirtschaftsrundfunk bot Abonnenten aus der Industrie und von Banken Wirtschaftsmeldungen; er startete mit 762 Empfangsstellen an 255 Orten und baute seinen Dienst kontinuierlich aus. Mit den von Postbeamten in Eigenregie organisierten Sonntagskonzerten, die bis Ende Januar 1926 zu hören waren, begannen ab dem 13. Mai 1923 regelmäßige Ausstrahlungen des Senders Königs Wusterhausen. Erich Schwarzkopf hatte seit 1920 die Übertragungen angekündigt; er gilt damit als „erster Rundfunksprecher Europas".[2]

„Hallo, hallo, hier Königs Wusterhausen"

Abb. 3: Der leitende Techniker des Senders Königs Wusterhausen und erste Rundfunksprecher in Deutschland, Erich Schwarzkopf (li.), mit dem Lichtbogensender, mit dem die erste Radiosendung in Deutschland übertragen wurde, 1920.

Empfänger waren Hörer im Ausland und Schwarzhörer, denn noch war Rundfunkhören offiziell verboten. An die Anfänge dieses Mediums erinnert bis heute ein erhalten gebliebener 210 Meter hoher Sendemast, der 1925 auf dem Funkerberg (früherer Windmühlenberg) errichtet wurde. Bis 1995 war der 100 Kilowatt starke Langwellensender im Senderhaus 3 in Betrieb; auf der Frequenz 153 kHz sendete er das Programm des Deutschlandfunks. Seit September 1995 befindet sich auf dem ehemaligen Sendegelände („Haus 1") das Funktechnikmuseum Königs Wusterhausen, eine Einrichtung der Stadt, um deren Erhalt sich auch der 1993 gegründete Förderverein „Sender Königs Wusterhausen e. V." kümmert.

Dort sowie im Museum für Kommunikation Frankfurt (ehemaliges Bundespostmuseum) und dem Museum für Kommunikation Berlin (ehemaliges Reichspostmuseum; beide Standorte gehören zur Museumsstiftung Post und Telekommunikation) oder in den zahlreichen weiteren Museen, die sich dem Rundfunk widmen (Fürth, Rheda-Wiedenbrück, Staßfurt u. a.) kann man mehr erfahren, was hinter den Begriffen Senden, Empfangen, Welle oder Antenne steckt.

I. Grundlagen des Hörfunks

Abb. 4: Der Funkerberg Königs Wusterhausen, heute ein Museum.

Vom Senden und Empfangen

Alles, was wir hören, ist Schall, der sich in Form von Wellen fortsetzt. Schallwellen werden im Rundfunkstudio in ein elektrisches Signal umgewandelt und von einem Sender mithilfe einer elektromagnetischen Welle in den Raum abgestrahlt. Eine Besonderheit der Wellen ist, dass sie sich ungestört überlagern. Die Antenne des Radios fängt sie auf. Um wieder die ursprünglichen Töne hören zu können, bereitet das Gerät das Signal so auf, dass es einen Lautsprecher steuert. Dabei wird eine Membran in Schwingungen versetzt, die das elektrische Signal wieder als Schallwelle an die Luft abgibt. Die Sender-Antenne strahlt das elektromagnetische Feld in den Raum ab. Es breitet sich als elektromagnetische Welle mit Lichtgeschwindigkeit aus. Abhängig von ihrer Frequenz folgen diese Wellen entweder der Erdkrümmung oder breiten sich gradlinig aus und werden an bestimmten Schichten der Atmosphäre reflektiert. So kann man auch weit entfernt von jedem Sender Radio empfangen.

Vom Senden und Empfangen

Abb. 5: Heinrich Hertz, Briefmarke von 1994.

Zur Beschreibung von Wellen dienen drei Parameter: Amplitude, Frequenz und Phasenverschiebung. Jeder Parameter kann benutzt werden, um ein Tonsignal zu übertragen. Dazu wird er entsprechend der Stärke des Signals verändert. Radiowellen sind elektromagnetische Wellen, ihre Frequenz liegt zwischen 30 Kilohertz und 300 Megahertz.

Radiowellen pflanzen sich, wie gesagt, mit Lichtgeschwindigkeit fort. Die Länge einer Welle entspricht dem Abstand zwischen zwei Wellenbergen. Die Frequenz (oder Schwingungszahl) einer Welle, die in Hertz gemessen wird, gibt die Anzahl der Schwingungen pro Sekunde an. Je kürzer die Wellenlänge ist, desto höher ist die Frequenz. Die Maßeinheit für hohe und sehr hohe Frequenzen sind Kilohertz (kHz), Megahertz (MHz) und Gigahertz (GHz). Benannt ist sie nach und zu Ehren des Physikers Heinrich Hertz, der 1885 die elektromagnetischen Wellen experimentell nachgewiesen hat.[3] Dieser Nachweis bestätigte die Vorhersagen des schottischen Physikers James Clerk Maxwell und bildet die Grundlage für die Nutzung des gesamten elektromagnetischen Spektrums in der heutigen Informationstechnik. Die Forschungen von Hertz und anderer Wissenschaftler wie Nikola Tesla führten letztlich zur Erfindung des Radios. 1895 führte Guglielmo Marconi in Pontecchio bei Bologna erste Übertragungsversuche durch. Mit seinen erfolgreichen Versuchen zur drahtlosen Funktechnik schuf der Pionier die Grundlagen für die

I. Grundlagen des Hörfunks

Abb. 6: Guglielmo Marconi, Briefmarke von 1995.

Errichtung öffentlicher Rundfunkanstalten in aller Welt. Seine wegweisende Technik wurde wegen der Funken, die anfangs beim Senden entstanden, auch „Funk" genannt. Im Jahre 1909 erhielt Marconi gemeinsam mit Ferdinand Braun, der die theoretische Voraussetzungen der Funktelegrafie entwickelt hatte, den Nobelpreis für Physik. Die Bedeutung der (unzureichenden) Funktechnik bewies im April 1912 der Untergang der „Titanic". Durften bislang Schiffe mit Marconi-Stationen nur untereinander funken, wurden künftig Informationen auf hoher See unabhängig vom Funksystem ausgetauscht.

Das Tonsignal gelangt per Kabel aus dem Studio zum Sender. Dort wird es auf eine elektromagnetische Welle (die Trägerwelle) moduliert, verstärkt und über eine Antenne ausgestrahlt. Die Frequenzbereiche sind nach der Wellenlänge des Trägers benannt. Man differenziert nach Längstwellen, Langwellen, Mittel-, Kurz- und Ultrakurzwellen, weil diese sich im Ausbreitungsverhalten unterscheiden. Jeder Sender nutzt eine andere Trägerfrequenz. So kann man verschiedene Sender empfangen, ohne dass sie sich gegenseitig stören.

Langwellen, ab 1920 im Einsatz, haben eine Wellenlänge von 1.000 bis 10.000 m (300–30 kHz), die Mittelwellen, zwischen 1923 und 2015 im Einsatz, liegen zwischen 185 und 1.000 m (1.600–300 kHz), Kurzwellen, ab 1929, reichen von 10 bis 100 m (30–3 MHz). Sie haben große Reichweiten und können rund um die Erde empfangen werden. Ultrakurzwellen dagegen, ab 1949 im Einsatz im Radio, zuvor schon beim Fernsehen, sind 1 bis 10 m lang (300–30 MHz). Sie können geologische Hindernisse nicht überwinden und sind daher nur für die regionale Nutzung geeignet.

Um wieder Töne zu hören, trennt der Empfänger die Trägerwelle vom Signal und verstärkt diese, um einen Lautsprecher zu steuern. Seit den ersten Detektorempfängern hat die Technik große Fortschritte gemacht. Heute ist in fast jedem Smartphone ein Radiochip enthalten. Das Internetradio benötigt keinen klassischen Empfang: Das Signal kommt ohne Trägerwelle als Datenstrom über das Netzwerk und wird von einer Software wiedergegeben.

Grundlegend für den Rundfunk ist der Schwingkreis, eine Schaltung aus Kondensator und Spule. Bei Anregung schwingt die Schaltung: Elektrische Feldenergie im Kondensator und magnetische Feldenergie an der Spule wandeln sich laufend ineinander um. Es wird eine sinusförmige Welle erzeugt, z. B. die Trägerfrequenz oder bestimmte Frequenzen im Empfänger. Die elektrischen Größen der Bauteile bestimmen die Frequenz des Schwingkreises.

Die Trennung von Trägerwelle und Signal nennt man Demodulation. Anfangs dienten dazu Halbleiterkristalle, die im Laufe der 1920er Jahre durch Röhren abgelöst wurden. Die Schaltungen wurden immer komplexer, um gute Tonqualität bei einfacher Bedienung zu bieten. Die Erfindung des Transistors 1948 und des integrierten Schaltkreises 1958 ermöglichten mehr Funktionen auf weniger Raum. Heute gibt es Chips, die guten Empfang und komfortable Bedienung auf einer fingernagelgroßen Fläche vereinen.

II.
Der Hörfunk in der Weimarer Republik

„Achtung! Achtung! Hier ist die Sendestelle Berlin" – die Geburtsstunde des Rundfunks

In den Anfangsjahren wurde der Rundfunk auch als Hörfunk, Hör-Rundfunk oder Ton-Rundfunk bezeichnet. Es galten die „Funkhoheit", d. h. nur das Reich durfte Sende- und Empfangsanlagen einrichten und unterhalten, und das Empfangsverbot von Sendungen für Privatpersonen, das dann im April 1923 durch die westlichen Alliierten aufgehoben wurde.

Im Mai 1922 wurde auf Initiative der Reichspost in Berlin als erste europäische Rundfunkgesellschaft die „Deutsche Stunde. Gesellschaft für drahtlose Belehrung und Unterhaltung mbH" (Deutsche Stunde) gegründet. Sie war eine Tochtergesellschaft des Wirtschaftsnachrichtenbüros Eildienst und ihre Aufgabe war „die gemeinnützige Veranstaltung von öffentlichen Konzerten und Vorträgen, belehrenden, unterhaltenden sowie alle weiteren Kreise der Bevölkerung interessierenden Darbietungen auf drahtlosen Wege im Deutschen Reiche".[1] Wegbereiter dieses Sprechfunks war Ernst Ludwig Voss, der als Legationsrat im Auswärtigen Amt für die schnelle Verbreitung von Wirtschafts- und Börsennachrichten verantwortlich gewesen war. Schnell zeigte sich, dass eine Ausstrahlung im gesamten Reichsgebiet aufgrund technischer Schwierigkeiten nicht möglich war. Die Deutsche Stunde wurde aufgelöst, zugleich aber zum Vorbild der 1923/24 errichteten Regionalsender.

1923 gilt als Zäsur in der Rundfunkgeschichte. Das Jahr selbst ging als Krisenjahr der Weimarer Republik in die Geschichtsbücher ein: Im Januar 1923 ließ der französische Staatspräsident Raymond Poincaré das Ruhrgebiet besetzen, da die Reparationskommission einen Rückstand der im Versailler Vertrag von 1920 vorgesehenen Holz- und Kohlelieferungen festgestellt hatte. Als Folge der Besatzung widersetzten sich Arbeiter, Angestellte und Beamte im linksrheinischen Deutschland und im Ruhrgebiet den Anordnungen der Besatzungsmacht (passiver Widerstand). Die Reichsregierung, die den „Ruhrkampf" finanziell unterstützte, geriet in wirtschaftliche Schwierigkeiten, der Wert der Mark sank ins Bodenlose. Separatistische Aufstände im Rheinland und der Pfalz sowie kommunistische Aufstände in Sachsen und Thüringen gefährdeten zudem die Existenz der Weimarer Republik. In Bayern versuchte der noch unbekannte Adolf Hitler, die Landesregierung zu stürzen. Erst mit dem Niederschlagen dieses Putsches und dem Ende der Inflation im November 1923 (Währungsreform) konnte sich die Republik politisch, dann auch wirtschaftlich konsolidieren.

In dieser Situation größter Inflation und sozialer Unruhen nahm die Radio-Stunde AG Berlin (Radio-Stunde, ab März 1924 Funk-Stunde) als erste private Rundfunkgesellschaft in Deutschland Ende Oktober 1923 ihren Sendebetrieb auf.[2] Vorausgegangen war zwei Wochen zuvor die offizielle Eröffnung des Rundfunks mit einer Ansprache des Staatssekretärs Hans Bredow über den Sender Königs Wusterhausen. Von den meisten Bürgern unbemerkt, lautete die Ansage am Montag, dem 29. Oktober 1923, abends um acht Uhr:[3]

> Achtung, Achtung! Hier ist die Sendestelle Berlin im Vox-Haus auf Welle 400 Meter. Meine Damen und Herren, wir machen Ihnen davon Mitteilung, dass am heutigen Tage der Unterhaltungsrundfunkdienst mit Verbreitung von Musikvorführungen auf drahtlos-telefonischem Wege beginnt. Die Benutzung ist genehmigungspflichtig.

Diese Mitteilung erklang aus dem Vox-Haus in der (Alten) Potsdamer Straße 4. Benannt war das (1971 gesprengte) Bürogebäude nach der 1921 gegründeten Vox-Schallplatten- und Sprechmaschinen-AG, die hier ihren Hauptsitz hatte. Seit Anfang 1923 beherbergte das Dachgeschoss Sendeeinrichtungen mit einem eigenen Aufnahmestudio (eine Gedenktafel am heutigen Gebäude sucht man vergebens, immerhin erinnert die Voxstraße, ein kurzer Weg zwischen Potsdamer Straße und Alter Potsdamer Straße, an die Kinderjahre des Rundfunks). Die Sendung war der erste Beitrag der neugegründeten Radio-Stunde AG Berlin. An diesem ersten Rundfunksender Deutschlands waren nicht nur die gleichnamige Rundfunkgesellschaft, sondern auch die Reichspost und die Vox AG beteiligt; deren geschäftsführender Direktor, Friedrich Georg Knöpfke, übernahm selbst die erste Ansage. Eröffnet wurde das Konzert mit dem „Andantino im Stil von Martini" des Komponisten Fritz Kreisler, interpretiert von dem Cellisten Otto Urack und Fritz Goldschmidt am Klavier. Es folgten zehn weitere Musikstücke, teils live dargeboten (z. B. Gesangssolo mit Klavierbegleitung oder Klarinetten-Solo mit Klavierbegleitung), teils wurden Voxplatten abgespielt. Mit der Nationalhymne „Deutschland, Deutschland über alles", gespielt von der Reichswehrkapelle des Infanterie-Regiments III/9 auf Voxplatte, endete die erste Sendung des neuen „Unterhaltungsrundfunks", so die damalige Bezeichnung des neuen Mediums, das ab August 1926 offiziell „Rundfunk" hieß.

II. Der Hörfunk in der Weimarer Republik

Abb. 7: Straßenschild Voxstraße Berlin (in Nähe des Potsdamer Platzes).

Die Resonanz auf diese Premiere in der Presse war gering, vor allem außerhalb Berlins. Schlagzeilen wie „Absetzung der Sächsischen Regierung" oder „Die Separatistenbewegung" bestimmten tagelang die Berichterstattung, etwa im Südwesten Deutschlands.[4] Am 29. Oktober 1923 hatte die Reichswehr aufgrund einer Notverordnung des Reichspräsidenten Friedrich Ebert in Dresden die Regierung abgesetzt, eine Woche zuvor hatten Separatisten in Aachen die Rheinische Republik ausgerufen; diesen politischen Unruhen galt zunächst das Interesse der Tageszeitungen. Immerhin berichtete das *Berliner Tageblatt*, wenn auch auf Seite sechs und wenig euphorisch und ohne auf den Inhalt einzugehen, über den „Rundfunk zur Unterhaltung – die offizielle Eröffnung":[5]

> Nach langwierigen Vorbereitungen und Überwindung einiger Kompetenzstreitigkeiten ist gestern Abend mit dem offiziellen Unterhaltungsrundfunk begonnen worden. Das gestrige Konzert galt zunächst auch nur einigen bevorzugten Deutschen und einer unberechenbaren Zahl ausländischer Hörer. Es gibt, wiewohl seit Monaten daran gearbeitet wird und wiewohl bei der Post die Anträge auf Bewilligung eines Empfangsapparates zahlreich einlaufen, noch keinen Menschen in Berlin mit einem rechtmäßig, das heißt

„Achtung! Achtung! Hier ist die Sendestelle Berlin" – die Geburtsstunde des Rundfunks

postamtlich erworbenen Apparat. Dagegen wird es, wie auch in England, eine ganze Anzahl sogenannter Schleichhörer geben. In Deutschland hört man zunächst erst Konzerte, und zwar auf eine Entfernung von etwa hundert Kilometern. Aber man kann, wenn man der Erfindung freien Lauf ließe, auch von Berlin aus den Klängen der Metropolitan-Oper in New York lauschen. In England werden den kleinen Kindern, wenn sie abends zu Bett gehen, auf drahtlosem Wege Märchen erzählt, damit sie schneller einschlafen können ... In Berlin werden bereits seit einer ganzen Weile Versuchskonzerte von den privaten Funkengesellschaften gegeben. Welche kulturellen Möglichkeiten die Entwicklung des drahtlosen Telefons bietet, mag aus diesen Beispielen hervorgehen. Es kommen neben den Großstädten auch die Leute auf dem Lande in Frage, die sich von ihrer Bauernstube aus künftig Belehrungen und Unterhaltungen jeder Art verschaffen können. Dazu ist natürlich nötig, dass die Postbehörde, von deren Spruch Bewilligung oder Nichtbewilligung eines Empfängers abhängt, in rascher und weitherziger Weise die einlaufenden Anträge erledigt ... Die Organisation dieses neuen Unternehmens, das den Namen *Deutsche Stunde* trägt, scheint übrigens noch sehr im Argen zu liegen. Wir nehmen an, dass das noch alles Geburtswehen sind, die hoffentlich bald behoben sein werden.

Die Sendung vom 29. Oktober 1923 gilt als Geburtsstunde des regulären öffentlichen, allgemein und drahtlos zu empfangenden Rundfunks in Deutschland. Für die Hörer der ersten Stunde war dieses außergewöhnliche Erlebnis, diese Unmittelbarkeit des Gehörten, etwas so Erstaunliches wie die erste Zeppelinfahrt 15 Jahre zuvor. Die Teilhabe an Kultur, an einem Konzert oder Vortrag, war nunmehr zu Hause, im privaten Bereich möglich und kostengünstiger. Die Öffentlichkeit musste nicht mehr aufgesucht werden – welch ein Fortschritt, welch ein Verlust?! Damit trat der Rundfunk in Konkurrenz zu anderen Freizeiteinrichtungen wie Theatern, Kinos sowie Varieté- und Konzerthäusern. In den kommenden Jahren fürchteten diese Vergnügungsstätten und die Kaffeehausbesitzer zunehmend um ihre Einnahmen, da die rasche Verbreitung des neuen Mediums die Unterhaltungsmusik, insbesondere den Tanzschlager, immer mehr aus den Salons löste und via Rundfunkübertragung einer breiten Hörerschaft zugänglich machte.

1923 war der Radioempfang zunächst nur in Berlin möglich, bis Jahresende wurde dieses besondere Vergnügen von 1.580 offiziell gemeldeten Rundfunkteilnehmern in Anspruch genommen. Als erster offizieller Teilnehmer gilt Wilhelm Kollhoff, Inhaber eines Zigarrenladens in Berlin-Moabit, dessen Radio am 31. Oktober angemeldet und dem die „Rundfunkempfänger-Lizenz Nr. 1" ausgehändigt wurde. Wenige Tage vor Beendigung der Inflation musste er für die Genehmigung 350 Milliarden Mark zahlen.

II. Der Hörfunk in der Weimarer Republik

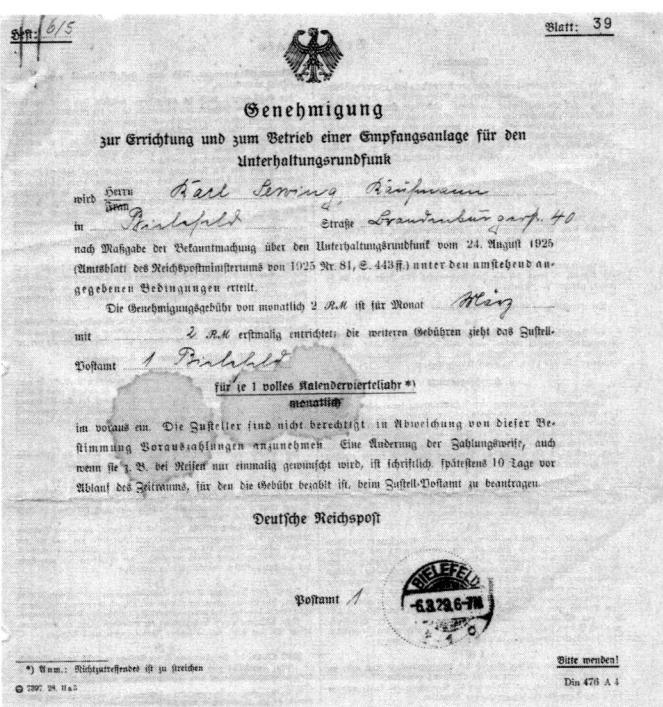

Abb. 8: Rundfunkgenehmigung 1929.

Auch die Politiker hatten die weitreichende Bedeutung des neuen Mediums erkannt und nutzten es für ihre Zwecke. So übertrug der Rundfunk am 25. Dezember 1923 erstmals die Weihnachtsansprache eines Reichskanzlers. Wilhelm Marx (Zentrum) dankte damals dem Ausland für die Unterstützung in schwerer Zeit: „Diese Hilfsbereitschaft menschlich Denkender in allen Ländern der Welt ist wie ein Lichtzeichen, das uns Hoffnung leuchtet in der Finsternis."[6] Mit seiner Ansprache an die Nation begründete der Reichskanzler ein politisches Brauchtum, das bis heute anhält (allerdings spricht seit 1970 der Bundespräsident zu Weihnachten und der Kanzler an Silvester). Mit der Berichterstattung über den Hitler-Ludendorff-Putsch am 9. November 1923 hatte die Radio-Stunde erstmals politische Nachrichten gesendet, wenige Tage zuvor war als erste dichterische Wortsendung Heinrich Heines Gedicht „Seegespenst" vorgetragen worden.

„Achtung! Achtung! Hier ist die Sendestelle Berlin" – die Geburtsstunde des Rundfunks

Bis Mitte 1924 hatten sich reichsweit rund 100.000 Hörer angemeldet, die meisten bei der Funk-Stunde Berlin (bis März 1924 Radio-Stunde), deren Beiträge wurden im Norddeutschen Sendebezirk ausgestrahlt, d. h. empfangen werden konnte das Programm in den Regionen um Berlin, Potsdam, Frankfurt an der Oder, Schwerin, Stettin und Magdeburg. Bis 1928 hatten sich zwölf Prozent der Einwohner Berlins als Hörer bei der Funk-Stunde angemeldet. Weder in London, Paris oder New York war zu diesem Zeitpunkt ein ähnlicher Zuspruch erreicht, Berlin galt als „eifrigste Rundfunkstadt der Welt".

Nach Berliner Vorbild entstanden nach und nach in den Großstädten des Reiches Hauptsender: in Breslau (Schlesische Funkstunde), Frankfurt am Main (Südwestdeutscher Rundfunkdienst, kurz Süwrag), Hamburg (Nordischer Rundfunk, kurz Norag[7]), Münster (Westdeutsche Funkstunde, kurz Wefag) bzw. ab 1927 in Köln (Westdeutscher Rundfunk, kurz Werag), Königsberg (Ostmarken-Rundfunk, kurz Orag), Leipzig (Mitteldeutscher Rundfunk, kurz Mirag), München (Bayerischer Rundfunk[8]), Stuttgart (Süddeutscher Rundfunk, kurz Sürag), die als Aktiengesellschaften organisiert waren. Erforderlich war dieses Vorgehen auch, da die Sendeleistung des Senders Königs Wusterhausen nicht zur Versorgung von ganz Deutschland reichte. Statt eines zentralen Rundfunkwesens gliederte sich Deutschland in neun Sendebezirke; hier liegt bereits der Ansatz für die heutige Regionalisierung des Programms. In den folgenden Jahren wurden zahlreiche Nebensender errichtet (z. B. Dresden, Flensburg, Freiburg, Hannover, Magdeburg, Nürnberg, Stettin, Trier u. a.). Die Stärke dieser Sender lag in der Vermittlung regionaler Kultur als Teil der Nationalkultur. Landschaftsbezogene Reportagen, heimatkundliche Abende und regionale Musik sollten das Interesse der Hörer wecken, teilweise sogar mit Sendungen im Dialekt. Diese Dezentralisation, Ausdruck des traditionsreichen Föderalismus in Deutschland, war und ist bis heute ein bestimmendes Merkmal der deutschen Rundfunkorganisation. Zu unterscheiden waren die einzelnen Sender anhand ihrer spezifischen Pausenzeichen (Morsezeichen, Glockenspiel, Kuckucksuhr, Auftakt von „Schleswig-Holstein meerumschlungen", „Glück auf, Glück auf, der Steiger kommt" oder „Üb' immer Treu und Redlichkeit"). Diese Erkennungsmelodien waren erforderlich, da in den ersten Jahren noch nicht über den gesamten Tag gesendet wurde. Zwischen dem Vormittags-, Nachmittags- und

II. Der Hörfunk in der Weimarer Republik

Abb. 9: Übersicht der von den Rundfunksendern verwendeten Pausenzeichen (*Der Deutsche Rundfunk*, 22.12.1933).

Abendprogramm bestanden Pausen, erst nach und nach erweiterte sich die Sendezeit bis zu dem heute üblichen 24-Stunden-Programm.

Neben den Pausenzeichen sollten auch Radiosignale (Fanfaren) die Identifikation der Hörer mit ihrem Sender stärken. In der zweiten Hälfte der 1920er Jahre war der „Norag-Schlager" ein besonders populärer Werbeträger für die Nordische Rundfunk AG (Norag), ein Werk von Horst Platen, seit 1926 Hauskomponist der Norag:[9]

> Hallo, hallo! Hier Radio! Das macht die Menschen lebensfroh.
> Von früh bis spät brennt lichterloh,
> in Leid und Schmerz mein Herz fürs Radio.
> Hallo, hallo! Das Mikrofon,
> kennt selbst der kleinste Bengel schon.
> Weiß jeder, ich bin da, wenn irgendwas geschah
> Und rufen laut: Hurra!
> ...
> Hier ist die Norag mit dem Detektor,
> hier ist die Norag für ihn und Hektor.
> Hier ist die Norag für Jedermann,
> der zwei Mark im Monat noch bezahlen kann.
> Hier ist die Norag für kluge Schädel,
> hier ist die Norag fürs kleine Mädel.
> Hier ist die Norag für Dich, mein Kind,
> wenn wir beide ganz allein zu Hause sind.

– „Achtung! Achtung! Hier ist die Sendestelle Berlin" – die Geburtsstunde des Rundfunks

Abb. 10: Reichs-Rundfunk-Kommissar Hans Bredow (1879–1959).

Als Gemeinschaftssender aller Regionalsender ging Anfang 1926 die bereits im August 1924 gegründete Deutsche Welle GmbH Berlin (ab 1932 Deutschlandsender) in Betrieb. Dieser zentrale Rundfunksender sollte als „Rundfunk-Volkshochschule" fungieren und ein Programm „für alle" bieten: „Die Deutsche Welle will das Volk in Stadt und Land wirtschaftlich fördern und will mit Hilfe der besten Kräfte, der tüchtigsten Köpfe, edelste Volksbildung leisten."[10] Tatsächlich wurde dieser Sender seinem Anspruch gerecht und bot ein Programm, das sich ausdrücklich auch Hausfrauen und Mädchen widmete – und das Gemeinschaft herstellte, ganz im Sinne von Staatssekretär Hans Bredow, der für den Rundfunk eine Bildungsaufgabe vorsah:[11]

> Vor allen Dingen fasst er die durch politische und religiöse Unterschiede getrennten Volksklassen zu einer an Zahl unbeschränkten, geistig verbundenen Hörgemeinde zusammen und wird so vielleicht mit dazu berufen sein, Trennendes zu beseitigen, Gemeinschaftssinn und Staatsgedanken zu kräftigen und letzten Endes der ersehnten Volksgemeinschaft die Wege zu ebnen.

Ebenfalls 1924 war die Rundfunkgebühr auf zwei Rentenmark bzw. ab August auf zwei Reichsmark monatlich festgesetzt worden (1923 eingeführt, hatte sie zunächst 25 Mark, dann 60 Mark jährlich betragen). Diese deutliche Reduzierung führte dazu, dass es bereits Ende 1925 rund eine Million Hörer in Deutschland gab.

Zu dieser Hörerschaft gehörte seit wenigen Wochen auch die Bevölkerung im linksrheinischen Deutschland, für die bislang ein Rundfunkverbot geherrscht hatte. Gemäß einer Verfügung der Internationalen Rheinlandkommission, der 1920 in Koblenz installierten Obersten Behörde des besetzten Rheinlandes, war aus Angst vor einer Indienstnahme des neuen Mediums zu anti-alliierter Agitation „der Verkauf, der Kauf und der Besitz von funkentelegrafischen Empfangsapparaten und Einzelteilen vollkommen verboten".[12] Aufgrund der im Oktober 1925 getroffenen Verträge von Locarno wurde dieses Verbot zum 1. Dezember 1925 aufgehoben. Damit war der Rundfunkbetrieb auch im besetzten Rheinland offiziell erlaubt, Antennenanlagen wurden angebracht, in den Schaufenstern wurden Radioapparate ausgestellt.

Dachorganisation der regionalen Rundfunkgesellschaften war die im Mai 1925 in Berlin gegründete Reichs-Rundfunk-Gesellschaft mbH (RRG), an der seit 1926 die Deutsche Reichspost mit 51 Prozent beteiligt war. Das wiederum bedeutete, dass Verwaltung und Finanzen beim Reichspostministerium lagen. Die Aufgaben der RRG waren u. a.:[13]

- Zentrale Verwaltung der von den Gesellschaften abgeführten Beträge und ihre Verwendung im Rahmen des Haushalts der RRG, bei dessen Aufstellung die Vertreter der Gesellschaften im Verwaltungsrat der RRG mitbeteiligt waren.
- Unterstützung notleidender Gesellschaften (Finanzausgleich).
- Finanzierung wissenschaftlicher Arbeiten und technischer Versuche zur Vervollkommnung des Rundfunks. Eigene Entwicklung der Studiotechnik und Erforschung der akustischen Probleme.
- Internationale Vertretung vor allem im Weltrundfunkverein.[14]
- Bearbeitung aller grundsätzlichen Rechtsfragen, insbesondere des Urheberrechts.
- Vertretung der Rundfunkinteressen bei der zentralen Nachrichtenorganisation Drahtloser Dienst.[15]
- Regelung der Rechtsbeziehungen zu den Autorenverbänden, der Bühnengenossenschaft, den Musikverlegern und der Schallplattenindustrie.
- Einrichtung einer Störschutzorganisation.

- Werbetätigkeit durch Werbeautos auf dem Lande. Beteiligung an Ausstellungen und eigene Werbeveranstaltungen.
- Auswertung der Tages- und Fachpresse sowie der Rundfunkerfahrungen aller Länder. Veranstaltung von Tagungen.
- Herausgabe eines Mitteilungsblattes für die Presse und eines Jahrbuchs des gesamten Rundfunks.
- Schaffung eines Rundfunk-Museums und eines zentralen Funk- und Schallplattenarchivs.

Hans Bredow, bislang Staatssekretär im Postministerium, wurde 1926 Rundfunkkommissar des Reichspostministeriums und Vorsitzender der RRG mit weitgehenden Vollmachten. Das heißt auch, dass bereits in der Weimarer Republik und nicht erst im Nationalsozialismus der Staat den Rundfunk beeinflusste und kontrollierte. Kulturbeiräte, mehrheitlich von den Ländern gestellt, berieten und überwachten Kultursendungen. Eine erste tiefgreifende Rundfunkordnung („Richtlinien über die Regelung des Rundfunks"), ebenfalls 1926 erlassen, bekräftigte die staatliche Verwaltung des Rundfunks. Dem Reichspostministerium oblagen Gesetzgebung, Genehmigungskompetenz, Gebührenerhebung (die Briefträger vereinnahmten die Gebühr

Abb. 11: Werbewagen der RRG sollten insbesondere auf dem Land den Rundfunk bekannt machen (Aufnahme von 1929).

im Voraus) und Errichtung sowie Betrieb der Sendeanlagen. Das Reichsinnenministerium wiederum konnte fortan verstärkt Einfluss auf Programminhalte und die personelle Besetzung von Führungspositionen nehmen. Ausdrücklich jedoch wurde unter Punkt 1 der Rundfunkordnung auf die Überparteilichkeit hingewiesen: „Der Rundfunk dient keiner Partei. Sein gesamter Nachrichten- und Vortragsdienst ist daher streng überparteilich zu gestalten."[16] Rund 50 Prozent der Gebühreneinnahmen verblieben bei der Post, der restliche Betrag ging anteilig an die Sender. Das heißt, Sender wie der Westdeutsche Rundfunk in Köln, bei dem viele Teilnehmer gemeldet waren, verfügten über deutlich höhere Einnahmen als etwa der Ostmarken-Rundfunk in Königsberg mit wenigen Hörern. Die finanziellen Mittel wiederum wirkten sich auf die Sendedauer der einzelnen Sender aus. So konnte die wohlhabende Berliner Funk-Stunde wie auch die ebenso teilnehmerstarke Norag für das Jahr 1925 ein Programm von 9 bis 10 Stunden bieten, während die Orag als kleinste Gesellschaft ein Programm von lediglich 4,5 Stunden pro Tag sendete.[17] Bis 1931 stieg die Tagesprogrammdauer aller Sender im Durchschnitt auf rund 15 Stunden, bei der Norag sogar auf 18 Stunden.

Wie sehr sich der Rundfunk als Erziehungsinstrument einsetzen ließ, erkannten die Verantwortlichen recht früh, so meinte schon 1930 Hermann Schubotz, Geschäftsführender Direktor der RGG:[18]

> Die Frage, ob bzw. wie weit und unter welchen Bedingungen sich der Rundfunk mit der Politik befassen soll, wird von seiner Eigenschaft als Staatsmonopol und seinem Streben bestimmt, ein Spiegelbild des Zeitgeschehens zu sein. Hierin liegt ein schwer lösbarer Konflikt, der nicht aufgehört hat, die öffentliche Meinung zu erregen.
> Das Interesse des Staates am Rundfunk ist trotz der nicht unerheblichen Beträge, die er seinen Kassen zuführt, ein vorwiegend ideelles. Zwar gehört er zu den „circenses" [lat. *panem et circenses*, „Brot und Spiele", J.K.], derer das Volk bedarf, das nach Zerstreuung, Freude und Erhebung verlangt, aber wichtiger noch ist er dem Staat als ein verhältnismäßig billiges und bis in die entlegensten Behausungen dringendes Mittel der Volksbildung, und das stärkste Interesse nimmt der Staat an ihm wegen seiner Eignung zur Beeinflussung der öffentlichen Meinung. Der Grad dieser Eignung erhellt daraus, dass gegenwärtig im Reich rund 3 Millionen Rundfunkanschlüsse vorhanden sind, die – wenn auch nur gelegentlich – von 6 bis 10 Millionen Deutschen benutzt werden. Damit ist der Rundfunk zu einer Großmacht geworden, die an Bedeutung die Großmacht Presse vielleicht noch übertrifft.
> Der Staat und mit ihm alle Rundfunkleiter wollen, dass diese Großmacht im aufbauenden, nicht im zersetzenden Sinne wirksam ist. Sie soll die inneren Kämpfe, unter denen unser Volk leidet, mildern, nicht aber sie verschärfen. Sie soll die Deutschen dazu er-

– „Achtung! Achtung! Hier ist die Sendestelle Berlin" – die Geburtsstunde des Rundfunks

ziehen, die Meinung Andersdenkender zu verstehen und zu achten. Sie soll dem sozialen Ausgleich dienen und die Klüfte zwischen den Gesellschaftsschichten überbrücken helfen. Sie soll endlich zur staatsbürgerlichen Erziehung und zur Versöhnung der Völker beitragen. Alles dies vermag der Rundfunk leichter als die Presse, die – sofern sie Bedeutung hat – parteipolitisch gebunden oder wirtschaftlich von bestimmten Interessentengruppen abhängig zu sein pflegt. Zu einer Entgiftung der inneren und äußeren Atmosphäre ist der Rundfunk aber nur geeignet, wenn er behutsam und in jeder Weise überparteilich gehandhabt wird. Um dies zu erreichen und zu verhindern, dass mit einem so wichtigen Instrument Missbrauch getrieben wird, musste der Staat entscheidenden Einfluss auf den Rundfunk nehmen. Deshalb verknüpfte er die auf Grund des Telegrafengesetzes allein von ihm zu erteilende Genehmigung zum Betrieb der Sendeanlagen mit gewissen, die politische Betätigung des Rundfunks regelnden Richtlinien. An ihrer Spitze steht der Grundsatz: „Der Rundfunk dient keiner Partei; sein gesamter Nachrichten- und Vortragsdienst ist daher streng überparteilich zu gestalten."
Um die Beachtung dieses Fundamentalsatzes und der übrigen ihn ergänzenden Richtlinien zu sichern, hat der Staat bei jeder Rundfunkgesellschaft einen Überwachungsausschuss eingesetzt, der aus drei bis vier teils vom Reich, teils von der zuständigen Landesregierung berufenen Personen besteht ...
Bei solcher Schärfe der Bestimmungen ist es erklärlich, dass der Rundfunk sich bei der Behandlung politischer Fragen, namentlich im ersten Stadium seiner Entwicklung, größte Zurückhaltung auferlegte. Aber je mehr er sich seiner Aufgabe bewusst wurde, ein Spiegelbild der Zeit zu sein, war er gezwungen, aus seiner Zurückhaltung herauszutreten. Denn die politischen Kämpfe und Entscheidungen gehören zu den wichtigsten Geschehnissen der Gegenwart. Sie beeinflussen die Wirtschaft, die Kunst, die Wissenschaft und das Leben des Einzelnen in einem Maße wie nie zuvor. Sie unbeachtet zu lassen, war weder mit dem Streben des Rundfunks nach Aktualität noch mit seinen oben gekennzeichneten erzieherischen Aufgaben vereinbar. So sah er sich vor ein Problem gestellt, das gelöst werden musste, aber nur unter Einhaltung des Hauptgrundsatzes der Richtlinien, also der Überparteilichkeit, zu lösen war. Überparteilichkeit besagt, dass der Rundfunk nicht zu einem Organ der Parteipolitik werden soll, sie besagt aber nicht, dass er sich von der Politik als solcher fernzuhalten hat. Die Überparteilichkeit ist gewahrt, wenn der Rundfunk die sich bekämpfenden Meinungen in gleicher Weise und ohne Werturteil zur Darstellung bringt.

Nur wenige Jahre später hatte der Rundfunk die „Großmacht Presse" an Wirkkraft übertroffen, die Überparteilichkeit jedoch war dahin. Der Rundfunk diente fortan nur noch einer Partei.

Programminhalte

Bei Etablierung der Rundfunksender bestand deren Programm im Durchschnitt zu 39 Prozent aus Musik, 35 Prozent aus Nachrichten und Informationen (Sport, Wirtschaft), 16 Prozent waren Vorträge und 10 Prozent entfiel auf literarische Sendungen.[19] Vor allem Direktübertragungen aus dem Konzertsaal oder dem Stadion riefen Erstaunen hervor. Der Rundfunk bzw. das Radiogerät galt als „Wunder der Technik". Das erste Fußballspiel, das live über den Rundfunk (Westdeutsche Funkstunde AG) übertragen wurde, fand am 1. November 1925 statt; es war die Begegnung zwischen Preußen Münster und Arminia Bielefeld (0 : 5), die der Sportjournalist Bernhard Ernst kommentierte.

Wer dagegen mehr intellektuelle Beiträge wie Wissenschafts- und Geschichtssendungen oder Autorenlesungen („Der Dichter als Stimme der Zeit") bevorzugte, der erfreute sich an den Vorträgen prominenter Wissenschaftler wie Albert Einstein oder lauschte bekannten Schriftstellern wie Heinrich Mann, Bertolt Brecht oder Alfred Döblin, Gerhart Hauptmann und Edgar Wallace. Auch Schriftstellerinnen wie Marieluise Fleißer, Else Lasker-Schüler oder Anna Seghers waren Gast im Rundfunk und trugen aus ihren Werken vor. Brecht hatte mehrere Hörspiele für den Rundfunk geschrieben. Diese Inszenierungen von Geschichten mit verteilten Sprecherrollen, Musik und Geräuschen waren eine neue publizistische Form, eigens für den Rundfunk entwickelt und erstmals im Oktober 1924 bei der Süwrag mit dem Hörspiel „Zauberei auf dem Sender" von Hans Flesch, von 1919 bis 1932 Intendant der Funk-Stunde, zur Aufführung gebracht.

Als bahnbrechend galt Brechts im Juli 1929 von der Funk-Stunde ausgestrahltes Werk „Der Lindberghflug", in dem der Autor die erste Überquerung des Atlantiks mit dem Flugzeug durch Charles Lindbergh (Mai 1928) aus verschiedenen Perspektiven beschreibt.[20] Brecht hatte sich schon früh und eingehend mit der Bedeutung des neuen Mediums beschäftigt. In seiner „Radiotheorie" nahm er eine Möglichkeit vorweg, die erst Jahrzehnte später in Form der zahlreichen Anrufsendungen verwirklicht wurde:[21]

> Der Rundfunk wäre der denkbar großartigste Kommunikationsapparat des öffentlichen Lebens, ein ungeheures Kanalsystem, das heißt, er wäre es, wenn er es verstünde, nicht nur auszusenden, sondern auch zu empfangen, also den Zuhörer nicht nur hören, son-

dern auch sprechen zu machen und ihn nicht zu isolieren, sondern ihn auch in Beziehung zu setzen.

Doch solch avantgardistische Hörspiele von Brecht mit der Musik von Paul Hindemith und Kurt Weil, der wiederum in diesen Jahren zahlreiche Artikel in Rundfunkzeitschriften veröffentlichte, blieben die Ausnahme. Bei den musikalischen Sendungen dominierte vielmehr die Übertragung klassischer Musik (z. B. von Bach, Händel, Mozart oder Beethoven) sowie die Präsentation von Opern und Operetten, teils direkt aus den Konzert- und Theatersälen übertragen, teils als Schallplattenmusik. Doch auch Ausnahmen wurden geschätzt, so die Gastauftritte der Komponisten Igor Strawinsky oder Sergej Prokofjew in der Berliner Funk-Stunde (1929/30).

Schon die ersten Programmhinweise der Zeitschrift *Der Deutsche Rundfunk* vom Dezember 1923 hatten Konzert- und Opernmusik von Beethoven, Dvorák, Mendelssohn-Bartholdy, Mozart, Schubert, Schumann und Wagner, Arien und Lieder italienischer Meister, aber auch „Rheinlieder und Vortragslieder aus klassischer und moderner Operette" verzeichnet. Ab 1924 traten verstärkt „Bunte Abende", bestehend aus „heiteren Rezitationen" sowie instrumentalen und gesanglichen Darbietungen unterhaltenden Charakters, und „vorerst nur einmal wöchentlich" Tanzmusik hinzu. Volkstümliche Weisen, u. a. ein umfangreiches Konzert des Balalaika-Orchesters aus Petersburg, standen dann im November 1924 auf dem Programm der Funk-Stunde. Außerdem wurde täglich, zwischen 16.30 und 18.15 Uhr, der Sendeblock „Unterhaltungsmusik" geboten. Unter diesem Titel erklangen bekannte Märsche, Walzer und kurzweilige Potpourris, aber auch der Foxtrott „Oh Baby" sowie der Shimmy „Mein brauner Schatz" und der Shimmy Blues „Elly".[22]

So bestimmte Mitte/Ende der 1920er Jahre ein breites musikalisches Angebot das Programm. Bekannte Volkslieder, Schlager und eingängige Operettenmelodien erklangen neben eher ungewohnten Jazzrhythmen, die ein amerikanisches Lebens- und Modernitätsgefühl vermittelten. Mit diesem Angebot „für alle" spiegelte das Rundfunkprogramm, v. a. das der Deutschen Welle, die Kultur der Hauptstadt Berlin wider. Bevor das Rundfunkprogramm gegen Mitternacht mit „moderner Tanzmusik" endete, zogen Sendungen wie der „Heitere Abend", meist nach den 20-Uhr-Nachrichten und bis 22 Uhr ausgestrahlt, eine große Hörergemeinde an. In mehrere Blöcke gegliedert, bestanden sie aus einprägsamen Schlager-, Opern- und Operettenmelodien. Gesendet wurde in der Regel live, da „Originalsendungen", wie sie damals genannt wurden, von besserer Tonqualität und geräuscharm waren. Mit Beginn der 1930er Jahre jedoch, als die industriell hergestellten Platten an technischer Perfektion gewonnen hatten, wurden diese zunehmend eingesetzt; sie entlasteten Rundfunkorchester und waren weitaus kostengünstiger und geeigneter als Solisten, die für ein Honorar auftraten und deren Eigentümlichkeiten schwer zu kalkulieren waren. Im Vergleich zur ernsten Musik führten Schlager- und Tanzmusik ein Schattendasein; das sollte sich erst ab 1933 ändern.

Während sonntags (bis 1939), eingerahmt vom Stundenglockenspiel der Potsdamer Garnisonkirche und dem Glockengeläut des Berliner Doms auch Gottesdienste („Morgenfeiern") übertragen wurden, richtete sich das Werktagsprogramm an bestimmte Zielgruppen: „Die Viertelstunde für den Landwirt" brachte Beiträge über die Forst- und Fischereiwirtschaft oder über die Getreideernte, berichtete vom Bauernhof über die Tierhaltung und Bienenzucht oder gab kurz und bündig „praktische Winke". Halbstündige Vorträge unter dem Titel „Frauenfragen und Frauensorgen" galten am Nachmittag den Hörerinnen und ihren spezifischen Interessen (z. B. „Flüssiges Obst", „Frauengestalten der Bibel"), auch medizinische Vorträge und Sendungen speziell für Ärzte gehörten zu den Programminhalten. Zu den regelmäßigen Programmpunkten neben Zeitansage, Wetterdienst, Tagesnachrichten, Sportnachrichten und den (erstmals 1924 ausgestrahlten) Werbenachrichten gehörten ferner Sendungen wie „Sport und Körperkultur", „Um Kunst und Wissen" oder „Stunde mit Büchern". Allgemeinverständliche Themen wie „Schützt den Wald vor dem Feuer", „Wege zum Wohlstand" oder „Riga. Deutsche Kultur in Lettland" bereicherten das ansonsten von Musik dominierte Programm.[23] Werktags früh startete das Programm mit „Funk-Gymnastik". Gymnastikkurse zum Mitmachen brachte jeder Sender. So bot der Sender Stuttgart „Funkgymnastik mit Musik":[24]

> Meine lieben Sportfreunde. Wir beginnen wieder mit unserem kleinen Lauf. 1, 2, 1, 2, 1, 2 wie üblich bitte: Knie hochziehen, 1, 2, 1, 2, 1, 2, Arme auch bewegen. Nochmal 1, 2, 1, 2, 1, 2, hopp, hopp, hopp, hopp. Schön aufrecht wieder, lustig in den Tag hinein, 1, 2, 1, 2, hopp, hopp, hopp, hopp, 1, 2, 1, 2, 1, 2.

Diese Ansage, musikalisch untermalt, erklang mehrfach und bot dem Hörer aktive körperliche Betätigung zu Hause oder sogar am Arbeitsplatz.

Während in den Anfangsjahren die Kinder das Programm der Erwachsenen mithörten, brachten die Sender zunehmend altersspezifische Angebote, so dass auch Kinder und Jugendliche am Nachmittag oder den frühen Abendstunden als eigene Zielgruppe für den Rundfunk gewonnen werden konnten. Eine Vorreiterrolle spielte hierbei die Norag, bei der seit 1924 der „Funkheinzelmann" für die Unterhaltung von Kindern sorgte. Hinter der beliebten Kinderfunk-Figur verbarg sich der Autor und Journalist Hans Bodenstedt, der mit seinen selbst verfassten „Märchen vom Funkheinzelmann" junge Hörer für den Rundfunk begeisterte. Zur Kinderserie erschienen Bücher, Schallplatten und Schokolade. Damit ist der „Funkheinzelmann" die erste professionell vermarktete Rundfunkfigur, Jahrzehnte vor den ZDF-Mainzelmännchen.

Einen regelmäßigen Schulfunk strahlte die Deutsche Welle ab Frühjahr 1926 aus; sie übertrug Fremdsprachenkurse (Englisch, Französisch, Spanisch), die vormittags von Klassen höherer Schulen gehört wurden. Spezielle Beiträge für Pädagogen wurden nachmittags gesendet. Auch die anderen Rundfunksender brachten einen Schulfunk, wobei die Norag die meisten Volks- und Schulbildungssendungen während der Weimarer Republik anbot.[25] Ebenso hatte 1928 der Kulturbeirat der Südwestdeutschen Rundfunk AG (Frankfurt) Stellung zum Schulfunk bezogen:[26]

1. Der Kulturbeirat betrachtet den Rundfunk als ein für die Schule wichtiges Bildungsmittel, auch da, wo die technischen Voraussetzungen z. Z. nicht einwandfrei erfüllt sind. Er empfiehlt die pflichtmäßige Teilnahme der Schüler an den Darbietungen, wenn der Lehrer diese im Einzelfalle als geeignet erachtet.
2. Der Programmplan soll sich in Bezug auf Zeit (Häufigkeit und Stunde), Gegenstand und Vortragende den verschiedenen Schularten und Unterrichtsstufen sowie den örtlichen Verhältnissen anpassen.
3. Der Schulfunk kann erst dann voll ausgenutzt werden, wenn dem Lehrer die Möglichkeit gegeben wird, die Aufnahme der Darbietungen mit der Schularbeit in Verbindung zu bringen. Der Kulturbeirat sieht die Möglichkeit dafür in der rechtzeitigen Bekanntgabe des Vortragsplanes ...

Mit Beiträgen wie „Deutsche Staatskunde", „Schlesische Geschichte", „Nützliches Wissen", „Gutes Deutsch", „Stunde der Musik" oder „Theaterwoche" bot die Schlesische Funkstunde (Breslau) ein anspruchsvolles Vortragsprogramm. Dazu gehörte auch die Reihe „Das wird Sie interessieren", eine abwechslungsreiche Mixtur aus aktuellen Tagesereignissen, Hörberichten und Reportagen.[27] Typisch für diese Zeit war jedenfalls das bewusste Zuhören.

II. Der Hörfunk in der Weimarer Republik

Der Rundfunk galt als Orakel und gerade bei Nachrichten ließen die Hörer alles stehen und liegen, um der Stimme aus dem Lautsprecher andächtig zu lauschen. Aus englischer Sicht schienen die deutschen Rundfunkprogramme hauptsächlich lehrhaft-informativ, weniger unterhaltend wie die Beiträge der British Broadcasting Corporation (BBC), der im Oktober 1922 gegründeten öffentlich-rechtlichen Rundfunkanstalt Großbritanniens:[28]

> Grob gesprochen unterscheidet sich das deutsche vom englischen System darin, dass es tagsüber arbeitet und nachts spielt. Während des Tags gibt es Zeitsignale, Nachrichtensendungen, Berichte über Wirtschaft, Wetter, Börse, Getreidehandel, Informationen für Landwirte, Unterricht und Vorträge. Praktisch die einzige Unterhaltung vor dem Abend besteht in den am späten Vormittag oder frühen Nachmittag ausgestrahlten Grammophon-Konzerten ... Die amüsante Seite des Radios setzt deswegen erst am Abend ein, etwa gegen 7.30 oder 8.30 Uhr. Dennoch, so verwunderlich es auch sein mag, findet der Deutsche die Abendsendungen oft langweilig und hält, obwohl er das nicht offen zugeben würde, die erzieherischen Sendungen während des Tags und frühen Abends für weit unterhaltsamer.

In jenen Jahren, die (allerdings nur bezogen auf die Großstädte Berlin, Breslau, Hamburg und München) als die „goldenen 20er Jahre" bezeichnet werden, schlug sich der Fortschrittsglaube auch im Schlager nieder. Das Lied „Die schöne Adrienne hat eine Hochantenne" mit seinen textlichen Zweideutigkeiten war 1925 in aller Munde:[29]

> Wo man geht, wo man sitzt und steht
> Ist von Radio heut' nur die Red'.
> Vom Kellerloch bis hoch zur Mansard'
> Ist alles drin vernarrt.
> Manche Maid, wenn schon Schlafenszeit,
> steigt ins Bettchen empfangsbereit,
> und sie genießt mit dem Ohr
> ihren Lieblingstenor horizontal ideal.
>
> Die schöne Adrienne,
> tschintarata-ta-ta-ta-ta-ta-radio,
> hat eine Hochantenne,
> tschintarata-ta-ta-ta-ta-ta-radio,
> aus aller Herren Länder,
> tschintarata-ta-ta-ta-ta-ta-radio,
> trara-trara-ra-dio.

Momentan sucht ein junger Mann
schnell ein Zimmer, schwer kommt's ihn an,
Bad, Telefon und wie es heut' Brauch,
Radioanschluss auch.
Ganz verzagt trifft er und befragt
Einen Freund, dem sein Leid er klagt.
Der hat voll fröhlicher Hast
Ihn beim Arm gleich gefasst:
„Komm nur, ich weiß, was dir passt."

Die schöne Adrienne ...

Sie und er als ihr Zimmerherr
Suchen Wellen nun kreuz und quer.
Sie dreh'n zusammen am Radiophon,
Paris berauscht sie schon.
Plötzlich da sind zum Greifen nah
Wellen aus Zentralafrika,
und ganz entsetzt kommt sie knapp
unverhofft bis zum Kap
der guten Hoffnung hinab.

Die schöne Adrienne ...

Neben weiteren Schlagern und Gedichten – so Otto Reutters „Radiofunken", „Bubi – ich habe eine Radiostation" von Franz Strassmann, Harry Sengers „Im Radiotelefunkenfimmel", „Weltverkehr" von Joachim Ringelnatz oder Johannes R. Bechers „Radio – Wunder der Alltäglichkeit" – thematisierten in jenen Jahren auch Romane wie „Der Telefunken-Teufel" von Otfried von Hanstein oder „Radio bei Onkel Herbert" von John Fuhlberg-Horst, der Film „Funkzauber" (mit Werner Krauss und Alfred Braun) oder Künstler wie Otto Marquardsen („Der Schwarzhörer"), Kurt Günther („Der Radionist") sowie Max Radler („Der Radiohörer") den Rundfunk.

Andererseits gewährte auch das neue Medium der Zeitgeschichte ein Forum. Nur der Rundfunk bot so bequem und unmittelbar die Teilhabe an den großen Ereignissen der Jahre. Voller Staunen und mit großer Aufmerksamkeit saßen die Hörer vor dem Lautsprecher und verfolgten Übertragungen von Geschehnissen nationaler Bedeutung. Mitte März 1927 wurde erstmals aus dem Sitzungssaal des Reichstages die Gedenkfeier zum Volkstrauertag übertragen. Der Live-Bericht von der Trauerfeier für den verstorbenen Außenminister Gustav Stresemann am 6. Oktober 1929 ist die älteste erhaltene

II. Der Hörfunk in der Weimarer Republik

Abb. 12: Filmplakat „Funkzauber", 1927.

Hörfunkreportage, archiviert im Deutschen Rundfunkarchiv Frankfurt, das 1952 unter der Bezeichnung „Lautarchiv des Deutschen Rundfunks" gegründet wurde.

Erst 1929 begann die Funk-Stunde, Schallaufzeichnungen für Archivzwecke anzulegen. Gesprochen wurde sie von dem Rundfunk-Pionier Alfred Braun, der seine Sendungen bei der Funk-Stunde mit der Stationsansage „Achtung, Achtung, hier ist Berlin" eröffnete. Wenige Wochen später berichtete der redegewandte Braun aus Stockholm anlässlich der Verleihung des Literatur-Nobelpreises an Thomas Mann. Brauns Markenzeichen außerhalb des Senders und damit sichtbar für andere war das Mikrofon. Das kleine technische Instrument, Sinnbild des Rundfunks schlechthin, steht bis heute für die Umwandlung akustischer Ereignisse in elektrische Schwingungen. Braun, 1888 in Berlin geboren und ein gelernter Schauspieler, war am Ende der Weimarer Republik reichsweit der bekannteste Rundfunksprecher. Er hatte erstmals in der Silvesternacht 1923/24 das Studio verlassen, um mittels einer „Mikroreportage" die Hörer am Leben der Berliner teilhaben zu lassen. Eine vergleichbare Popularität besaßen Reporter wie Bernhard Ernst (Köln), Hans Bodenstedt (Hamburg) oder Paul Laven (Frankfurt am Main).[30]

Seit 1929 waren erstmals Übertragungswagen (Ü-Wagen) zum Einsatz gekommen, so im Juli bei einer Reportage vom Nürburgring. Ein großes Interesse erregte auch die Berichterstattung von der „Befreiungsfeier" in Trier (1. Juli 1930), die ebenfalls zu den ältesten erhaltenen Direkt-Übertragungen der Rundfunkgeschichte zählt. Weitere Ereignisse von besonderer Bedeutung, über die eine immer größer werdende Hörerschaft vor dem Lautsprecher informiert wurde, waren in jenen Jahren die Palästina-Rundfahrt und die Polarfahrt des Luftschiffes „Graf Zeppelin" (April und Juli 1931) oder die Weltumrundung der Elly Beinhorn im Alleinflug (Dezember 1931 bis Juli 1932).

Am Geschehen in Deutschland konnten die Hörer im Ausland, vor allem die zahlreichen deutschen Emigranten in den USA, über den Weltrundfunksender teilhaben. Nachdem das Elektrounternehmen Telefunken bereits 1926 in Zeesen bei Königs Wusterhausen mit einem Kurzwellensender experimentiert hatte, nahm der Weltrundfunksender Ende August 1929 seinen regulären Betrieb auf und bot einen internationalen Programmaustausch („Überseeprogramm"). 1933 in „Deutscher Kurzwellensender" (KWS) umgetauft (ab 1943: „Die Deutschen Überseesender"), nutzte das NS-Regime den Kurzwellensender für seine Auslandspropaganda (im Vorfeld der Olympischen Spiele 1936 wurden die Sendekapazitäten massiv ausgebaut). In Zeesen hatte sich der Deutschlandsender II befunden, der auf Langewelle (240 kHz) sendete und bei Inbetriebnahme Ende 1927 als stärkster Rundfunksender Europas galt.

Alles rund ums Radio

Mit dem Interesse an dem neuen Medium war in Windeseile auch ein neuer Markt entstanden: *Der Deutsche Rundfunk* war die erste deutsche Funkzeitschrift, erstmals am 14. Oktober 1923 erschienen. Die Wochenzeitschriften (u. a. *Die Sendung, Radio für alle, Funk, Funkstunde, Arbeiterfunk,* ab 1931 auch *Sieben Tage, Rufer und Hörer, Westfunk, Bayerisches Funkecho*) informierten für durchschnittlich 50 Pfennige pro Monat nicht nur über das Programm, sie präsentierten ebenso (teilweise bebildert) „nützliche Hausfrauentipps", eine Rätselecke, Werbung, Fortsetzungsgeschichten etc. Auch die regionalen Sender boten eigene Programmzeitschriften, so brachte die Hörfunkgesellschaft Schlesische Funkstunde A. G. mit Sitz in Breslau die *Schlesische Funkstunde* oder der Bayerische Rundfunk (München) die *Bayerische Radio-Zeitung* heraus. Daneben erschienen Monatshefte (*Der Funker, Der Radio-Amateur, Radio*), die sich der Nachrichtentechnik und dem Radiowesen allgemein widmeten.

Abb. 13: Cover der *Funk-Woche* von 1933.

Ebenfalls innerhalb kurzer Zeit verließ der Rundfunk das Versuchsstadium und das Sendewesen professionalisierte sich. Bis 1929 hatten sich 27 Haupt- und Nebensender etabliert. Folglich wurden die bislang einfach ausgestatteten Studios ausgebaut. Sendetürme wurden errichtet, die als architektonische und technische Meisterwerke bestaunt wurden, immer mehr Leistung und damit eine größere Reichweite hatten. Aus der Pionierzeit des Rundfunks hat sich auf dem Messegelände in Berlin-Charlottenburg, Ortsteil Westend, der Funkturm erhalten. Der (damals) 138 Meter hohe Stahlfachwerkbau wurde ab Anfang 1925 errichtet und am 3. September 1926 anlässlich der 3. Großen Deutschen Funk-Ausstellung eingeweiht. Nun konnten 40 Prozent der Berliner Bevölkerung mit Rundfunk versorgt werden. Vor zahlreichem Publikum und etlichen Prominenten, unter ihnen Reichsinnenminister Wilhelm Kütz, verlas Hans Bredow als Vorsitzender der RRG ein Weihegedicht, dessen Appell sich bis heute erfüllt hat:[31]

> Hoch vom Berliner Himmel umblaut,
> ist ein stählerner Turm gebaut.
> Steil in die Berliner Luft,
> Umleuchtet vom letzten Sommerduft.
> Im neuen Berlin im Berliner Wind,
> Das allerjüngste Berliner Kind!
> Berliner Jahre werden gehn:
> Sturm wird kommen der Turm wird stehn!

Die Konstruktion des Turms erinnert an den Eiffelturm. Wie dieser wurde er schon früh zu Werbezwecken eingesetzt und entwickelte sich zum Publikumsmagneten, erst recht, da er in 50 Metern Höhe über ein Restaurant verfügte. Er galt als Symbol technischen Fortschritts; von hier wurde 1932 auch die weltweit erste Fernsehsendung per UKW ausgestrahlt. Der Sende- und Aussichtsturm, jahrzehntelang Wahrzeichen der Stadt und im Volksmund als „Langer Lulatsch" bezeichnet, wurde im Zweiten Weltkrieg beschädigt, blieb aber erhalten und erfüllte seine Funktion bis 1963. Bereits zwei Jahre zuvor unter Denkmalschutz gestellt, ist der Funkturm mit seinen heute 147 Metern das vierthöchste Bauwerk Berlins (zum Vergleich: der 1969 in Betrieb genommene Berliner Fernsehturm am Alexanderplatz ist 368 Meter hoch). Nur wenige Meter vom Turm entfernt, befindet sich an der Masurenallee ein Gebäude, das bei Eröffnung im Januar 1931 ebenfalls die neue Zeit verkörperte: das Haus des Rundfunks. Der sachlich-nüchterne und zu-

II. Der Hörfunk in der Weimarer Republik

Abb. 14: Der Berliner Funkturm, Postkarte von 1938.

gleich massive Ziegelbau in Form eines gleichschenkligen Dreiecks mit Klinker- und Keramikplattenverblendung beherbergte die Funk-Stunde, die bislang im Vox-Haus untergebracht war, die RRG sowie die Deutsche Welle. Der architektonisch bemerkenswerte Komplex mit seinen heute drei großen Sendesälen, zehn Aufnahmestudios und zahlreichen Probe- und Schalträumen blickt auf eine wechselvolle Geschichte zurück; seit Mai 2003 sendet aus diesem Gebäude der Rundfunk Berlin-Brandenburg (RBB).

Interesse an funktechnischen Experimenten hatten vor allem ehemalige Soldaten, die wenige Jahre zuvor während des Krieges in Funkkompanien die neuartige Technik kennengelernt hatten. Im Gegensatz zu anderen Ländern war in Deutschland den Funkamateuren eine Betätigung untersagt, der Betrieb von Sendeanlagen blieb zunächst dem Reich vorbehalten, so hatte es das „Gesetz über Fernmeldeanlagen" (1928) vorgesehen:[32]

> (1) Das Recht, Fernmeldeanlagen, nämlich Telegrafenanlagen für die Vermittlung von Nachrichten, Fernsprechanlagen und Funkanlagen zu errichten und zu betreiben, steht ausschließlich dem Reiche zu. Funkanlagen sind elektrische Sendeeinrichtungen sowie elektrische Empfangseinrichtungen, bei denen die Übermittlung oder der Empfang von Nachrichten, Zeichen, Bildern und Tönen ohne Verbindungsleitungen oder unter Verwendung elektrischer, an einem Leiter entlang geführter Schwingungen stattfinden kann ...

Folglich fand der Funkkontakt der Amateure untereinander im Verborgenen statt, er war nur schwer aufzudecken. Immerhin hatte die Reichspost ab Mai 1924 „Forschern und Fachleuten auf dem Gebiet des Funkwesens" eine „Audioversuchserlaubnis" gewährt, Lizenzen wurden jedoch nicht an Einzelpersonen, sondern nur „Club-Sendestationen" erteilt. Der bereits im April 1923 gegründete Radio-Club e. V. (DRV) gilt als erster Verband der Funkamateure. Ab Mitte der 1920er Jahre bot die Rundfunkindustrie ein breites Sortiment (Antennen, Bauteile, Mikrofone), zudem kamen immer mehr Ratgeber für Amateurfunker auf den Markt („Schaltungsbuch für Radioamateure", „Lehrbuch der Elektronenröhren", „Handbuch für Funkfreunde", „Der Antennenbau"). Um die zunächst hohe Genehmigungsgebühr zu umgehen, hörten viele Zeitgenossen „schwarz", was allerdings unter Strafe stand. Hörer, die sich der Gebühr entziehen wollten, wurden als „Schleichhörer" oder „Zaungäste" bezeichnet.

Betriebsfähige Radioapparate waren in den Anfangsjahren eine kostspielige Anschaffung und daher Angehörigen einer wohlhabenden Schicht vorbehalten. Zu Beginn des Rundfunkzeitalters war die Firma Telefunken im Besitz der wichtigsten Patente, gegen eine Lizenzgebühr stellten dann auch Hunderte Kleinfirmen die unterschiedlichsten Geräte her. Damit die Empfangsapparate die damals geringe Hochfrequenzleistung in eine hörbare Tonfrequenz umwandeln konnten, bedurfte es eines Resonanzkreises, der auf die jeweilige Sendefrequenz eingestellt war, eines Hochfrequenzgleichrichters, der nur die Tonfrequenz weiterleitete, sowie eines Hörers, der als „Telefon" bezeichnet wurde, und der die Tonfrequenz in Schallenergie umwandelte. Die ersten Radioempfänger waren einfache Detektorapparate, die aus verschiedenen Bauteilen bestanden: einer Antenne, einer Empfangsspule, einem Gleichrichter, einem Erdanschluss der Masse sowie einem (oder mehreren) Kopfhörer(n). Diese Bauteile mussten in einem Kreis zusammengeschlossen werden. Viele Radiohörer bastelten sich ihre Empfangsgeräte selbst, d. h. technische Kompetenz war erforderlich. Auch daher bildeten sich Hörergemeinschaften, die zum einen aus meist jungen, experimentierfreudigen Leuten bestanden, die gemeinsam Anlagen herstellten, aber auch aus Interessierten, die über die gemeinsam gehörten Sendungen diskutierten. Hörergemeinschaften entstanden auch aus rein praktischen Gründen: Jene, die sich kein eigenes Empfangsgerät leisten konnten oder mit der Technik überfordert waren, schlossen sich den „Experten" an. Neben den kirch-

II. Der Hörfunk in der Weimarer Republik

Abb. 15: Cover von K. Riemenschneiders Buch *Der Antennenbau* von 1925.

lich und gewerkschaftlich geprägten Gemeinschaften hatte der 1924 gegründete Arbeiter-Radio-Klub Deutschland (ab 1928 nannte er sich Arbeiter-Radio-Bund Deutschland) eine große Anhängerschaft, die aus sozialdemokratischen und kommunistischen Radio-Konsumenten und -Bastlern bestand, und hatte sich dieses Ziel gesetzt:[33]

> Der ARK ist keineswegs mit irgendwelchen bürgerlichen Amateur- und Bastlervereinen zu vergleichen, er ist vielmehr die Zusammenfassung der deutschen Arbeiterschaft, die den Rundfunk nicht nur als eine Unterhaltungsmöglichkeit ansieht, sondern als ein technisches Hilfsmittel, das geeignet ist den kulturellen Willen der aufsteigenden Klasse zu manifestieren und durch seine Einrichtungen die Fortschritte menschlichen Geistes ihren Klassenangehörigen zu vermitteln.

Im August 1930 folgte mit dem Reichsverband Deutscher Rundfunkteilnehmer für Kultur, Beruf und Volkstum (RDR) eine Interessenvereinigung der Mitglieder von DNVP und Stahlhelm. Mit dem Angebot an preiswerteren und nutzerfreundlichen Geräten sank die Attraktivität solcher Organisationen, die spätestens ab 1933 im Zuge der „Gleichschaltung" aufgelöst wurden.

In den Anfangsjahren des Rundfunks waren vor allem die preiswerten, aber unhandlichen und störanfälligen sowie leistungsschwachen Detektorengeräte mit Batteriebetrieb auf dem Markt, die zwischen 15 und 40 Reichsmark (RM) kosteten und nur mit Kopfhörer zu verwenden waren. Diese wiederum wurden als störend empfunden, da sie auf die Ohren drückten und die Bewegungsfreiheit einschränkten. Röhrengeräte dagegen, die verstärkt ab Ende der 1920er Jahre produziert wurden, konnten auch außerhalb der Bodenwellenbereiche eingesetzt werden. Außerdem verfügten sie über einen eingebauten Lautsprecher, waren leicht zu bedienen und weniger wartungsintensiv. Allerdings erforderten sie eine Stromversorgung und die Röhren mussten mittels eines Akkumulators aufgeheizt werden. Zu den innovativen

Abb. 16: Empfänger der Firma Owin Radioapparatefabrik GmbH mit Lautsprecher der Firma C. Lorenz AG (1930).

II. Der Hörfunk in der Weimarer Republik

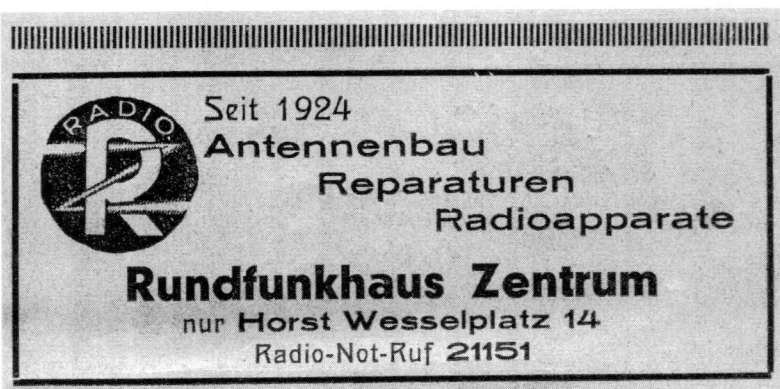

Abb. 17: Werbung eines Radiogeschäfts, 1934.

Abb. 18: Werbung der Firma Telefunken, 1935.

Unternehmern gehörte Siegmund Loewe, der bereits im Januar 1923 die Radiofrequenz GmbH gegründet hatte. 1926 brachte er für 39,50 RM einen preisgünstigen Kompaktempfänger (Ortsempfänger „Loewe OE 333") auf den Markt, der mit der neuartigen Dreifachröhre 3 NF ausgestattet war. Diese besondere Röhre enthielt neben den Elektroden auch Widerstände und Kondensatoren, also einen ersten integrierten Schaltkreis, der zum Vorbild späterer Standardgeräte wurde. Komfortable Geräte kosteten anfangs mehrere Hundert Reichsmark, bei einem durchschnittlichen Arbeitereinkommen von 70 RM im Monat (1928) konnten sich nur die wenigsten Menschen solch kostspielige Radios leisten. Bis 1933, als der Rundfunk nichts Besonderes mehr war, hatten sich Apparate durchgesetzt, die bei hoher Empfangsleistung über eine Einknopfbedienung und mit Sendernamen beschriftete, beleuchtete Skalen verfügten und einen reinen Hörgenuss boten. Führende Hersteller um 1930 waren Telefunken, AEG, Braun, Loewe, Lorenz, Mende, Siemens, Blaupunkt, Tefag, Nora, SABA, Seibt oder Wega. Nachdem die Radiofirmen wie Pilze aus dem Boden geschossen waren (1923 sollen 400 Produzenten existiert haben), reduzierte sich die Anzahl der Hersteller durch Verdrängungswettbewerb und Fusion über 150 (1925) auf 28 Markenfirmen im Jahr 1933. Wie begehrt ein eigenes Rundfunkgerät war, zeigen die Umsatzsteigerungen: 1926 waren allein in Deutschland Radios für rund 11 Millionen RM verkauft worden, 1928 waren es 41 Millionen RM und 1930 (trotz Wirtschaftskrise) wurden Geräte im Wert von fast 70 Millionen RM an den Hörer gebracht.[34]

Im Laufe der Jahre hatte sich nicht nur die Technik gewandelt, d. h. professionalisiert, auch die Formgebung war sehr abwechslungsreich. Hatten die frühen Geräte noch eine einfache Brettschaltung, so wandelten sie sich hin zu aufwendig gestalteten Möbelstücken, die einen besonderen Platz in der „guten Stube" erhielten und einem Prestigeobjekt gleichkamen. Präsentiert wurden die Neuheiten auf den Funkausstellungen, die auf dem Berliner Messegelände (unterhalb des Funkturms) in Berlin-Westend stattfanden. Die 1. Große Deutsche Funk-Ausstellung (Vorläufer der heutigen Internationalen Funkausstellung, IFA), veranstaltet vom Verband der Radio-Industrie e. V., fand im Dezember 1924 statt. Rund 170.000 Menschen bestaunten hier die Angebote der 242 Aussteller. Die Ausstellung, bei der die technischen Neuerungen (auch Grammophone) lange vor der tatsächlichen Markteinführung gezeigt wurden, fand bis 1939 jährlich statt und bot Produkte auch ausländischer Firmen, vor allem aus den USA, den Niederlanden und Großbritannien. So wurde im September 1925 erstmals ein Gerät für Langwelle vorgestellt (bislang wurde auf Mittelwelle gesendet), drei Jahre später fand im Rahmen der Messe die erste Fernsehübertragung statt und im August 1930 eröffnete der Nobelpreisträger Albert Einstein die 7. Große Deutsche Funk-Ausstellung, bei der er den Wegbereitern des Rundfunks, namentlich Hans Christian Oersted, Philipp Reis, John Bell, James Clerk Maxwell, Heinrich Hertz und Robert von Lieben gedachte: „Gedenkt dankbar des Heeres namenloser Techniker, welche die Instrumente des Funkverkehrs vereinfachten und der Massenfabrikation anpassten, dass sie für jedermann zugänglich geworden sind." Bei dieser Gelegenheit lobte der Nobelpreisträger von 1922 den Rundfunk als demokratisches Instrument, das im Dienste der „Völkerversöhnung" stehe:[35]

> Denkt auch daran, dass die Techniker es sind, die erst wahre Demokratie möglich machen. Sie erleichtern nicht nur des Menschen Tagewerk, sondern machen auch die Werke der feinsten Denker und Künstler, deren Genuss noch vor Kurzem ein Privileg bevorzugter Klassen war, der Gesamtheit zugänglich. Was den Rundfunk anbelangt, so hat er eine einzigartige Aufgabe zu erfüllen im Sinne der Völkerversöhnung. Bis auf unsere Tage lernten die Völker einander fast ausschließlich durch den verzerrenden Spiegel der eigenen Tagespresse kennen. Der Rundfunk zeigt sie einander in lebendiger Form und in der Hauptsache von der liebenswürdigsten Seite. Er kann so dazu beitragen, das Gefühl gegenseitiger Fremdheit auszutilgen, das so leicht in Misstrauen und Feindseligkeit umschlägt …

Zwei Jahre später, im August 1932, auf dem Höhepunkt der Arbeitslosigkeit in Deutschland (rund sechs Millionen Arbeitslose infolge der Weltwirtschaftskrise von 1929), als auch der Rundfunk Rationalisierungsmaßnahmen wie Kürzungen beim Programm vornehmen musste, brachte die Firma Blaupunkt das erste Autoradio auf den Markt. Zwar sollte es noch Jahrzehnte dauern, bis dieses serienmäßig in jedem Auto vorhanden war, doch in der Weimarer Republik war der Grundstein gelegt für wegweisende Erfindungen, auf denen unsere heutigen Medien beruhen.

Wie gesehen, hatte der Staat schon früh Einfluss auf den Rundfunk genommen, im Juni 1932 jedoch war dieser noch weiter ausgebaut worden: Mit dem Erlass des Reichsinnenministers Wilhelm von Gayl, eine „Stunde der Reichsregierung" im Deutschlandsender einzurichten, war bereits vor Etablierung der Nationalsozialisten der Grundstein für einen staatsautoritären Rundfunk gelegt. Diese Sendung hatten als Reichssendung alle Rundfunkgesellschaften täglich zur besten Sendezeit, d. h. abends zwischen 18.30 und 19.30 Uhr, für eine halbe Stunde zu übernehmen. Von nun an konnten Regierungsvertreter die Öffentlichkeit über ihre Tätigkeit informieren, auch wurden Ministerreden übertragen. Reichskanzler Franz von Papen, seit 1. Juni 1932 im Amt, nutzte das Medium mehrfach für Ansprachen – im Reichstag dagegen hielt er während seiner rund sechs Monate währenden Amtszeit keine einzige Rede.[36] Während Paul von Hindenburg im Frühjahr 1932 seine erneute Kandidatur für das Amt des Reichspräsidenten über den Rundfunk bekannt gegeben und begründet hatte, erhielt im Juni desselben Jahres auch die NSDAP Gelegenheit, anlässlich der Reichstagswahl Ende Juli für sich zu werben. Joseph Goebbels war erstmals am 18. Juli 1932 im Rundfunk zu hören.

Ende des Monats gab Erich Scholz, Ministerialrat im Reichsinnenministerium, innerhalb der „Stunde der Reichsregierung" die „Richtlinien für die Neuregelung des Rundfunks" bekannt. Dieser erhebliche Eingriff in die Struktur des Rundfunks bedeutete die Verstaatlichung der RRG und der Regionalgesellschaften (Umwandlung der Aktiengesellschaften in GmbHs; dabei betrug der Anteil des Reiches 51 und der Anteil der Länder 49 Prozent). Der Deutschlandsender unterstand komplett der RRG. Neben der staatlichen Aufsicht bedeuteten diese im November 1932 in Kraft getretenen Maßnahmen Zentralisierung und Programmkontrolle.

Einige Leitlinien nahmen Grundsätze der NS-Ideologie vorweg, so hieß es in den Richtlinien u. a.:[37]

1. Der deutsche Rundfunk dient dem deutschen Volke. Seine Sendungen dringen unablässig in das deutsche Haus und werden in der ganzen Welt gehört. Dieser Einfluss auf Volk und Familie und die Wirkung im Ausland verpflichten die Leiter und Mitarbeiter zu besonderer Verantwortung.
2. Der Rundfunk arbeitet mit an den Lebensaufgaben des deutschen Volkes. Die natürliche Einordnung der Menschen in Heimat und Familie, Beruf und Staat ist durch den deutschen Rundfunk zu erhalten und zu festigen ...
4. Der Rundfunk dient allen Deutschen innerhalb und außerhalb der Reichsgrenzen. Er verbindet die Auslandsdeutschen mit dem Reiche und lässt die innerdeutschen Hörer am Leben und Schicksal der Auslandsdeutschen teilnehmen. Die Pflege des Reichsgedankens ist Pflicht des deutschen Rundfunks.
5. Der Rundfunk nimmt an der großen Aufgabe teil, die Deutschen zum Staatsvolk zu bilden und das staatliche Denken und Wollen der Hörer zu formen und zu stärken ...
7. Aufgabe aller Sender ist es, das Gemeinsame der Lebensgemeinschaft des deutschen Volkes zu pflegen. Die Landessender gehen dabei von den landsmannschaftlichen Besonderheiten ihres Sendebereichs aus und vermitteln auch das reiche Eigenleben der deutschen Stämme und Landschaften ...

Aus diesen allgemeinen Zielsetzungen ergeben sich für die Sendungen folgende Grundsätze: ...

2. Der Rundfunk pflegt gute Musik. Er sendet solche Werke, die wegen ihres künstlerischen Gehalts der Verbreitung würdig sind. Die Schöpfungen deutscher Meister bilden den Kern der musikalischen Sendungen. Die Sendung soll den Hörer zu einer innerlich tätigen Aufnahme gewinnen. Auf die volkserzieherische Aufgabe ist auch bei der Auswahl und Ausführung der Unterhaltungsmusik zu achten ...
5. Darbietungen, die der Unterhaltung und Erholung dienen, nehmen im Rundfunk mit Recht einen breiten Raum ein ...

II. Der Hörfunk in der Weimarer Republik

6. Die verantwortliche Teilnahme an der Politik als der Sorge für das Gesamtwohl des Volkes setzt das Wissen um unsere große und besondere Geschichte voraus. Darum soll der Rundfunk die Hörer über das Werden des deutschen Volkes und des Deutschen Reiches unterrichten und das Gefühl für deutsche Ehre stärken. Der Rundfunk stellt die Hörer in sachlicher Weise vor die politische Wirklichkeit und sucht ihnen aus der Fülle der Spannungen in unserem Volke das Große und Einigende deutlich zu machen ... Der Rundfunk dient keiner Partei. Politische Gegenstände sind sachlich zu behandeln. Werbung für Parteien und Bekämpfung von Parteien sind nicht zugelassen. Bestrebungen, die den Bestand des Staates gefährden können, sind vom Rundfunk ausgeschlossen ...

Bis Jahresende erfolgten aus „kulturpolitischen Erwägungen" mehrere Entlassungen in den einzelnen Rundfunkabteilungen. Hans Bredow selbst reichte am 30. Januar 1933 seinen Rücktritt ein. Zu diesem Zeitpunkt hatte der Rundfunk mehr als 4,3 Millionen registrierter Hörer.

Die erste Reichssendung, also die Zusammenschaltung aller Sender im Reich zur Übertragung eines reichsweit besonders wichtigen Ereignisses, hatte bereits in der Nacht vom 31. Januar auf den 1. Februar 1926 anlässlich der Räumung der 1. Rheinlandzone durch die französische und belgische Besatzungsarmee („Befreiungsfeier" am Kölner Dom) stattgefunden. In aller Heimlichkeit und kurzfristig waren die technischen Vorbereitungen für die europaweite Rundfunkübertragung getroffen worden. Unmittelbar nach der eindrucksvollen Veranstaltung schrieb Konrad Adenauer als Oberbürgermeister der Stadt Köln an Hans Bredow:[38]

Die große, noch gar nicht abzuschätzende Bedeutung des Rundfunks ist – wie mir scheint – gerade bei dieser Feier ganz klar zu Tage getreten. Ich glaube, dass Sie stolz darauf sein können, das Rundfunkwesen in Deutschland auf diese Höhe gebracht zu haben.

Ab 1933 häuften sich solche Reichssendungen, die v. a. der Vermittlung von NS-Propaganda dienen sollten.

III.

Rundfunk unterm Hakenkreuz

Der Rundfunk als „Rufer und Künder"

Zu Beginn des „Dritten Reichs" war erst jeder vierte Haushalt mit einem eigenen Rundfunkgerät ausgestattet, doch als Sensation galt das Radio nicht mehr, es war inzwischen ein vielgenutzter Gebrauchsgegenstand. In den zehn Jahren seit Aufnahme des Sendebetriebs war eine einflussreiche Rundfunkindustrie entstanden, die durch eine rasche technische Entwicklung benutzerfreundliche Geräte mit einem immer reineren Hörgenuss präsentierte. Vielseitig war auch das Programm: Neben den unterschiedlichsten musikalischen Darbietungen bot es Informationen aus dem politischen, kulturellen, gesellschaftlichen und sportlichen Bereich. Der Rundfunk prägte Meinungen und veränderte Wahrnehmungen, eine einheitliche, schichtübergreifende Massenkultur stiftete er jedoch noch nicht. Aufgrund ihrer Einkommenssituation konnten sich die meisten Arbeiter zunächst kein Rundfunkgerät leisten. Abgesehen vom Preis war das Programm zu kulturlastig, es entsprach vornehmlich den Interessen des Bildungsbürgers.

Als die Nationalsozialisten im Frühjahr 1933 die politische Macht in Deutschland übernahmen, konnten sie für ihre Zwecke eine Einrichtung in Anspruch nehmen, die sich innerhalb kürzester Zeit zu einem weit verbreiteten Medium entwickelte und die sich uneingeschränkt als Herrschaftsinstrument einsetzen ließ. Nur wenige Jahre zuvor hatte sich Goebbels, seit 1926 Gauleiter von Berlin und ab 1930 Reichspropagandaleiter der NSDAP, noch ablehnend gegenüber dem Rundfunk geäußert: „Radio! Radio! Radio im Hause! Der Deutsche vergisst über Radio Beruf und Vaterland! Radio! Das moderne Verspießungsmittel! Alles zu Hause! Das Ideal des Spießers!"[1] Aber seine Einstellung änderte sich sehr schnell, nachdem er erkannt hatte, wie virtuos sich der Rundfunk am 30. Januar 1933 für die „nationale Sache" hatte einsetzen lassen. Alle Rundfunkanstalten übertrugen den Fackelzug vor der Reichskanzlei zu Ehren des „Führers" und Goebbels selbst kommentierte am Mikrofon den Vorbeimarsch der Menschenmasse. Ein weiterer Tagebucheintrag Goebbels lautet: „Der Rundfunk überträgt zum ersten Male eine Kundgebung des deutschen Volkes. Wir sprechen zum ersten Male über alle deutschen Sender. Ich kann dabei nur sagen, dass wir maßlos glücklich sind, und dass wir weiterarbeiten wollen."[2] Zwei Tage später sprach Hitler erstmals im Rundfunk.[3] Es war seine erste und einzige Live-Rede im Rundfunk, bei der er den „Aufruf der Reichsregierung an das deutsche Volk" verlas. Darin machte er den Versailler Vertrag und den Marxismus für die katastrophale Entwicklung Deutschlands verantwortlich und forderte abschließend: „Nun, deutsches Volk, gib uns die Zeit von vier Jahren und dann urteile und richte über uns!"[4]

Es sollte nicht lange dauern, bis Goebbels, der das gesprochene Wort als Propagandamittel für geeigneter hielt als das geschriebene, den Rundfunk als Instrument der Agitation vereinnahmte. Bis zur Reichstagswahl am 5. März 1933 wurden 45 Wahlsendungen der Regierungsparteien (NSDAP und DNVP) ausgestrahlt; den anderen Parteien blieb der Zugang zu den Mikrofonen verwehrt. Am 13. März, wenige Tage nach dieser Wahl, bei der die NSDAP und die DNVP 51,9 Prozent der Stimmen und damit die parlamentarische Mehrheit erreicht hatten, wurde mit Errichtung des Reichsministeriums für Volksaufklärung und Propaganda (RMVP) eine Institution der nationalsozialistischen Ideologie geschaffen. Zum zuständigen Minister wurde Goebbels ernannt; in seiner Verantwortung lag nun die NS-Rundfunkpolitik. Zügig betrieb er auch hier die „Gleichschaltung". Damit wurden von den Nationalsozialisten alle Maßnahmen bezeichnet, deren Ziel es war, unter Ausschaltung bzw. Vereinnahmung der bisherigen Führungskräfte jeden Bereich des Staates und des sozialen Lebens mit NS-Gedankengut zu durchdringen und zu beherrschen. Die Folge war die Entlassung jüdischer, sozialdemokratischer und kommunistischer Mitarbeiter. Alleine beim Westdeutschen Rundfunk in Köln wurden von den etwa 300 Mitarbeitern rund 20 Prozent entlassen.[5] Schnell wurden die frei gewordenen Stellen mit Parteimitgliedern besetzt. Die Übernahme des Rundfunks war gut vorbereitet worden. Schon im Oktober 1932 hatte sich Goebbels nach geeigneten Leuten beim Rundfunk erkundigt und für den Fall des Falles eine Personalliste erstellt: „Ich suche neue Mitarbeiter. Der Rundfunk soll eine ganz große Sache werden", lautete nur einer von mehreren Tagebucheinträgen, die er dem Rundfunk widmete.[6]

Bereits Ende der 1920er Jahre hatte die Reichspropagandaleitung in München in den Kreis- und Ortsgruppen „Funkwarte" eingesetzt (ähnlich den „Blockwarten"), die zunächst gegen das vorhandene Rundfunkprogramm agitieren und später die Hörer überwachen sollten. Mit der „Gleichschaltung" ab 1933 gab es in jedem der 38 Gaue einen „Gaufunkwart", denen rund 1.000 „Kreisfunkwarte" und mehrere Tausend „Funkwarte" auf unterer Ebene unterstanden. Über ihr Presseorgan *Der Deutsche Sender* verbreiteten sie eine antirepublikanische, dann offen antisemitische Stimmung. Die „Funkwarte" waren es auch, die in der Großstadt und auf dem Land über Rundfunkberatungsstellen neue Hörer werben sollten. Auf einer Tagung der Reichsfunkwarte im Juli 1933 hatte Goebbels prophezeit, „dass der Rundfunk ein großes und modernes Beeinflussungsmittel in der Hand der Reichsregierung werden wird":[7]

> Der Rundfunk ist vielleicht das Mittel, das am entscheidendsten das Volk beeinflusst. Und wenn es uns gelingt, ihm einen modernen Hauch einzuatmen, ein modernes Tempo und einen modernen Impuls zu geben, dann können wir an Aufgaben herangehen, wie es sie im nationalsozialistischen Deutschland zu erfüllen gibt.

Bereits einige Wochen zuvor, in seiner Rede an die Intendanten und Direktoren der Rundfunkgesellschaften am 25. März 1933 im „Haus des Rundfunks", hatte Goebbels einen „Reinigungsakt" gefordert. Unmissverständlich formulierte er die künftige Gestaltung und Bedeutung des Rundfunks:[8]

> Der Rundfunk gehört uns, niemandem sonst! Und den Rundfunk werden wir in den Dienst unserer Idee stellen, und keine andere Idee soll hier zu Worte kommen ... Die wirkliche Durchtränkung des Volkes mit den geistigen Inhalten unserer Zeit und die Herstellung einer wirklichen Teilnahme der breiten Masse an dem, was sich heute in Deutschland historisch vollzieht, – das alles zu bewerkstelligen, das ist eine der Hauptaufgaben der rundfunkpolitischen Betätigung, der wir in Zukunft gemeinsam zu dienen haben ...
> Damit ist der Rundfunk wirklicher Dienst am Volk, ein Mittel zum Zweck, und zwar zu einem sehr hohen und idealen Zweck, – ein Mittel zur Vereinheitlichung des deutschen Volkes ...
> Der Rundfunk wird gereinigt, wie die ganze preußische und deutsche Verwaltung gereinigt wird, und mir wäre es sehr lieb und ich wäre Ihnen außerordentlich dankbar, wenn Sie diesen Reinigungsakt schon selbst vollziehen. Tun Sie das aber nicht oder wollen Sie das nicht, dann wird's von uns aus gemacht.

Dem Deutschlandsender sollte bei der Neuausrichtung und Instrumentalisierung des Rundfunks eine besondere Stellung zukommen:[9]

> ... und deshalb werden wir den Deutschlandsender zu einem großen, repräsentativen Reichssender ausbauen, – einem Reichssender, der musterhaft aufgebaut, mit erstklassigem Personal besetzt wird und der nun eine Sendung macht Tag für Tag, die von der Regierung direkt oder indirekt beeinflusst ist, die nun aber der repräsentativen Höhe der Regierung auch entspricht ... Wenn wir an solch einem Tage ein Konzert übertragen oder eine Reportage machen, dann werden wirklich 25, 30 Millionen Menschen uns hören. Es muss für den Rundfunk doch schöner sein zu wissen: Das ganze Volk steht bei

uns, – als nur in seinem kleinen Sendebezirk seine Darbietungen vonstattengehen zu lassen.

Die Zielsetzung einer allumfassenden Hörerschaft konnte jedoch nur unter bestimmten Voraussetzungen erreicht werden. Dazu zählten die Schaffung einer mächtigen Organisation mit weitreichenden Kompetenzen, die Herstellung und Sicherung einer sendetechnischen Rundfunkversorgung, also die Bereitstellung einer ausreichenden Anzahl preisgünstiger Rundfunkgeräte, sowie die Gestaltung eines Programms im nationalsozialistischen Sinne. Mit Weitsicht hatten die Verantwortlichen erkannt, dass der Rundfunk zunächst als „ein künstlerisches Instrument und erst in zweiter Linie" als „ein Nachrichteninstrument" fungieren sollte. Folglich galt der Musik höchste Aufmerksamkeit: „Denn während der Rundfunk auf der Musik aufbaut und die Nachricht nebenbei pflegt, baut die Zeitung auf der Nachricht auf und pflegt die künstlerische Kultur nebenbei."[10]

Auch Eugen Hadamovsky, im Februar 1933 zum Sendeleiter des Deutschlandsenders und wenige Monate später zum Programmdirektor der Reichsrundfunkgesellschaft ernannt, wusste den Rundfunk politisch zu vereinnahmen. Dieser sollte schnell und umfassend zu „einem geistigen Willensträger der politischen Führung und zum Sprachrohr des Führers" werden.[11] Das Rundfunkhören hatte nicht länger „die Privatangelegenheit jedes Einzelnen", sondern „eine staatspolitische Pflicht für jeden am Aufbau des neuen Reiches tätigen Deutschen" zu sein.[12]

Es ist bemerkenswert, wie ausführlich die Presse in den Jahren 1933 und 1934 über den Rundfunk informierte. Mit Beiträgen über die Bedeutung des Mediums sollten die Leser als Hörer gewonnen werden, erst recht auf dem Land, denn noch war der Rundfunk ein städtisches Medium. Berichte lauteten: „Der Rundfunk hat eindeutig nationalsozialistisch zu sein", „Rundfunk im Dienst des nationalsozialistischen Staates", „Die Programmgestaltung der neuen Rundfunkleitung", „Deutscher Weltrundfunk", „Rundfunk im Aufbruch", „Der Rundfunk – Bahnbrecher wahrer Volkskultur", „Der Rundfunk im Dienste des Feierabends", „Die Erkennungsmelodie der deutschen Sender", „Der Rundfunk für den Führer", „Die Wiedergeburt des Rundfunks", „Der Rundfunk in der deutschen Volksgemeinschaft", „Rundfunk und Bauer", „Unser Griff nach dem Rundfunk", „Volkwerdung durch den Rundfunk", „Rundfunk auf neuen Wegen", „Der Rundfunk in der Welt des Arbeiters", „Der Rundfunk hat Willensbildner des völkischen Lebens zu sein", „Ein Volk

– ein Reich – ein Rundfunk", „Rundfunk dem Volke", „Der Deutschlandsender im Dienst der Rassenhygiene" etc.[13]

Als 1934 „ein Jahr deutscher Rundfunk" gefeiert wurde, als die „nationalsozialistische Staatsführung die Bedeutung des Rundfunks für ihre politische Willens- und Weltanschauungspropaganda vor aller Augen demonstrierte", war die Aufgabe des „modernsten Verkündigungsmittels der nationalsozialistischen Gemeinschaftsidee" fest umrissen:[14]

> Heute weiß jeder deutsche Volksgenosse, heute weiß es die Welt: der Rundfunk ist die Brücke zwischen Führer und Volk, der Rundfunk hatte Wille und Worte des Führers zu den deutschen Menschen getragen, und des Führers Wille wurde ihr Wille. Aus diesem gegenseitigen Vertrauen entstand die deutsche Volksgemeinschaft ...

Als „Rufer und Künder" einer neuen Zeit sah man den Rundfunk sogar in der Tradition der katholischen Kirche, die einst „das Verkündigungsmittel mittelalterlicher Geistigkeit" war; seine schöpferische Kraft hieß „Volkwerdung": „Aufgabe des Rundfunks muss es sein ... Klassenbewusstsein und Standesdünkel in das Gemeinschaftsbewusstsein deutschen Arbeitertums umzuwandeln."[15] Doch nicht nur der „geistige Inhalt" in Form von Redebeiträgen und Übertragungen politischer Veranstaltungen sollte über den Rundfunk vermittelt werden, vielmehr sollte er „allen deutschen Hörern die Musik bieten, die sie innerlich brauchen":[16]

> Der Rundfunk wartet überhaupt nicht mehr, bis der Hörer zu ihm kommt. Nein umgekehrt: Er begleitet ihn an die Stätten seiner Alltagsarbeit. Dort füllt er die Werkpausen mit erfrischender Unterhaltungsmusik aus. Er ist sofort zur Stelle, wenn die Maschinen ihr Rattern für einen Augenblick verstummen lassen. So lässt er die Wertschaffenden auch in den Domen der Arbeit nicht allein, sondern vollbringt das Zauberstück, deren Brausen augenblicklich in das Schweigen heiterer Musik zu verwandeln. Der Rundfunk hält sich also immer an das hohe Wort „Kraft durch Freude" und vervollständigt es mit dem Nachsatz: „Und Freude durch Musik."

In das Konzept des „Umbaus" und der „Gleichschaltung" des Rundfunks gehörte die Umwandlung aller Landessender in Reichssender zum 1. April 1934. So wurde aus dem Norddeutschen Rundfunk der Reichssender Hamburg, aus dem Süddeutschen Rundfunk der Reichssender Stuttgart oder aus der Schlesischen Funkstunde der Reichssender Breslau. Die Sender waren nun nur noch Zweigstellen der RRG, die gesamte Kontrolle oblag dem Propagandaministerium. An der Spitze des Senders stand der jeweilige Intendant, für die Durchführungen der Sendungen waren die Sendeleiter zuständig, die einzelnen Abteilungsleiter waren für ihr Ressort (z. B. Musik, Zeitgeschehen, Wort) verantwortlich.

Aus bescheidenen Anfängen waren innerhalb kurzer Zeit alle Rundfunksender auf den neusten Stand der Technik gebracht worden. Zu ihrer standardisierten Ausstattung gehörten Ansage- und Vortragsräume mit Normaluhr zur Zeitansage, mit Plattenspieler und Pausenzeichengeber, kleinere Orchester- und Hörspielräume sowie ein Studio für große Orchester und ein zentraler Schaltraum. Die Aufnahmeräume verfügten über Abhör- und Regieräume. Zu den bekanntesten Pausenzeichen gehörten die eingängigen Melodiefolgen von „Üb' immer Treu und Redlichkeit" (Deutschlandsender), „Steuermann lass die Wacht" (Reichssender Hamburg und Nebensender), „Zum Rhein, zum Rhein, zum deutschen Rhein" (Sender Frankfurt mit Nebensender) oder „Deutsch ist die Saar" (Sender Saarbrücken) und „Deutschland, Deutschland über alles" (Sender Wien).

Noch nie besaß eine politische Macht in Deutschland mit dem Rundfunk ein so wirkungsvolles Mittel zur Beeinflussung der Massen. Längst war sich Goebbels der Bedeutung des neuen Mediums bewusst, doch auch die Rundfunkgestalter mussten von seinen weitreichenden Möglichkeiten überzeugt werden. Dies konnte nur durch Beharrlichkeit erreicht werden, sonst wäre die „Dienstvorschrift für die Leiter der Hauptstellen Rundfunk der NSDAP" vom August 1937 nicht erforderlich gewesen:[17]

> Da das ideelle und kulturelle Leben der Nation im Rundfunk und durch den Rundfunk umfassend zum Ausdruck gebracht werden kann und der Rundfunk eines der wichtigsten technischen Mittel der direkten Beeinflussung der Massen darstellt, ist es notwendig, den Rundfunk als zuverlässig wirksames nationalsozialistisches Instrument fest in der Partei zu verankern.
> Der Rundfunk ist nicht nur technische Apparatur, sondern auch auf allen Gebieten des Lebens Mittler zwischen Führung und Volk und somit Kultur- und Propagandaträger erster Ordnung. Jede Parteieinheit, vom Gau herunter, über die Kreise, bis in die letzte Ortsgruppe hinein, muss für die propagandistischen Unternehmungen der Bewegung, die mit dem Mittel des Rundfunks durchgesetzt werden sollen, bereit sein.
> Die Auswirkungen der Rundfunkpropaganda sind durch Einsatz aller technischen Möglichkeiten der Übertragung zur Zusammenfassung des gesamten Volkes an jedem Ort und Raum, ob durch Haus-, Gemeinschafts- oder Volksempfang, durch die Leiter der Hauptstellen Rundfunk zu sichern.

Mit solchen Vorgaben nahm die Reichspropagandaleitung als eigene Dienststelle der NSDAP massiv Einfluss auf die Pressearbeit, den Rundfunk und den Film.

Institutionen nationalsozialistischer Rundfunkpolitik

Zügig erfolgte die „Gleichschaltung": Die regionalen Rundfunkanstalten verloren ihre Eigenständigkeit und wurden der RRG angegliedert, die wiederum dem Propagandaministerium unterstand. Zu den von Goebbels Mitte März 1933 bekannt gegebenen Neuerungen der Programmgestaltung gehörte die ab 1. April allabendlich zwischen 19 und 20 Uhr ausgestrahlte „Stunde der Nation". Von einer zentralen Programmredaktion konzipiert, bedeutete ein solch einheitlicher Beitrag den Verlust regionaler Programmkompetenzen. Mit der „Stunde der Nation", als „Rückgrat aller deutschen Rundfunkprogramme"[18] gedacht, sollten die Hörer gelenkt statt abgelenkt werden:[19]

> Auftrag, Auftrag und nochmals Auftrag wird beim Rundfunk künftig die Losung sein. Ist ein Angebot wirklich wertvoll, passt es sich in den Rahmen ein, so wird es Berücksichtigung finden ... Musik wird man in Auftrag geben für Feierstunden, Gedenkstunden, Stunden der Andacht, für Hörspiele, Funkdichtungen, gleichnishafte Erzählungen, werbende Lyrik, Ansprache, grundsätzliche Ausführungen über das werdende neue Weltbild, seine Lebensgrundlagen und Erkenntnishintergründe: das alles wird man in Auftrag geben. Und der Sprecher des Tages, der Ereignis und Gebot der Stunde bekannt gibt und deutet, wird erst recht im ständig erneuerten Auftrag handeln, nicht als stumpfer Nachrichtensammler, nicht als tönendes Sprachrohr eines sinnlosen Nichts, sondern als der Beauftragte seines Volkes, das nicht Zerstreuung braucht, sondern Sammlung, nicht Ablenkung, sondern Hinlenkung, das not tut.

Diese Sendungen (Hörspiele wie „Ein Trupp SA", „HJ erlebt deutsche Landschaft", „Skagerrak", „Robert Schumann und Friedrich Hebbel") wie auch politische Kundgebungen und ideologische Berichte dienten jedoch nicht der von Goebbels geforderten Auflockerung des Alltags, weshalb sie reduziert oder wie die „Stunde der Nation" Ende 1935 ganz gestrichen wurden. Der Propagandaminister wandte sich gegen die Absicht verschiedener Sender, „das Programm politisch zu gestalten". Gerade „in letzter Zeit" hätten sie „den Rundfunk mehr und mehr mit den sogenannten Stunden-Darbietungen der verschiedensten Art regelrecht atomisiert." Sie hofften, damit das Volk „politisieren" zu können. Das sei aber nicht die richtige Methode, es sei durchaus kein Beweis für die politische Haltung eines Senders, wenn er jeden Tag zwei oder drei sogenannte „politische Vorträge" bringe. Goebbels meinte,[20]

> dass der Rundfunk primär der Auflockerung des Alltags zu dienen habe. Mit der edlen Unterhaltung des Hörers im besten Sinne des Wortes werde der Rundfunk seiner wichtigen Aufgabe gerecht, an der allgemeinen, inneren Aufrichtung des Volkes mitzuarbeiten. Er müsse dazu beitragen, die politische Entschlusskraft des Volkes zu wecken.

Dem RMVP unterstand die Reichskulturkammer (RKK), die seit ihrer Errichtung am 22. September 1933 die berufsständische Zusammenfassung und Gliederung aller Künstler darstellte. Sie kümmerte sich um die sozialen und wirtschaftlichen Angelegenheiten ihrer Mitglieder und förderte die den Nationalsozialisten genehme „deutsche Kultur". Präsident der RKK war Goebbels. Ihm unterstanden fortan alle Schriftsteller, Journalisten, Schauspieler, Regisseure, Maler, Musiker, Filmvorführer etc., also all diejenigen, die „bei der Erzeugung, der Wiedergabe, der geistigen oder technischen Verarbeitung, der Erhaltung, dem Absatz oder der Vermittlung des Absatzes von Kulturgut" mitwirkten.[21] Jeder, der in diesem Sinne tätig war, musste auf Antrag Mitglied in der für seine Berufsgruppe zuständigen Einzelkammer werden. Die Aufnahme konnte jedoch von der RKK verweigert oder eine einmal erlangte Mitgliedschaft wieder aberkannt werden. Die fehlende Mitgliedschaft bedeutete für die Betroffenen absolutes Berufsverbot, also Verdienstausfall und damit Existenznot. Eingehend geprüft und kontrolliert wurden alle im Rundfunk Tätigen durch die Abteilung „Kulturpersonalien", die für die Zustimmung oder Verweigerung der Mitgliedschaft in der Kulturkammer maßgebend war. Die in der RKK zusammengefassten Einzelkammern waren: Reichsmusikkammer (RMK), Reichskammer der bildenden Künste, Reichstheaterkammer, Reichsschrifttumskammer, Reichspressekammer, Reichsfilmkammer und Reichsrundfunkkammer (RRK).

An der Spitze der RRK stand Horst Dreßler-Andreß. Schon als junger Mann hatte er sich dem Rundfunk gewidmet und als einziges NSDAP-Mitglied dem 1930 gegründeten „Reichsverband deutscher Rundfunkhörer" angehört. Diese Vereinigung war zunächst deutschnational geprägt, doch spätestens, nachdem Goebbels im November 1932 den Vorsitz übernommen hatte, verfolgte der Verband über seine Wochenzeitschrift *Der Deutsche Sender* einen eindeutig nationalsozialistisch geprägten Rundfunk:[22]

III. Rundfunk unterm Hakenkreuz

> Die nationalsozialistische Idee ... soll den deutschen Menschen ganz und gar durchdringen und erfassen. Dazu ist uns heute der Rundfunk eine der wichtigsten Waffen, weil er unsere Volksgenossen von früh bis spät ... begleitet und führt.

Die Interessenvereinigung war also ein weiteres Propagandainstrument, das sich mit der „Gleichschaltung" des Rundfunks erübrigt hatte; 1936 löste sich der Verband auf. Dreßler-Andreß war seit November 1933 Präsident der RRK. Der Kammer unterstanden die Rundfunkindustrie, der Radiohandel, die Funkpresse und die Hörerverbände. Nach ihrer Auflösung im Oktober 1939 wurden die Aufgaben vom Propagandaministerium übernommen.

Die RMK, nach Mitgliederzahl größte aller Fachkammern, war nach Berufszweigen in sechs Fachschaften (Komponisten, Musiker, Konzertwesen, Chorwesen und Volksmusik, Musikalienverleger, Musikalienhändler) und in Fachgruppen unterteilt. Von 1933 bis 1935 war der bedeutende Komponist Richard Strauss Präsident der RMK, danach leitete der Dirigent und Musikwissenschaftler Peter Raabe diese Kammer. Der Institution oblagen folgende Aufgaben:[23]

> Sie reichten vom Verbot der Teilnahme an internationalen Musikwettbewerben und des Führens ausländisch klingender Künstlernamen bis zur Durchsetzung der Nichtbeschäftigung nichtarischer Musiker in Orchestern, von einer Unbedenklichkeitserklärung für die Werke Händels bis zur Regelung der Unterrichtsbedingungen für Privatmusiklehrer und zahlreichen sozialen Vergünstigungen für die politisch gelittenen Musiker.

Auch abgesehen von „entarteter" und „atonaler" Musik fand nicht jedes Lied der scheinbar problemlosen Unterhaltungsmusik den Segen der RMK. Eine eigene Abteilung sollte daher den Musikbetrieb, die Ausgabe von Noten sowie die Erstellung von Konzert- und Theaterprogrammen überwachen. Bereits 1935 hatte die RRG für den Rundfunk eine „Aufstellung über nationalsozialistische Märsche und Kampflieder, die zur Übertragung besonders geeignet" seien, herausgegeben. Dazu gehörten u. a. die Märsche „Heil Hitler", „Wenn wir marschieren" oder das Lied „Brüder in Zechen und Gruben" sowie das Marschlied „Unsre Fahne flattert uns voran".[24]

Zwei Jahre später schuf Goebbels eine eigene Überwachungsstelle: Am 18. Dezember 1937 ordnete er die Errichtung der Reichsmusikprüfstelle an, die dann am 1. Februar 1938 ihre Tätigkeit aufnahm und an deren Spitze Heinz Drews, Leiter der Abteilung Musik im Propagandaministerium, stand. Sie sollte das gesamte musikalische Schaffen in Deutschland überwachen. Ab

Institutionen nationalsozialistischer Rundfunkpolitik

Abb. 19: Schild „Swing tanzen verboten".

1. April wurden Listen über „unerwünschte und schädliche Musik" erstellt. Begutachtet wurden die Notentexte der Partituren und die Aufführungen, da auch „die genaueste Kenntnis der Partituren nicht die plastische Wiedergabe des Werkes ersetzen kann". Wegen der Fülle der Werke „auf dem Gebiet der Tanz- und Schlagermusik" musste „der Besuch der Unterhaltungsstätten hinzutreten". Außerdem forderte die Prüfstelle einzelne Komponisten auf, ihre Stücke selbst vorzuführen. Bis 1944 wurden rund hundert Werke für „unerwünscht" erklärt; von der ernsten Musik kein einziges, wenn man von den wenigen Komponisten absieht, deren Werke aus „außermusikalischen Gründen" untersagt werden mussten.[25] Mit „außermusikalischen Gründen" war in der Regel die fehlende „arische Abstammung" gemeint. Auch dem Rundfunk wurden die Entscheidungen der Prüfstelle mitgeteilt. Zugleich wurde allen Konzertveranstaltern die Einsendung ihrer Programme vorgeschrieben.

Angesichts der Fülle an Material konnte eine umfassende Kontrolle durch die personell und finanziell unterversorgte Prüfstelle nicht erfolgen. So bemängelte Raabe im Frühjahr 1940, „dass auf dem Gebiet der Unterhaltungsmusik Werke veröffentlicht und dargeboten werden, deren Texte mit Wortbrocken fremder Sprachen, besonders der englischen und französischen durchsetzt sind".[26] Insgesamt erfasste die Reichsmusikprüfstelle als nachgeordnete Dienststelle des Propagandaministeriums auf ihren Listen rund 150 Titel oder Komponisten. Oftmals lagen mehrere Monate zwischen der offiziellen Indizierung und der Veröffentlichung der unerwünschten Werke. Die knappen Begründungen der jeweiligen Verbote lauteten zum Beispiel: „Verballhornisierung klassischer Musik in Form humoristischer Zitate und Bearbeitungen", „der Text des Liedes ist nationaler Kitsch", „die Aufnahme der genannten Kompositionen entspricht wegen ihrer übertriebenen Jazzinstrumentalisierung nicht dem Empfinden des deutschen Volkes", „negroide Musik im Hotstil", „geschmackloser Text", „Verjazzung und willkürliche Veränderung klassischen Melodiengutes" oder „Swing-Tänze sind in Deutschland verboten". „Beschwingt-heitere Weisen" waren meist zugelassen, dagegen galt manch „harmloses" Lied als unerwünscht, so auch das Lied „Adolf Hitlers Lieblingsblume ist das schlichte Edelweiß", das im Juni 1939 als „nationaler Kitsch" abgelehnt wurde und so nie im Rundfunk zu hören war.[27]

Ende 1944, als Italien kein Verbündeter mehr des Großdeutschen Reiches war, musste sich die Rundfunk-Konferenz mit diesem Anliegen auseinandersetzen:[28]

> Ein Eisenbahnbataillon hat 10.000 RM gespendet und bittet um das Lied *Und abends auf der Heide*. Das Lied ist leider gesperrt, da die Frau [d. h. die Sängerin, J.K.] eine Italienerin ist und die Rechte bei einer amerikanischen Firma liegen. Dem Bataillon soll geschrieben werden, dass sie sich etwas anderes aussuchen.

Neben der Indizierung einzelner Titel für den Rundfunk erging ein „Verbot feindlicher Schallplattenmusik": Der „Verkauf von Schallplatten, die von Firmen der Feindstaaten hergestellt oder mit Werken von Autoren oder durch Mitwirkende der Feindstaaten bespielt sind", hat „im Gebiet des Deutschen Reiches zu unterbleiben".[29]

Im Rückblick betrachtet wundert es, mit welch banalen Angelegenheiten sich die praxisfernen Bürokraten inmitten des Bombenkrieges befassten. Solche Fälle zeigen einerseits die Engstirnigkeit der Verantwortlichen, andererseits, wie sich politische Verhältnisse auf Entscheidungen im Unterhaltungsbereich auswirkten.

„Volksempfänger" und „Goebbels-Schnauze" für alle

Mit dem RMVP war eine Institution zur Verbreitung der NS-Propaganda geschaffen. Nun musste nur noch dafür gesorgt werden, dass der Rundfunk seiner Bestimmung als „wirklicher Diener am Volk" und als „Mittel zur Vereinheitlichung des deutschen Volkes in Nord und West, in Süd und Ost" gerecht werden konnte.[30] Das bedeutete, der Bevölkerung musste eine Grundversorgung an Rundfunkapparaten zur Verfügung gestellt werden. Bereits ab der zweiten Hälfte der 1920er Jahre war in Fachpublikationen die Idee eines „Volksempfängers" vorgestellt worden, doch „Volksprodukte" („Volkswagen", „Volkskühlschrank", „Kraft durch Freude"-Reisen) wurden erst ab 1933 Teil des Regierungsprogramms: Am 18. August, anlässlich der Eröffnung der 10. Großen Deutschen Funk-Ausstellung in Berlin, die unter dem Motto stand: „Der Rundfunk dem Volke!", stellte Goebbels den von 28 deutschen Rundfunkapparatefabriken nach einheitlichen Vorgaben hergestellten „Volksempfänger VE 301" vor.[31] Der „Volksempfänger", von dem bis zur Ausstellungseröffnung bereits 100.000 Exemplare produziert waren, war auf Veranlassung des Propagandaministers von dem Elektrotechniker Otto Griessing entwickelt worden. Die Gestaltung des Bakelit-Gehäuses geht auf den Industriedesigner Walter Maria Kersting zurück. Eine kostengünstige Serienproduktion war dank einheitlicher Baupläne und standardisierter Bauteile möglich.

Der Röhrenempfänger sollte an die „Machtergreifung" vom 30. Januar 1933 erinnern, daher der symbolische Zusatz „301". Das Gerät sollte auch zur Identifikation des einzelnen Hörers mit der NS-Bewegung beitragen und als Bindeglied zwischen „Führer" und „Gefolgschaft" stehen. Einschließlich Antenne kostete es 76 RM[32] und war damit deutlich günstiger als vorhandene Standardgeräte, deren Verkaufspreise zwischen 200 und 400 RM lagen. Ein 1934 präsentiertes batteriebetriebenes Modell mit Holzgehäuse kostete 65 RM. Überdies konnte der Kaufpreis in 18 Monatsraten zu 4,40 RM abgezahlt werden. Für diese Ratenzahlung verschenkten manche Radio-Händler eigene kleine Volksempfänger-Spardosen an ihre Kunden, um das Sparen attraktiver zu machen.

Nun war das Rundfunkhören nicht mehr nur einer privilegierten Schicht vorbehalten, sondern auch wirtschaftlich schwächer gestellte Bevölkerungskreise hatten die Möglichkeit, an den Geschehnissen der Zeit teilzuhaben. Der

III. Rundfunk unterm Hakenkreuz

Abb. 20: Der „Volksempfänger" VE 301 (1933).

handliche, aber technisch sehr einfach ausgestattete Apparat war lediglich für Mittelwelle und Langwelle konstruiert. Zu hören waren zwar bis zu 20 Stationen, doch ausländische Sender, die über Kurzwelle ausstrahlten, konnten je nach Standort und Tageszeit kaum oder nur bei minderer Qualität empfangen werden. Im ganzen Reich sollte man mindestens den Deutschlandsender und einige Regionalsender empfangen können. Außer den Anschaffungskosten hatte jeder Rundfunkteilnehmer für die „Genehmigung zur Unterhaltung einer Rundfunkempfangsanlage" eine monatliche Gebühr von zwei RM an die deutsche Reichspost zu zahlen.[33] In den USA dagegen wurden von Anfang an die gesamten Kosten der großen Sendegesellschaften National Broadcasting Company und Columbia Broadcasting Company durch Werbesendungen finanziert, so dass auf eine Teilnehmergebühr verzichtet werden konnte.

Bis zur Funkausstellung 1935 waren bereits 1,3 Millionen Geräte auf dem Markt, bis zum Ausbruch des Zweiten Weltkrieges waren rund 3,5 Millionen „Volksempfänger" vorhanden.[34] 1935 folgte der „Arbeitsfront-Empfänger

Abb. 21: Werbung der Firma Saba, 1933.

DAF 1011". Auch bei diesem Apparat besaß die Kennzeichnung symbolischen Charakter. Die Deutsche Arbeitsfront sollte nach Beseitigung der Gewerkschaften (2. Mai 1933) die NS-Gemeinschaftsideologie in den Betrieben durchsetzen und damit die „Volksgemeinschaft" verwirklichen. Am 10. November 1933, daher die Bezeichnung „1011", hatte Hitler vor Arbeitern der Siemens-Werke in Berlin eine Rede gehalten und auf seine bisherigen Erfolge hingewiesen: „Als ich kam, hatte Deutschland 6,2 Millionen Erwerbslose und jetzt sind es 3,71 Millionen. Es ist das für neun Monate eine Leistung, die sich sehen lassen kann."[35]

Der „Arbeitsfront-Empfänger" wurde vor allem auf öffentlichen Plätzen und bei der Übertragung wichtiger Meldungen und Reden in den Betrieben eingesetzt. Zunächst jedoch war es der „VE 301", über den hinsichtlich der vielen Auslandsdeutschen auch in andere Länder ein Stück „Heimat" ausgestrahlt und der übrigen Welt ein angeblich objektives Bild aus Deutschland vermittelt werden sollte:[36]

> Wir wollen einen Rundfunk, der mit dem Volke geht, der für das Volk arbeitet, einen Rundfunk, der Mittler ist zwischen Regierung und Nation, einen Rundfunk, der auch über die Grenzen hinweg der Welt ein Spiegelbild unserer Art, unseres Lebens und unserer Arbeit gibt.

Im Oktober 1937 kündigte Goebbels einen verbesserten Volksempfänger an, der nur noch 65 RM kosten sollte. Zu den weiteren preiswerten „politischen Rundfunkapparaten", die bis zu Kriegsbeginn auf den Markt kamen, zählen auch der „Olympia-Koffer" (1936) für 138 RM und der „Deutsche Kleinempfänger" („DKE 38"), der zum günstigen Preis von nur noch 35 RM verkauft und im Volksmund „Goebbels-Schnauze" genannt wurde. Vorgestellt wurde

Abb. 22: Werbeplakat für den „VE 301" (1933).

das kleine Gerät auf der 15. Großen Deutschen Rundfunk-Ausstellung im August 1938. Über den „DKE 38", von dem im August 100.000 Exemplare zum Verkauf vorlagen, hieß es:[37]

> Schon äußerlich sticht er durch seine geringe Größe ... von allen anderen Empfängern ab; Geräte in ähnlichem Kleinformat gab es bisher nur in Amerika. Noch verblüffender ist aber die Eleganz seiner technischen Konstruktion ...
> Dieser wieder von der gesamten deutschen Industrie gemeinsam gebaute Empfänger ist im Wesentlichen erst möglich geworden durch die Schaffung einer vollkommen neuen Röhrentype ... Es ist dies eine Doppelröhre, die übereinander zwei Systeme enthält ... Der Netzanschluss ist durch einfache Mittel so eingerichtet worden, dass er an jedem Ortsnetz, gleichgültig ob Gleich- oder Wechselstrom, ob 110 oder 220 Volt, vorgenommen werden kann; es ist also ein sogenanntes „Allstromgerät". Am Spannungsumschalter, einem einfachen elektrischen Widerstand, braucht lediglich entsprechend eingeschaltet zu werden. Der Stromverbrauch des ganzen Geräts beträgt nur 15 Watt, das entspricht dem Verbrauch der kleinsten Glühlampe in unseren Wohnungen.

„Volksempfänger" und „Goebbels-Schnauze" für alle

Auch sonst finden wir mehrere hübsche Neuerungen am DKE 1938. Ein besonderer Wellenschalter, der vom Mittelwellenbereich auf die Langwellen umschaltet, ist hier überflüssig geworden. Die Stationsskala, die eine senkrechte Achse besitzt und rund herum gedreht wird, übernimmt diese Aufgabe gleichzeitig mit; man braucht nur von den weißen Ziffern auf die roten weiterzudrehen, um automatisch in den Langwellenbereich zu kommen. Der linke Drehknopf ist daher im Gegensatz zum alten Volksempfänger für die Lautstärkeregelung freigeworden, während der rechte die Rückkopplung übernimmt. An der Rückseite des Empfängers befindet sich schließlich der Ein- und Ausschalter.

Wenige Wochen später, anlässlich seines 41. Geburtstages am 29. Oktober 1938 – es war zugleich der 15. Jahrestag der ersten Rundfunksendung aus dem Vox-Haus –, ließ Goebbels über den NSDAP-Funktionär Werner Wächter 500 Exemplare des „DKE 38" kostenlos an bedürftige Volksgenossen in Berlin verteilen.

Abb. 23: Der DKE Lorenz (1938).

Der zwar acht Kilo schwere, doch handliche, transportable und batteriebetriebene „Olympia-Koffer", anlässlich der Olympischen Spiele auf den Markt gebracht, bot einen Empfang im Freien; beworben wurde er als „tragbarer Empfänger für Reise, Wochenend und Sport". Zahlreiche Hörer hatten in den Sommermonaten ihr Rundfunkgerät abgemeldet, da sie sich in Schrebergärten, an Seen etc. aufhielten und somit Gebühren sparen wollten. Mit einem tragbaren Gerät waren die Hörer nicht mehr ortsgebunden, Gründe, sich von den Rundfunkgebühren abzumelden, galten nicht mehr. Von der Preisreduzierung und einem neu geschaffenen Ratenzahlungssystem sollte vor allem die ärmere Bevölkerungsschicht profitieren (ausgenommen waren jedoch Ausländer und „Nichtarier").[38]

Abb. 24: Verliebtes Paar mit „Kathedralenradio", Aufnahme von 1936.

Selbstverständlich wurden weiterhin auch andere Geräte hergestellt, von einfachen Apparaten bis zu hochwertigen Prestigeobjekten mit hohem Bedienkomfort – bis zum Zweiten Weltkrieg wurden rund 8.000 verschiedene Modelle produziert. So produzierte die Firma Mende 1932/33 den Rundfunkempfänger „Modell 148 G", der große geschwungene Formen besaß, wie man sie von Kirchen kennt. Daher wurde er auch „Kathedralenradio" genannt. Hinter den wie Kirchenfenster geformten Öffnungen des Gehäuses befanden sich die Lautsprecher. Doch die Eleganz des preiswerten Geräts täuschte, der Klang war bescheiden. Wesentlich teurer war der Telefunken „Musikschrank 654 für Rundfunk und Plattenspiel". Laut Werbung enthielt die Musiktruhe aus edlem Holzgehäuse, die Ausmaße eines Möbelstücks hatte, „das Chassis des Telefunkensuper *Bayreuth*, einen elektrodynamischen Lautsprecher, ein elektr. Präzis-Plattenlaufwerk mit selbsttätiger Ausschaltung, abschaltbarer Plattenbeleuchtung, selbsttätigem Luftdruck-Deckelschließer, kurz jede erdenkliche Bequemlichkeit". Je nach Ausstattung mussten hierfür zwischen 615 und 690 RM gezahlt werden.

Nach 1933 setzte wie überall in Europa eine beachtliche Zunahme der Rundfunkteilnehmer ein. Zwischen 1933 und 1938 verdoppelte sich in Deutschland die Zahl der angemeldeten Rundfunkgeräte, vor allem im Vorfeld der Olympischen Spiele 1936 stieg der Absatz der Apparate. Die Übertragungstechnik bei den Sommerspielen war meisterhaft organisiert, die 67 Rundfunksprecher aus 19 europäischen und 13 überseeischen Ländern sendeten einwandfrei rund 2.500 Berichte, Reportagen und Kommentare aus dem Berliner Olympia-Stadion[39] und präsentierten damit aller Welt ein Deutschland, das für Frieden und Freiheit zu stehen schien. Über das weltweit beachtete Ereignis berichtete auch erstmals das Fernsehen, das seit einem Jahr Versuchssendungen ausgestrahlt hatte und nun in über 25 öffentlichen Fernsehstuben in Berlin, Leipzig und Potsdam rund 160.000 begeisterten Zuschauern das gemeinschaftliche Erleben der Olympischen Sommerspiele ermöglichte.[40] Bis zu dem sportlichen Großereignis war nach und nach der Gemeinschaftsempfang auf öffentlichen Plätzen, in Betrieben und Schulen sowie an öffentlichen Gebäuden wie Bahnhöfen mit einem Netz von 6.000 installierten Lautsprechersäulen ausgebaut worden. Ergänzt wurde die Beschallung im Freien ab 1938 durch die „Reichsrundfunksäule", einen turmähnlichen Großlautsprecher, der für die Übertragung des Programms auf größeren Flächen bestimmt war.

Abb. 25: Werbung der Firma Telefunken für Großlautsprecher, 1938.

Erfolgreich erprobt hatten die Nationalsozialisten den Gemeinschaftsempfang bereits 1934, und zwar im Vorfeld der „Saarabstimmung" (Januar 1935). Gemäß den Bestimmungen des Versailler Vertrags hatte das Saargebiet von 1920 bis 1935 dem Völkerbund unterstanden. Nun konnte die Bevölkerung darüber abstimmen, ob dieser Zustand beibehalten werden oder ob es zu einer Vereinigung entweder mit Deutschland oder Frankreich kommen sollte. Alle Reichssender hatten sich an der Propaganda zur Saarabstimmung beteiligt und die erwähnten „Funkwarte" hatten dafür gesorgt, dass die Bevölkerung mit „Volksempfängern" ausgestattet wurde. Infolge der pro-deutschen Abstimmung wurde im Dezember 1935 der Reichssender Saarbrücken eröffnet.

Zwischen 1933 und 1938 verdoppelte sich die Zahl der angemeldeten Geräte von 4,3 Millionen auf 9,1 Millionen. Später nahm der Einflussbereich des deutschen Rundfunks durch Annexion (Österreich, Sudetenland, Danzig,

„Volksempfänger" und „Goebbels-Schnauze" für alle

Abb. 26: Plakat „Ganz Deutschland hört den Führer", 1933.

Böhmen und Mähren) zu. Während folglich 1933 ein Viertel der deutschen Haushalte über ein Radiogerät verfügte, waren es 1941 65 Prozent. Zu diesem Zeitpunkt bestand das Sendernetz der Reichspost aus 51 Rundfunksendern (Deutschlandsender, elf Großrundfunksender und entsprechend viele Nebensender) mit einer Gesamtleistung von 1924,75 kW.

Doch die angestrebte „Radiovollversorgung" wurde verfehlt, gerade einkommensschwache Hörer konnten sich kein eigenes Gerät leisten. Selbst der bis dahin erfolgte millionenfache Verkauf der handlichen „Volksempfänger" wäre „ohne gezielte Maßnahmen zur Absatzförderung wie Gebührenbefreiung und Ratenkauf, Rabatte und Ehestandsdarlehen" nicht so erfolgreich verlaufen.[41] Auch lag im europäischen Vergleich die Teilnehmerdichte in Deutschland im Jahr 1938 mit 134 Teilnehmern auf 1.000 Einwohner hinter Dänemark (190), Großbritannien (184) und Schweden (171), jedoch vor Frankreich (100).[42]

III. Rundfunk unterm Hakenkreuz

In der Hochphase des Krieges wurde die Herstellung von Rundfunkgeräten eingeschränkt, da die Rundfunkindustrie mit „kriegswichtigen Aufgaben" beschäftigt war.[43] Auch bereitete die Beschaffung von Ersatzteilen zunehmend Probleme. Im September 1942 gingen beim Reichssicherheitsdienst Meldungen aus der Mark Brandenburg ein, die sich über die „restlose Drosselung der Rundfunk-Fertigung für den zivilen Sektor" beklagten: „Was nützt das beste Programm, wenn es wegen fehlender oder nicht betriebsfähiger Geräte von einer großen Zahl von Volksgenossen nicht gehört werden kann?"[44] Bis 1943 waren ca. 4,3 Millionen „Volksempfänger" und rund 2,8 Millionen „Kleinempfänger" produziert worden. Star der Rundfunkgeräte war damit eindeutig der „VE 301", was auch an der gezielten und einprägsamen Werbung lag. Bereits zu Beginn seiner Erfolgsgeschichte kam ein Plakat auf den Markt mit dem einprägsamen Zweizeiler „Ganz Deutschland hört den Führer – mit dem Volksempfänger". Auch Werbestempel der Post standen im Dienst des Mediums: „Werdet Rundfunkteilnehmer" war neben der Briefmarke zu lesen.

Abb. 27: Poststempel „Werdet Rundfunkteilnehmer", 1932.

Immerhin konnten ab Mitte der 1930 Jahre neue Hörer vor allem aufgrund zweier rundfunkpolitischer Maßnahmen gewonnen werden: durch preiswerte Empfangsgeräte und ein attraktives (Musik-)Programm. Folgende Übersicht verdeutlicht die Entwicklung der Rundfunk-Teilnehmer für das Deutsche Reich seit 1924 und zeigt damit, wie rasant sich der Rundfunk zu einem Medium der Alltäglichkeit entwickelte:

Tab. 1: Entwicklung der Zahl der Rundfunkteilnehmer

Jahr	Teiln. in Tsd.	pro Tsd. Einw.	Jahr	Teiln. in Tsd.	pro Tsd. Einw.
1924	10	0,2	1935	6.725	102
1925	780	12	1936	7.584	113
1926	1.205	19	1937	9.575	126
1927	1.636	25	1938	10.575	141
1928	2.235	35	1939	12.415	157
1929	2.838	44	1940	14.152	166
1930	3.238	50	1941	15.178	179
1931	3.732	58	1942	16.004	188
1932	4.168	64	1943	16.179	190
1933	4.533	70	1944	15.264	179
1934	5.425	83			

Quelle: Hans Peter Richter: Die Entwicklung der Rundfunk-Teilnehmerzahlen für das Deutsche Reich (nach Angaben der Post), in: Rundfunk und Fernsehen, Heft 4/1955, hg. vom Hans-Bredow-Institut für Rundfunk und Fernsehen an der Universität Hamburg, S. 398. Für das Jahr 1945 liegen keine Angaben vor. Die Zahlen für tausend Einwohner beziehen sich auf die Bevölkerungsziffer des jeweiligen Stichtages (1. April).

„Deutsche Musik" statt Jazz

Mit Beginn der „nationalsozialistischen Revolution" wurden im Rundfunk zahlreiche Kundgebungen, Appelle und nationalsozialistische Großereignisse („Tag von Potsdam", „1.-Mai-Feier", Reichsparteitag, Erntedankfest) übertragen, doch ein gravierender Wechsel zum Programm der Weimarer Republik lässt sich nicht feststellen. Im Vordergrund standen die Interessen und Gewohnheiten der Hörer, d. h. auf musikalischem Gebiet bestand Kontinuität: 1933 blieb der Musikanteil am Gesamtprogramm mit ca. 50 Prozent im Vergleich zum Vorjahr konstant.[45] Zugleich aber wussten die verantwortlichen Programmgestalter, die Wirksamkeit der Musik für ideologische Ziele auszubeuten. Letztlich war die NS-Musikpolitik nichts anderes als die Vereinnahmung einer bestimmten, am Bildungsbürgertum orientierten Tradition deutscher Musikpflege, die als „Weltmusik" die kulturelle Vorrangstellung Deutschlands demonstrieren sollte. Ideologisch in Dienst genommen und instrumentalisiert wurden besonders die Kompositionen von Bach, Beethoven, Brahms, Bruckner, Händel, Haydn, Mozart und Wagner. Mit dieser Programmkonzeption wurde an das Hörfunkprogramm der vergangenen Jahre angeknüpft, denn der Rundfunk der 1920er Jahre war alles andere als der Vermittler einer neuartigen Massenkultur. Allerdings bestand Klarheit darüber, was nicht gesendet werden sollte: „Nichts Atonales, keine Fremdeinflüsse, kein Swing, keine lateinamerikanischen Tänze, keine Hottentottenrhythmen der Nigger."[46] Da Tanzmusik aber von vielen Rundfunkhörern gerne eingeschaltet wurde, musste das Propagandaministerium reagieren und der Gefahr vorbeugen, dass die „Volksgenossen" auf der Suche nach Jazzmusik ausländische Sender einstellten:[47]

> Die Hörer der Grenzgebiete, die Gelegenheit haben, ausländische Sendestationen zu empfangen, müssen daran gehindert werden, dass sie die Unterhaltungsprogramme dieser Sender, vor allem ihre zum Teil ausgezeichneten Tanzmusiken, abhören. Sie können aber nur dadurch gehindert werden, dass wir ihnen eine noch bessere Tanzmusik bieten.

Wenig später hieß es:[48]

> Wovor aber gewarnt werden muss, ist eine übertriebene Angst vor dem Jazz und in der Folge ein Rückfall in die biedere, seichte und sentimentale Salonmusik der Vorkriegszeit, die wir schon überwunden glaubten.

Folglich veranstaltete die RRG im Frühjahr 1936 einen „Tanzkapellenwettbewerb des deutschen Rundfunks", der die „Bereinigung der deutschen Tanzmusik durch die Mobilisierung neuer Unterhaltungskapellen" und die „arteigene" deutsche Tanzmusik fördern und gleichzeitig das Verbot der Jazzmusik vergessen lassen sollte.[49] Abgesehen davon, dass dieser Wettbewerb erfolglos verlief,[50] war Jazz per Reichsgesetz offiziell nie verboten. Es gab lediglich regionale Verbote. So hatte Wilhelm Frick als thüringischer Innen- und Volksbildungsminister im April 1930 den Erlass „Wider die Negerkultur" veröffentlicht. Damit setzte er der Freiheit der Kunst ein Ende und machte sich zum Wegbereiter der Aktion „Entartete Kunst" von 1937, der dann im Mai 1938 die Ausstellung „Entartete Musik – Eine Abrechnung" folgte. Im März 1933 hatte die Berliner Funk-Stunde den Jazz als „musikalische Entartung" aus dem Programm verbannt[51] und im Oktober 1935 erklärte Eugen Hadamovsky, Reichssendeleiter der RRG, in seinen „grundlegenden Ausführungen über die Gestaltung des Winterprogramms des deutschen Rundfunks": „Der Niggerjazz ist von heute ab im deutschen Rundfunk endgültig ausgeschaltet."[52]

Goebbels dagegen, der sich mehr für die musikalische Ausgestaltung von Filmen, Parteifesten und Großveranstaltungen und damit für die politische Indienstnahme der Musik interessierte, setzte sich über die oftmals kleinkarierten Ansichten der Parteiideologen und konservativen Musikkritiker und Musikschriftsteller hinweg:[53]

> Goebbels war es völlig einerlei, ob das Berliner Philharmonische Orchester Hindemith spielte oder nicht. Wie jeder, der sich nicht mit der Tonkunst befasst, hörte er in seinen Mußestunden lieber bekannte Melodien, als dass er in neue unerforschte Gebiete vorstieß. Er teilte den musikalischen Geschmack breitester Volksschichten, hatte deshalb auch, gegen den Protest vieler alter Parteigenossen, dem Rundfunk die Jazzmusik erhalten. Es wäre unpopulär gewesen, nur Walzermelodien zu spielen; deshalb konnte man in den deutschen Sendern weiter Synkopen, „schräge Musik", hören.

Die „Gleichschaltung" des deutschen Musiklebens erstreckte sich vor allem auf die Eliminierung moderner, im Volk angeblich nicht verwurzelter Rhythmen und auf die Ausschaltung jüdischer Komponisten und Musikerzieher. Proteste wegen ihrer Diffamierung der „Neuen Musik" hatten die Nationalsozialisten kaum zu befürchten. Der Feldzug gegen die Experimentierfreudigkeit, gegen die Verwendung neuer Techniken und die Praxis neuer Aufführungsweisen zeitgenössischer Komponisten wie Anton von Webern, Arnold Schönberg oder Paul Hindemith spiegelte nämlich im Großen und Ganzen die Stimmung der Massen wider, denen eingängige Schlager vertrauter in den Ohren klangen als der musikalisch-avantgardistische Stil der Zwölf-Ton-Technik oder die Verwendung amerikanischer Rhythmen. Außerdem half eine solch „elitäre" Musik nicht, die in jenen Jahren vorhandenen sozialen und politischen Differenzen in der Bevölkerung zu überwinden; der Mehrheit der Hörer vermittelte sie keinen Trost, bot keinen Halt.

Daher war ein weiterer, zentraler Gedanke der NS-Musikpolitik umso wichtiger: die neue Art der Egalisierung. Musik sollte alle Menschen ansprechen, das „arbeitende Volk" zusammenführen, also ein Gemeinschaftserlebnis bewirken, das bislang ohne Tradition war. „Musik für alle" im Rundfunkprogramm sollte erweitert werden auf Kosten der Übertragung politischer Reden und Kundgebungen, nach und nach auch zulasten der ernsten Musik und Wortsendungen. Bereits Mitte 1934 war der Unterhaltungsbereich im Rundfunk neugestaltet worden. Die drei Programmredaktionen „Wort" (Hörspiele), „Zeit" (Nachrichten, Reportagen) und „Ton" (Unterhaltungsmusik, Konzerte) wurden zu den Abteilungen „Unterhaltung", „Zeitfunk", „Kunst", „Wissen" und „Weltanschauung" umstrukturiert. Dabei galt die Devise von Eugen Hadamovsky: „Das Programm muss in jeder Phase so sein, dass es den Hörer unterhält."[54] Zwar wurde der Anteil der Wortbeiträge reduziert, doch noch immer dominierte die „schwere Musik":[55]

> Die Forderung des Reichssendeleiters, dass im Anschluss an die Reichsparteitags-Sendungen das Programm aufgelockert werden sollte mit besonderer Bevorzugung leichter Musik und unter Vermeidung schwerer musikalischer Werke, ist von den Sendern nicht gebührend berücksichtigt worden. Auch sonst ist wohl die Unzufriedenheit der Hörer über das Rundfunk-Programm kaum je größer geworden als jetzt.

Immerhin wurde aus den Defiziten gelernt und sogar an politischen Feiertagen sollte ein möglichst unterhaltsames Programm ausgestrahlt werden, um die Bevölkerung an den Volksempfänger und damit an das Regime zu binden. Für die Rundfunkübertragung der Feiern zum 1. Mai 1935 ordnete Goebbels „ein großes Unterhaltungsprogramm von 6.30 Uhr in der Frühe bis zum anderen Morgen um 3.00 Uhr, bis zum *Tanz in der Maiennacht*" an, in das die Hörberichte von der politischen Kundgebung der zentralen Berliner Veranstaltung nur „sehr sparsam" eingearbeitet werden sollten.[56]

Goebbels war sich bewusst, dass die Unterhaltungsmusik massenwirksamer war als schwer verständliche Opern und anspruchsvolle Konzerte. So soll er gegenüber Richard Strauss gesagt haben:[57]

> Lehár hat die Massen, Sie nicht! Hören Sie endlich auf mit dem Geschwätz von der Bedeutung der Ernsten Musik! Damit werden Sie sie nicht aufwerten. Die Kultur von morgen ist eine andere als die von gestern! Sie, Herr Strauss, sind von gestern!

Seine Ablehnung der „elitären" Musik wiederholte der Propagandaminister mit einer musikpolitisch richtungsweisenden Äußerung:[58]

> Was will denn dieser Furtwängler mit seinen lächerlichen zweitausend Zuhörern in der Philharmonie? Was wir brauchen sind die Millionen, und die haben wir mit dem Rundfunk.

Besonderes Augenmerk bei der Gestaltung des Rundfunkprogramms galt dem Abend nach den 8-Uhr-Nachrichten:[59]

> Die besten Hörzeiten von 20.00–22.00 Uhr müssen vorzugsweise für das Unterhaltungsprogramm zur Verfügung gestellt werden: Die Reichssendeleitung hat mit gutem Grunde die Anzahl der Sendungen im Rahmen der „Stunde der Nation" beschränkt, nicht zuletzt auf Wunsch der einzelnen Intendanten. Es ist nicht angängig, die frei gewordenen Zeiten nunmehr mit schweren Sendungen zu belegen.

Die „Bunten Abende" erobern den Rundfunk

Ab Frühjahr 1936, also im Vorfeld der Olympischen Spiele, war eine „völlige Neuordnung der Abendprogramme" vorgesehen:

> Von 20.00 bis 22.00 Uhr soll in Zukunft fast ausschließlich von allen Reichssendern Unterhaltungsmusik gesendet werden. Dagegen sollen alle gewichtigeren Darbietungen, wie die Sendungen von ernster Musik, von Hörspielen und anderen literarischen Programmen, in die Zeit von 19.00 bis 20.00 Uhr fallen.

Zweck dieser „allgemeinen Anordnung" für die „Stunden, in denen sich oft das ganze Volk an den Empfangsgeräten versammelt", lag darin, „dem Erholungsbedürfnis der schwer arbeitenden Bevölkerung nach des Tages Mühe möglichst gerecht zu werden".[60]

Waren 1935 noch 12 Prozent der gesendeten Minuten auf Nachrichten und 8,5 Prozent auf Vorträge und Dichterlesungen entfallen, so sank 1936 der Anteil dieser Sparten auf 8,5 Prozent bzw. 7,2 Prozent. Dagegen erhöhte sich der Anteil des Musikprogramms von 62 auf 68 Prozent. Dieser Wert blieb im Jahr 1937 konstant, wobei 60 Prozent auf die unterhaltende Musik und nur 8,5 Prozent auf die ernste Musik entfielen.[61] Im darauffolgenden Jahr legte die Musik mit 69 Prozent am Rundfunkprogramm leicht zu, wobei 5 Prozent der ernsten Musik galten.[62] Für die ersten sieben Wochen des Jahres 1936 wurde eine minutiöse Untersuchung durchgeführt, die alle „unterhaltenden Sendungen (einschließlich Operetten und Bunten Abenden)" in der Zeit von 20.10 bis 22 Uhr erfasste. Insgesamt strahlten die elf Sender 726 Stunden und 45 Minuten Unterhaltungsmusik aus, die im Durchschnitt 71 Prozent am Gesamtprogramm ausmachte.

III. Rundfunk unterm Hakenkreuz

Tab. 2: Unterhaltungssendungen in den Abendstunden, Anfang 1936

Sender	Anzahl der Sendungen	in Min.	Anteil am Gesamtprogramm
Frankfurt	40	3.610	67 %
Hamburg	42	3.735	68 %
Leipzig	40	3.815	69 %
Breslau	40	3.805	70 %
Königsberg	42	3.945	71 %
München	43	3.995	72 %
Köln	42	4.085	73 %
Berlin	42	4.015	73 %
Saarbrücken	41	4.050	74 %
Stuttgart	45	4.105	76 %
Deutschlandsender	46	4.445	80 %

Quelle: Schreiben der Reichssendeleitung vom 25.2.1936; BA, R 78/910, S. 101 f.

Die quantitativ das Programm dominierenden Unterhaltungssendungen wie „Unterhaltungskonzert", „Musikalischer Blütenstrauß", „Mittagskonzert", „Musik zur Unterhaltung" oder „Nette Sachen" bestanden hauptsächlich aus Walzern, Ouvertüren, Liedern und Arien aus Opern – also aus Stücken, die der gehobenen Unterhaltungsmusik zuzurechnen sind. Andere Sendungen spezialisierten sich auf symphonische Werke, Volksmusik, Märsche oder auf bestimmte Instrumente. Beiträge wie „Heiteres am Abend", „Kleine Musik" oder „Buntes Allerlei" brachten Unterhaltungsmusik im engeren Sinne.

Musik eröffnete und beendete das tägliche Rundfunkprogramm, das bei einer Gesamtsendezeit von 1.170 Minuten (19,5 Stunden) insgesamt 985 Minuten (16,5 Stunden) Musik und nur 185 Minuten (3 Stunden) Wortsendungen (Nachrichten, Berichte) enthielt. Die meisten Musikstücke waren gehobenen Charakters (Ballett- und Operettenmusik), die reine Schlagermusik erlebte ihren Siegeszug im Rundfunkprogramm erst mit dem Kriegsbeginn

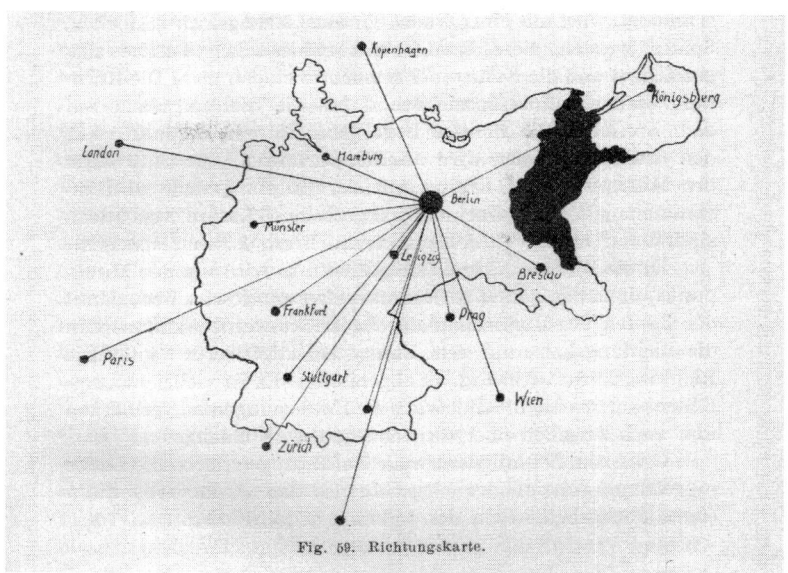

Abb. 28: Übersicht der Sendegebiete, 1925. Der Münsteraner Sender wechselte 1927 nach Köln.

1939. Da bereits die Zeitung traditionell eher ein intellektuelles Publikum ansprach, erteilte Goebbels einem „kulturlastigen" Programm die Absage. Auch Sendungen für bestimmte Zielgruppen (Schulfunk, Kinder-, Frauen- und Landfunk sowie Schifffahrtsfunk) verloren sukzessive an Bedeutung und wurden nur noch vormittags ausgestrahlt. Es galt auch weiterhin, was Goebbels in seiner Rede anlässlich der Eröffnung der Rundfunkausstellung am 28. August 1936 gesagt hatte:[63]

> Das Programm des Rundfunks muss so gestaltet werden, dass es den verwöhnten Geschmack noch interessiert und dem anspruchslosen noch gefällig und verständlich erscheint. Es soll in einer klugen und psychologisch geschickten Mischung Belehrung, Anregung, Entspannung und Unterhaltung bieten. Dabei soll besonderer Bedacht gerade auf die Entspannung und Unterhaltung gelegt werden, weil die weitaus überwiegende Mehrzahl aller Rundfunkteilnehmer meistens vom Leben sehr hart und unerbittlich angefasst wird, in einem nerven- und kräfteverzehrenden Tageskampf steht und Anspruch darauf hat, in den wenigen Ruhe- und Mußestunden auch wirkliche Entspannung und Erholung zu finden. Demgegenüber fallen die wenigen, die nur von Kant und Hegel ernährt werden wollen, kaum ins Gewicht.

Vor allem abends versammelten sich die Menschen um den Rundfunkempfänger, um sich gemeinsam von Musik unterhalten zu lassen. In die Abendstunden fielen denn auch Sendungen, die Vergnügen bereiten sollten. Allerdings kam nicht jede Gesangsdarbietung bei den Hörern an, wie eine Anordnung der Reichssendeleitung belegt:[64]

> Ich bitte die Herren Intendanten dafür Sorge zu tragen, dass der Frauengesang im Rundfunk auf die Hälfte des bisherigen Umfangs eingeschränkt wird. Insbesondere sollten Mitwirkungen mittelmäßiger Gesangssolistinnen von Vorneherein unterbleiben, weil der Frauengesang in der Hörerschaft an sich schon nicht beliebt ist.

Während die Unterhaltungssendungen am Abend im Privaten vernommen wurden, sollten die Werkpausenkonzerte gemeinsam am Arbeitsplatz gehört werden. Bereits 1934 hatte der Sender Leipzig „Mittagspausenkonzerte" eingeführt, der Sender Breslau folgte zwei Jahre später mit der Ausstrahlung von „Betriebskonzerten", die werktäglich zwischen 8.30 und 9.30 Uhr die Arbeitspausen auflockern sollten. Nicht nur das gemeinschaftliche Singen und Musizieren sollte zur Popularisierung und Verinnerlichung der Volksgemeinschaftsideologie beitragen, auch das gemeinschaftliche Musikhören in Maschinenhallen und Gemeinschaftsräumen. Gerade am Arbeitsplatz war die Musik dazu prädestiniert, das Gemeinschaftsgefühl zu stärken und eine Verbindung zwischen Kunst und Alltag herzustellen. In der „Musik zur Werkpause" sollten „große Meister der Musik, interpretiert von ersten deutschen Dirigenten und Solisten, mitten zwischen Maschinen und Drehbänken zum völkischen Erlebnis" werden.[65] Doch die „schwere Musik" stieß eher auf Ablehnung und Befremden bei der Arbeiterschaft, so dass auf „volkstümliche" Weisen zurückgegriffen wurde. Sendungen wie „Für die Arbeitskameraden in den Betrieben" brachten ein bunt gemischtes Unterhaltungsprogramm, das die gleiche „erzieherische" Funktion erfüllen sollte wie die Mittagskonzerte, war doch „in Zusammenarbeit mit der Deutschen Arbeitsfront" erzielt worden, „dass in allen Betrieben einheitliche Werkpausen festgesetzt wurden – insbesondere von 12 bis 13 Uhr –, so dass eine außerordentliche Hörerbasis geschaffen wurde".[66]

Die Werkpausenkonzerte sollten nicht nur ein „Gemeinschaftserlebnis" hervorrufen, sondern ebenso von den teils schweren Arbeitsbedingungen ablenken und kritische Gespräche unter der Arbeiterschaft verhindern.

Filmmusik im Rundfunk

Wie gesehen, eignete sich für die beabsichtigte Egalisierung der Gesellschaft gut die Unterhaltungsmusik, die sich als eigenständige Musikrichtung erst in den letzten Jahren des 19. Jahrhunderts etabliert hatte und die erst seit Einführung und Verbreitung des Rundfunks eine Breitenwirkung erzielte. Gerade das noch immer neue Medium Rundfunk, das seit Ende der 1920er Jahre populären Sparten wie Schlagern, Couplets und kabarettistischen Vorträgen ein Forum bot, bewirkte wie auch das Kino eine „Demokratisierung" der Kultur. In der Weimarer Republik noch ein Erziehungsinstrument mit Bildungsauftrag, sollte nun nach dem erklärten Willen der NS-Führung der Rundfunk die Rolle übernehmen, die „bis ins 18. Jahrhundert die Kirche hatte".[67] Galt es, der ernsten Musik andächtig zuzuhören und bei der Marschmusik im Takt mitzumarschieren oder stramm zu stehen, so konnten die Schlager, wie die Volks- und Kirchenlieder, gemeinsam (nach-)gesungen werden – daher war für die Journalistin Carola Stern das „Dritte Reich" „so etwas wie eine Singediktatur".[68]

Dass der Bekanntheitsgrad der Schlagermusik anstieg, die sich in diesen Jahren immer mehr verselbstständigte, also auch außerhalb der jeweiligen Filmhandlung zu hören war, hing mit der flächendeckenden Einführung des Tonfilms, mit der verbesserten Aufnahmetechnik und der damit höheren Qualität des gesprochenen und gesungenen Wortes zusammen. Die Einführung elektrischer Aufnahmeverfahren gewährleistete die Naturtreue des Klangs, ebenso konnten größere Orchester verwendet werden, die ein volleres Klangbild ermöglichten. Immerhin hatte in Deutschland der Übergang vom Stummfilm zum Tonfilm erst Ende der 1920er Jahre stattgefunden: 175 der 183 im Jahre 1929 gedrehten Filme waren noch Stummfilme, ein Jahr später wurden bereits 101 von 146 Filme als Tonfilme produziert. Zu den ersten deutschen Tonfilm-Produktionen, die dem Filmschlager zum Durchbruch verhalfen und die auch heute noch populär sind und als Klassiker der frühen Tonfilmgeschichte gezeigt werden, zählen „Die drei von der Tankstelle" (1930) und „Der Kongress tanzt" (1931). Beide Filme waren für Lilian Harvey und Willy Fritsch, das „Traum- und Liebespaar" des deutschen Films der 1930er Jahre, ein großer Erfolg. Als legendär erwiesen sich ebenso die Filmschlager „Ein Freund, ein guter Freund", „Liebling, mein Herz lässt dich grüßen" und „Lieber, guter Herr Gerichtsvollzieher" bzw. „Das gibt's nur einmal". Mit dem Aufkommen des Tonfilms setzte auch der Starkult um die Interpreten ein, die dann häufig auch im Radio zu hören waren.

1937 wurden in Deutschland 117 Filme gedreht, die viele Schlager enthielten, von denen sich einige bis heute als Evergreens gehalten haben. Zu den bekanntesten Liedern dieses Jahres gehören:

- „Jawohl, meine Herrn" (aus „Der Mann, der Sherlock Holmes war"),
- „Ich werde jede Nacht von Ihnen träumen" (aus „Gasparone"),
- „Der Wind hat mir ein Lied erzählt" (aus „La Habanera"),
- „Paris, du bist die schönste Stadt der Welt" (aus „Patrioten"),
- „Merci, mon ami, es war wunderschön" (aus „Premiere"),
- „Schön war die Zeit" (aus „Serenade"),
- „Ich tanze mit dir in den Himmel hinein" (aus „Sieben Ohrfeigen"),
- „Ich steh im Regen", „Tiefe Sehnsucht" und „Yes, Sir" (aus „Zu neuen Ufern").

Geprägt waren die Filme von mehreren Musiknummern, von mitreißenden, rhythmisch lebhaften Kompositionen, die eingängig und leicht nachsingbar waren und die Emotionen weckten. Da diese Filme, in denen man vergebens nach einem Hitlergruß, Parteiabzeichen oder einem SA-Mann sucht, von Millionen Menschen in den Kinos gesehen wurden und die Lieder dann wegen ihrer Beliebtheit im Rundfunk zu hören waren, erzielten die Schlager der späten 1930er und frühen 1940er Jahre eine enorm hohe Breitenwirkung. Sie zeichneten sich durch eine bestimmte Einheitlichkeit aus, da oftmals dieselben Komponisten (Werner Bochmann, Harald Böhmelt, Hans-Otto Borgmann, Lothar Brühne, Michael Jary, Peter Kreuder, Norbert Schultze, Herbert Windt) beteiligt waren, deren musikalische Themen, Eigenheiten und Techniken sich kaum voneinander unterschieden.

Die Rundfunksender brachten die Schlager von morgens bis abends, boten also Unterhaltung, machten damit zugleich aber auch Werbung für den jeweiligen Film. So brachte der Reichssender München seit Frühjahr 1939 regelmäßig donnerstags Sendungen unter dem Motto „Unsere Filmschau". Diese Sendungen brachten Interviews mit den Regisseuren oder den Hauptdarstellern und widmeten sich der Musik. Weitere Beiträge lauteten „Filmmusik ohne Film" oder „Erinnerungen an gute Filmmusik". Aber auch der Film leistete dem Rundfunk Gegendienste; es gab Filme über den Rundfunk oder den Rundfunk im Film. Neben Kurzfilmen wie „Diener des Volkes"

Filmmusik im Rundfunk

Abb. 29: Werbung für das Blaupunkt Super 4 G 6, 1938.

(1939), die das Verständnis für den Rundfunk wecken sollten, wurde in den abendfüllenden Filmen „Die Stimme aus dem Äther" (1939) oder „Wunschkonzert" (1940) der Rundfunk zum zentralen Faktor der Filmhandlung. Sogar ein Schlager der Kriegszeit thematisierte den Rundfunk: „Mein Herz müsste ein Rundfunksender sein" (aus dem Film „Es lebe die Liebe", 1944).

Wie dargestellt, bot in der Vorkriegszeit das Rundfunkprogramm mit seinen unterschiedlichsten Sendungen – von ernster Musik bis hin zu Volksliedern, Tonfilmschlagern und Tanzmusik – allen Angehörigen der „Volksgemeinschaft" eine breite Palette musikalischer Unterhaltung. Selbst Jazzmusik konnte nach 1933 empfangen werden. Bis zum Kriegsbeginn informierten die Programmzeitschriften die deutschen Hörer sogar über Beiträge der europäischen Auslandssender. Das „große Europaprogramm", das etwa die *Deutsche Radio-Illustrierte* wiedergab, enthielt neben den deutschen Sendern im Überblick auch das Programm von 30 Stationen aus Österreich, Frankreich, Großbritannien, der Schweiz, Italien, der Tschechoslowakei, Ungarn, Polen, Rumänien, dem Baltikum und den skandinavischen Ländern. Auf dieses Angebot hatte sich auch manch Radiohersteller wie die Berliner Firma

Blaupunkt eingestellt, deren Werbung lautete: „Blaupunkt-Super trennt bis zu 60 Sender, gut im Klang, niedrig im Preis" oder:[69]

> Hier Amerika! Wenn Sie erst den neuen Blaupunkt Großsuper ... besitzen, wird genussreicher Empfang aus der „Neuen Welt" für Sie eine Selbstverständlichkeit sein. Für den verwöhnten kritischen Hörer ist dieser Übersee-Empfänger das richtige Gerät, das Musik und Sprache klarrein wiedergibt.

Exkurs: „Wunschkonzert"

Ihr Forum fand die Unterhaltungsmusik vor allem im „Wunschkonzert", der bekanntesten Rundfunksendung im „Dritten Reich".[70] Entstanden war es aus dem „Wunschkonzert für das Winterhilfswerk" (1935). Neu an der Sendeform war die mit einer Spende verbundene Beteiligung der Hörer. Wünsche wurden erfüllt, nachdem der Hörer entweder Geld oder Sachspenden direkt an den Deutschlandsender nach Berlin geschickt oder einen Nachweis erbracht hatte, dass er einer Ortsgruppe der Nationalsozialistischen Volkswohlfahrt eine Spende hatte zukommen lassen.

Der Siegeszug des „Wunschkonzerts" begann mit dem Zweiten Weltkrieg. Die Rundfunksendung, verstanden als „Sprachrohr zwischen Front und Heimat", wurde nun als „Wunschkonzert für die Wehrmacht" im Winterhalbjahr regelmäßig zweimal wöchentlich ausgestrahlt, sonntag- und mittwochnachmittags. Mit der Beschwörung von „Treue und Liebe der Heimat" über „Raum und Zeit" wurde mit den „Wunschkonzerten" trotz großer räumlicher Distanzen wirkungsvoll eine kurzzeitige Nähe inszeniert, die den oft propagierten Gedanken der „Volksgemeinschaft" popularisierte. Aus der Sendung spricht naive Heiterkeit, Optimismus und Frohsinn. Mit dem stets propagierten Zusammengehörigkeitsgefühl sollte das Volk von Sendung zu Sendung fanatisiert und zu höchster Leistungs- und Leidensbereitschaft im Kriege angespornt werden; mit dem bunten Programm sollte den Hörern im wahrsten Sinne des Wortes eine heile Welt vorgespielt werden. Die Propagandastrategie zielte darauf ab, den Krieg vergessen zu machen und die Lage geschönt darzustellen. Die Popularität des „Wunschkonzertes" lässt sich auf folgende Faktoren zurückführen: Es handelte sich um eine Familiensendung, die ein „Wir-Gefühl" vermittelte. Verbunden wurde dieses Zusammengehörigkeitsgefühl mit Millionen anderen Hörern dank einer individuellen Ansprache und einer Pseudo-Mitbestimmung der Sendeinhalte. Das „Wunschkonzert" als „Brücke zwischen Front und Heimat" verband die Soldaten an der Front mit ihren Müttern, Frauen und Kindern am heimischen Radioapparat und ließ alle Hörer für einen Augenblick zu einer „Volksfamilie" werden, die Sendung selbst zu einem „Volksereignis".

Moderiert wurde die Sendung von Heinz Goedecke und Wilhelm Krug. An dieser Stelle sei angemerkt, dass die Ansager (fast) so populär waren wie die Stars, die sie ankündigten, und auch sie verteilten gerne Autogrammkarten. Die Rundfunksprecher waren ein wichtiges Aushängeschild des jeweiligen Senders, die überzeugend zwischen Mikrofon und Hörer vermittelten. So wurde Heinz Goedecke, der vor seiner Festanstellung beim Deutschlandsender Architektur studiert hatte und dem die Presse regelmäßig Berichte widmete, als „Rundfunkkünstler" bezeichnet.[71] Alljährlich veranstalteten die Sender sogar den „Rundfunksprecherwettbewerb" nach dem Motto

Abb. 30: Moderator Heinz Goedecke (links) mit dem Schauspieler Hans Moser.

"Wir suchen den besten Rundfunksprecher".[72] Frauen waren in dieser Funktion deutlich unterrepräsentiert; sie moderierten allenfalls Sendungen im Frauen- und Kinderfunk, auch waren sie als Tontechnikerinnen eingesetzt. Während des Krieges wurden sie zu Nachrichtenhelferinnen ausgebildet, um die an die Front abkommandierten Funker zu ersetzen; unter der Bezeichnung "Blitzmädel" haben sie Rundfunkgeschichte mitgeschrieben.

Als Tonaufzeichnung ist keine einzige komplette "Wunschkonzert"-Übertragung erhalten. Lediglich die Programmfahnen einiger Sendungen der Jahre 1936 bis 1938 sind im Bestand der RRG archiviert. Über Programmbeiträge, Mitwirkende und Spendenaufkommen informieren die zahlreichen Presseechos. Aufschluss über die Programmbeurteilung durch die Hörer geben die "geheimen Lageberichte" des Sicherheitsdienstes der SS. Überliefert sind ferner Tagebucheintragungen von Goebbels sowie Aktenvermerke des Propagandaministeriums und der Wehrmachtspropagandastellen, die den staatspolitischen Stellenwert der Sendung erkennen lassen. Anschauliche Quellen bilden schließlich zwei zeitgenössische Selbstdarstellungen: das 1940 von den beiden Moderatoren der Sendung herausgegebene Buch "Wir beginnen das Wunschkonzert für die Wehrmacht" und der im selben Jahr entstandene UfA-Film "Wunschkonzert", der Originalaufnahmen der achten und zehnten "Wunschkonzert"-Übertragung enthält. Hauptdarsteller dieses Erfolgsfilms waren Carl Raddatz und Ilse Werner.

Die Programmfolge des "Wunschkonzerts" sah eine Dreiteilung vor. Bis 19 Uhr war eine bunte Abfolge von Märschen, Kammermusik und Chorsätzen, Ouvertüren, Operetten- und Opernarien, Volksweisen, Soldatenliedern und einigen wenigen Tanzschlagern zu hören. Nach den Nachrichten begann der zweite Teil mit leichter Unterhaltungsmusik, der dritte Teil von 20 bis 22 Uhr glich im Wesentlichen dem Eröffnungsteil. Aufgelockert wurde das musikalische Programm durch Gedichte und Sketche, auch wurden Geburten gemeldet und Ferntrauungen übertragen.

In jedem "Wunschkonzert" trat ein prominenter Gast auf. Bekannte Sportler, Schauspieler, Sänger, Dirigenten, Politiker und weitere Persönlichkeiten des öffentlichen Lebens sprachen über das Mikrofon oder boten einen Ausschnitt ihres Könnens. Zu den Höhepunkten gehört die 50. Ausstrahlung des "Wunschkonzertes" am 1. Dezember 1940 mit "Prominenten aller Art" wie Zarah Leander, Rosita Serrano oder Herbert von Karajan. Bis zu diesem

Exkurs: „Wunschkonzert"

Abb. 31: Cover des von den Moderatoren des „Wunschkonzerts" herausgegeben Buchs „Wir beginnen das Wunschkonzert für die Wehrmacht" (1940).

Zeitpunkt hatte die Sendung die beachtliche Summe von 7,5 Millionen RM eingespielt. Goebbels selbst war mit dem Verlauf der Jubiläumssendung zufrieden, wie sein Tagebucheintrag belegt. Einen ebenso hohen Stellenwert in Gestaltung und Berichterstattung hatte auch die Übertragung der 75. Sendung am 25. Mai 1941. Bis dahin waren rund 15,5 Millionen RM an Sach- und Geldspenden eingegangen. Nach der Sommerpause sollte die Sendung fortgesetzt werden, doch zu einer Wiederaufnahme kam es nicht, vielmehr hieß es dann im Mai 1942: „Die Bezeichnung Wunschkonzert sowie Sendformen, die dem Wunschkonzert gleichen oder ähneln, sind untersagt." Warum die Sendung trotz ihres großen Erfolgs eingestellt wurde, wurde offiziell nie begründet. Es lassen sich nur Mutmaßungen anstellen: Die Belastungen des Kriegsalltags erschweren die mehrstündige Live-Veranstaltung. Mitwirkende Künstler wurden zur Truppenbetreuung entsandt, weniger prominente Darsteller wie auch Orchestermitglieder zur Wehrmacht eingezogen, ausländische Gäste, die bisher immer wieder vor dem Mikrofon gestanden hatten, blieben solchen Veranstaltungen nun fern.

III. Rundfunk unterm Hakenkreuz

Noch heute gilt das „Wunschkonzert" als „populärste Rundfunksendung der Kriegsjahre", als „Prototyp nationalsozialistischer Rundfunkgestaltung", als „Weihestunde des Äthers", als „populärste Sendung überhaupt".[73] Noch heute erklingt ein Gutteil des „Wunschkonzert"-Repertoires in Rundfunksendungen, und es gilt nach wie vor die Lobeshymne auf den Rundfunk, mit welcher der bekannte Schauspieler Heinrich George im März 1939 das „Wunschkonzert" in die Sommerpause verabschiedet hatte:[74]

> Man hat dich das Ohr der Welt genannt,
> kleines Mikrofon, das hier steht.
> Du wurdest als Mund des Jahrhunderts bekannt,
> großer Lautsprecher, der ein Kindergebet
> mit der gleichen Inbrunst wie Lied und Klang
> rund um die ganze Erde weht:
> Jubel der Männer – und Müttergesang!
>
> Wir haben dich auch als Brücke gekannt,
> du unscheinbares Rundfunkgerät,
> über nah und fern, über Meer und Land,
> über die hinweg eine Bruderhand
> die Hand seines andern Bruders fand;
> über die sich Mond und Sonne dreht.
>
> Wir haben dich auch den Mittler genannt
> zwischen Menschenliebe und Menschennot.
> Du hast uns die Losung ins Herz gebrannt,
> die erste Parole, das höchste Gebot:
> Hilf deinem Nächsten im Vaterland,
> und teile mit ihm deinen Rock und dein Brot!
> Ohr bist du – und viel mehr,
> Mund bist du – und viel mehr.
>
> Ein Mittler bist du – aber was wär'
> ein Ohr, ein Mund, ein Mittler, eine Brücke –
> käme nicht einer her und gäbe sein Herz in dieses Ohr,
> seine Seele in diesen Mund
> und seine starken Schritte auf diese Brücke
> und sagte: Nun geht – nun weht über diese Erde
> aus diesem unscheinbaren Rundfunkgerät –
> sei es als Männergespräch, als helfende Tat,
> als politischer Wille, als weinende Geige,
> als Muttergesang oder als Kindergebet!

„Sehr geehrter Herr Dr. Goebbels" – Hörerzuschriften

Auch wenn sich die Rundfunkmacher bemühten, ein abwechslungsreiches Programm für alle zu bieten, stießen, und zwar von Anfang an, Sendungen, einzelne Programmbeiträge oder Moderatoren immer wieder auf Kritik der Hörer. Ihren Unmut äußerten sie in Form von Zuschriften an die jeweiligen Sender, an die RRG, an Programmzeitschriften und an das Propagandaministerium. Wie viele Hörer sich mit ablehnender oder zustimmender Kritik äußerten, lässt sich nicht mehr nachvollziehen. Die Kriegseinwirkungen haben auch hier Lücken in der Überlieferung hinterlassen, doch auch generell ist nicht davon auszugehen, dass alle Zuschriften zentral archiviert wurden. Sie wurden in der Regel, wie auch bei Zeitungen, der verantwortlichen Redaktion weitergeleitet und dann vernichtet. Besser sieht die Quellenlage für die Kriegsjahre aus. Hier ist dank der „Meldungen aus dem Reich" ersichtlich, wie zufrieden bzw. ungehalten die Leute mit dem Rundfunkprogramm waren. Die Stimmungs- und Lageberichte des Sicherheitsdienstes (SD) der SS wurden zwischen 1938 und 1945 zusammengestellt. Sie ermöglichten dem Regime Rückschlüsse über den Stand der öffentlichen Meinung, erfüllten damit die Funktion eines Meinungsforschungsinstituts. Das aufschlussreiche Material gilt als „Quelle ersten Ranges" (Alexander Mitscherlich), da es noch im Nachhinein „einen Einblick in Gefühle und Beurteilungen" der Bevölkerung erlaubt, die ansonsten nur mühsam zu rekonstruieren sind.[75] Eine Auswahl an Zuschriften, die sich im Archiv des Propagandaministeriums erhalten haben, lässt einen Einblick in die Befindlichkeiten der Hörer zu. Im Nachhinein wirken diese Briefe oft kurios und erheiternd.

Im Mai 1935 wandte sich eine Alma Schütze aus Dresden an den „Hochverehrten Herrn Dr. Goebbels" mit „Programmvorschlägen über die Auflockerung der Rundfunkdarbietungen". Der Bericht, der dem Minister im Juni vorgelegen hatte, wurde an die RRG weitergeleitet mit der Aufforderung, „dass die enthaltenen Gedanken und Anregungen weitgehender Beachtung und Berücksichtigung finden" sollten:[76]

> Die vielfache Programmgleichheit im musikalischen Teil zwingt oftmals, das Ausland aufzusuchen. Ich möchte daher einmal Ihnen gegenüber ganz ergebenst die Frage aufwerfen, ob denn nicht durch Hörspiele für eine bessere Ausgestaltung der derzeitigen Programme gesorgt werden könnte? Allerdings durch Hörspiele, die den Hörern auch gefallen. Davon gibt es leider im Jahr kaum ein halbes Dutzend. Man hört da immer nur

von Krankheit, Tod, Qualen, Kämpfen, verschütteten Bergleuten usw. und dementsprechend Todesschreie, Stöhnen, Wimmern, Klagen, Jammer usw. Damit ist dem Erwerbstätigen doch wirklich nicht gedient. Wenn wir abends abgearbeitet nach Hause kommen, wollen wir ... ein Vergnügen haben ... Hin und wieder gibt es ein Lustspiel aus dem Auslande, irgendeine Bearbeitung eines längst gestorbenen Schriftstellers, wie z. B. Nikolaj Gogol. Ja, was man da zuletzt von dem Dichter zu hören bekam, war höchst langweilig, so dass man sich nur wundern muss, wie sich die Leute vor 100 Jahren darüber vergnügen konnten. Es muss doch im neuen Deutschland genug Köpfe geben, die das Richtige zu treffen verstehen und uns davor bewahren, aus dem Auslande abgestandene Waren aus der Literatur zu beziehen, mögen sie auch von noch so berühmten, aber ganz und gar nicht mehr zeitgemäßen Dichtern sein ...

Man gibt sich mit der Organisation „Kraft durch Freude" alle mögliche Mühe, Freude ins Volk zu tragen. Und zwar mit Recht. Warum geschieht das nicht auch im Rundfunk? Für die meisten Volksgenossen ist das Leben noch sehr schwer, das können Sie mir glauben, sehr verehrter Herr Dr. Goebbels, und wir möchten gern auch durch den Rundfunk erheitert werden, aber nicht niedergedrückt, wie das oftmals durch die Hörspiele geschieht. Also bitte, sorgen Sie für eine gründliche „Auflockerung" der Programme nach der heiteren Seite hin, die arg vernachlässigt ist ... Wir wollen volkstümliche Sendungen, Volksstücke hören, Millionen von Volksgenossen werden Ihnen dafür von Herzen dankbar sein.

Sehr verehrter Herr Dr. Goebbels, fassen Sie aber meine Zeilen bitte nicht als ungebührliche „Meckerei" auf, denn ich gebe Ihnen nach bestem Wissen und Willen Vorschläge zum Weiterauf- und Ausbau des deutschen Rundfunks, die auch von anderen Volksgenossen gewünscht und mit Recht im Interesse des deutschen Rundfunks gefordert werden ...

Bereits im Februar desselben Jahres hatte ein Dr. Ulrich Appelius aus Hamburg an den „sehr geehrten Pg. Dr. Goebbels" diese Beschwerde geschickt:[77]

Ich habe in der letzten Zeit in zunehmendem Maße die Beobachtung machen müssen ..., dass an den sogenannten Unterhaltungs- und Tanzabenden Ansager wie Vortragende häufig Scherze und Erzählungen bringen, die zweideutigen Charakters sind. Dies gilt nicht nur für den hiesigen, sondern auch für andere deutsche Sender. Es scheint dabei übersehen zu werden, dass gerade an diesen Abenden nicht nur Erwachsene, sondern auch in großem Umfange Jugendliche Mithörer sind. Lässt sich schon darüber streiten, ob überhaupt im Rundfunk Scherze zweideutigen oder anzüglichen Inhalts gebracht werden sollen, scheint mir Derartiges für Jugendliche vollkommen unangebracht.
So brachte z. B. der hiesige Sender gestern Abend Knüttelverse ... etwa folgenden Inhalts:

„Warum tragen denn Matrosen immer blaue Hosen?
Weil ein Rock beschwerlich wär' beim Schiffen übers weite Meer!

Warum sind in Hinter-Indien die Kinder häufig nur so blond?
Das Raten, Freund, das ist nicht schwer, das kommt vom Überseeverkehr!"
Ein Vortragskünstler brachte u. a. folgenden „Witz". „Ich hatte ein Verhältnis mit einer verheira ... Frau, sie ist mir leider gestorben. Als ich mit Oskar, ihrem Mann, vor ihrem Grabe stand und so recht traurig war, tröstete mich der mit den Worten: Lass man, Karl, ich heirate wieder!"
Ich habe ferner die Beobachtung gemacht, dass auch in letzter Zeit Einrichtungen oder Maßnahmen unserer Regierung im Rundfunk verulkt werden. So brachte z. B. der Leipziger Sender kürzlich anlässlich eines solchen Unterhaltungsabends einen scherzhaft gehaltenen Vortrag in Berliner Mundart, in dem u. a. vorkam: „Ick hau Dir jleich eenen an Deinen Erbhof!".
Auch der Frankfurter Sender brachte neulich anlässlich einer Karnevalssitzung die ziemlich törichte Frage eines Jungen an seinen Vater: „Vadder, was ist denn eigentlich Schicksalsgemeinschaft?", worauf die Antwort lautete: „Schicksalsgemeinschaft, das sind Dei Vadder und Dei Mudder!"
Gewiss soll man derartige Dinge nicht allzu tragisch nehmen, doch geben die Lachsalven, mit denen derartige Entgleisungen quittiert werden, immerhin zu denken ...

Empört wandte sich per Einschreiben auch Richard Fuhrmann, ein Reisender aus Fulda, an „Se. Exzellenz Herrn Dr. J. Goebbels":[78]

Ich möchte Sie auf Folgendes aufmerksam machen, da Sie die höchste Instanz für Theater, Rundfunk und Film sind:
Am 20. oder 21. d. M. hat der diensttuende Ansager des Deutschlandsenders in der sog. fröhlichen Morgenmusik u. a. dieses Mal zum Besten gegeben: Vor 20 Jahren habe er sich eine Braut gesucht und habe sie seinem Vater als ein Fräulein Müller aus Leipzig vorgestellt. Sein Vater, der Reisender sei, habe ihn gefragt, ob das Mädchen die Tochter von dem Juwelier Müller aus Leipzig sei. Als er dies bejahte, habe sein Vater ihm gesagt, dann müsse er ihm ein kleines Geständnis machen; er könne das Mädchen nicht heiraten, denn es sei seine Schwester. Darauf habe sich der Sohn, also der Ansager, eine neue Braut gesucht und habe diese seinem Vater wieder vorgestellt als ein Fräulein Schulze aus Königsberg. Der Vater habe ihn wieder gefragt, ob das Mädchen die Tochter sei von dem Sattler Schulze aus Königsberg. Der Sohn: Ja. Der Vater: Dann muss ich Dir ein kleines Geständnis machen, Du kannst das Mädchen nicht heiraten, denn es ist Deine Schwester. Hiernach sucht sich der Sohn eine neue Braut und stellt diese seinem Vater als Fräulein Krause aus Berlin vor. Der Vater: Ist das Mädchen von dem Viehhändler Krause die Tochter? Der Sohn: Ja. Der Vater: Dann muss ich Dir eine kleine Enttäuschung bereiten: Du kannst das Mädchen nicht heiraten, es ist Deine Schwester. Darauf stürzt der Sohn zu seiner Mutter, um ihr sein Leid zu klagen. Die Mutter antwortet, der Sohn brauche sich das nicht so zu Herzen nehmen, denn der Vater sei auch nicht sein richtiger Vater!
Das soll also fröhliche Morgenmusik sein, das sollen Witze sein! Und diese unverschämten Gemeinheiten hören Millionen von Menschen und hören schon aufmerksame Kin-

> der, denen in angeblicher Witzform die Ansicht beigebracht wird, die 264.000 reisenden Kaufleute sind Dreckschweine, huren in der Welt herum, haben eine Portion uneheliche Kinder und ihre eigenen Kinder sind nicht von ihnen ... Sind derartige niederträchtige Anpöbelungen eines einzelnen Subjekts, dem man die ungeheure Verantwortung eines zu Millionen Volksgenossen sprechenden Mikrofons anvertraut, nicht hundsgemeiner Kultur-Bolschewismus?! ... Da hat man in den letzten ca. 10 Jahren nur zu 10 % seinen Beruf erfüllt und zu 90 % seiner zur Verfügung stehenden Zeit hat man zur Werbung für die volkswirtschafts- und staatserhaltende Idee des Führers verwendet, hat Tausende und Abertausende von Stimmen geworben, hat den ewig zweifelnden Spießer mürbe gemacht ... Und dabei wird man durch einen Ansager als moralisch verworfene Gruppe hingestellt!
> Ich bitte ebenso höflich als dringend um eine Mitteilung, ob das Propaganda-Ministerium mit einer solchen Methode des betr. Ansagers (Rolf??) einverstanden gewesen ist.

Vielleicht bewirkten solche Zuschriften die „Neugestaltung des Rundfunkprogramms" (März 1936), das vor allem das „Erholungsbedürfnis der arbeitenden Volksgenossen" im Blick haben sollte.[79]

Auch in den folgenden Jahren wandten sich immer wieder Hörer aus allen Teilen Deutschlands an die Sender, um Unterhaltungssendungen wie „Wunschkonzert" oder „Lieblinge von A–Z" zu loben oder zu kritisieren. Die Flut der Hörerzuschriften steigerte sich in der Endphase des Krieges, nachdem Goebbels als „Reichsbevollmächtigter für den totalen Kriegseinsatz" (Juli 1944) innerhalb des Propagandaministeriums eine Stelle geschaffen hatte, der man portofrei unter der Bezeichnung „Feldpost-Nr. 0800 totaler Krieg" seine Meinung über das Rundfunkprogramm mitteilen konnte.[80] Diese Stimmungsäußerungen waren nun eine „wertvolle Ergänzung der SD-Meldungen", die bei der Programmplanung berücksichtigt werden sollten.[81] Die Dienststelle „Feldpost-Nr. 0800" wertete die eingegangenen Stellungnahmen zum Rundfunkprogramm aus und erstellte Zusammenfassungen, wie ein Beispiel aus dem Oktober 1944 zeigt:[82]

> Es wird bemängelt, dass der angeblich schon recht abgeleierte und nur noch mit Routine knödelnde Herbert Ernst Groh so oft in Erscheinung tritt. Ebenso die nun schon nicht mehr im Besitz des Reizes der Neuheit befindliche „piepsige" Marika Rökk. Es habe verbittert, wenn nach Bombenangriffen leichtfertige Schlagermusik gedankenlos aufgelegt wurde, wenn nach ernsten Nachrichtensendungen die bei den Kapellmeistern Grothe und Haentzschel so gepflegte Niggermusik die ganze Kluft zwischen Wirklichkeit und uninteressierten Zeitgenossen aufzeige. So beliebt die leichte Tanzmusik und auch die melodiösen Schlager sind, mit umso heißerem Ingrimm wird die melodielose Zerrmusik erduldet. Frontsoldaten sind immer wieder empört, dass sie dafür herhalten sollen, etwa diese Art Musik zu wünschen; sie würde ausschließlich vom Rund-

funk aus gepflegt. Zahllose Frontsoldaten hätten sich bereits erfolglos zur Wehr gesetzt. Diese Art Musik sei eben das Spiegelbild der beim Rundfunk ausschlaggebenden undeutschen und verantwortungslosen Musikauffassung für den Unterhaltungsteil ...

Vergleichbare Programmbeobachtungen ließ auch die „Hauptstelle Rundfunk im Propagandaamt der deutschen Arbeitsfront" (DAF) durchführen. Obmänner der einzelnen Betriebe in den verschiedenen Gauen trugen die Ergebnisse dieser Umfragen zusammen, aus denen dann zusammenfassende Berichte gefertigt wurden. Die Beispiele zeigen, dass trotz aller ideologischer Vorgaben von oben, also von den Theoretikern in der Verwaltung, die einzelnen Sender bzw. Moderatoren Freiheiten bei der Programmzusammenstellung wahrnahmen und dass sie sich dabei durchaus der Jazzmusik bedienten.

Unterhaltungsmusik ist „genau so wichtig wie Kanonen und Gewehre"

Mit den Worten „seit 5 Uhr 45 wird jetzt zurückgeschossen" verkündete Hitler am 1. September 1939 über den Rundfunk den Kriegsausbruch. Mit dieser für viele Menschen lebensveränderten Meldung erweiterte sich nicht nur die Funktion des Rundfunks – er wurde zum „Mittler zwischen Heimat und Front" –, das Datum markiert zugleich eine Zäsur im kollektiven Gedächtnis der Deutschen. Und auch im unmittelbaren Vorfeld des Kriegsbeginns spielte ein Rundfunksender eine entscheidende Rolle: Am Abend des 31. August ließ der Sicherheitsdienst der SS von (polnisch sprechenden) SS-Männern, die sich als polnische Partisanen verkleidet hatten, den Sender Gleiwitz/Oberschlesien überfallen. Dieser fingierte Überfall bot der Regierung den gewünschten Anlass zum Einmarsch der Wehrmacht in Polen.

Auch das Rundfunkprogramm musste sich den Bedürfnissen des Kriegsalltags anpassen. Hatten in der Vorkriegszeit die Programme i. d. R. 14 Tage vor Sendetermin vorgelegen, so waren nun längerfristige Planungen nicht mehr möglich. Schon bald fielen Sendungen aus oder wurden wie der Sendeschluss vorverlegt. Bereits am ersten Kriegstag wurden aktuelle Nachrichten zum Kriegsgeschehen ins Programm genommen, das sich dennoch wie eh und je unterhaltsam gab. Andere Sendungen, so die Berichte zum geplanten und dann kurzfristig abgesagten „Reichsparteitag des Friedens", entfielen.

Der Sender München hatte für den 1. September 945 Sendeminuten Programm vorgesehen, die überwiegend (ca. 600 Sendeminuten) musikalisch gestaltet sein sollten. Aber aufgrund des Überfalls der Wehrmacht auf Polen fand die beabsichtigte Programmfolge so nicht statt. Aktuelle Nachrichten, Informationen, Sondersendungen und Wehrmachtberichte bestimmten an diesem Tag und in den kommenden Jahren das Rundfunkprogramm. Der erste Wehrmachtbericht, der am Tag des Kriegsbeginns mittags ausgegeben und über Funk, Wochenschau und Presse verkündet wurde, lautete:[83]

> Das Oberkommando der Wehrmacht gibt bekannt: Auf Befehl des Führers und Reichskanzlers hat die Wehrmacht den aktiven Schutz des Reiches übernommen. In Erfüllung ihres Auftrages, der polnischen Gewalt Einhalt zu gebieten, sind Truppen des deutschen Heeres Freitag früh über alle deutsch-polnischen Grenzen zum Gegenangriff angetreten. Gleichzeitig sind Geschwader der Luftwaffe zum Niederkämpfen militärischer Ziele in Polen gestartet. Die Kriegsmarine hat den Schutz der Ostsee übernommen.

Gerade in dieser Zeit wurden die emotionale Wirkung des Rundfunks und seine Überlegenheit gegenüber der Presse bei der Vermittlung von Aktualität und eines Anscheins von Authentizität deutlich. In den ersten Kriegswochen war „der deutsche Rundfunk bisher bestrebt, in seinen musikalischen Darbietungen dem Ernst und dem soldatischen Charakter dieser Zeit zu entsprechen, indem er hauptsächlich Marschmusik und ernste Konzerte sendete". Doch „auf besonderen Wunsch vieler Soldaten der Front" wurde schon am 19. September 1939 „wieder dazu übergegangen, auch leichte Musik zu senden", was ebenso „einem Wunsch der breiten Hörerschaft in der Heimat entsprach".[84] Dagegen blieb das am 4. September erlassene „Verbot öffentlicher Tanzlustbarkeiten" bestehen.[85]

Unter dem Titel „Heitere Kunst in ernster Zeit" plädierte der *Völkische Beobachter* für ein buntes Unterhaltungsprogramm:[86]

> Die Kunst hat gerade in diesen Zeiten die Aufgabe, im höchsten Sinne das Programm zu erfüllen, das sich in den Worten Kraft durch Freude ausdrückt. Sie soll den Kämpfern Erbauung und Erholung von der Anspannung bieten und den Daheimgebliebenen Frohmut und Zuversicht. Nichts wäre schlimmer, als wollten wir uns jetzt seelisch in die Sackgasse „tierischen" Ernstes verlaufen. Mut und Glauben setzen Frohsinn und Heiterkeit nicht nur voraus, sie erzeugen sie aufs Neue. Darum ist gerade in Zeiten wie den jetzigen die Kunst und insbesondere ihre heitere Seite ebenso notwendig wie in fried-

Unterhaltungsmusik ist „genau so wichtig wie Kanonen und Gewehre"

lichen Tagen. Die Kunst und die Freude sind die kräftigste Nahrung für die Seele. Sie schenken ihr Glaube, Härte, Zuversicht und Standhaftigkeit.

Wenige Wochen nach Kriegsbeginn verbreitete Goebbels die Devise: „Ohne Optimismus ist kein Krieg zu gewinnen." Für ihn waren die Unterhaltungsmusik und eine grundsätzlich optimistische Haltung „genau so wichtig wie Kanonen und Gewehre".[87] Auf der Jahrestagung der Reichsmusikkammer und der NS-Gemeinschaft „Kraft durch Freude" am 27. November 1939 erklärte er den Anwesenden:[88]

> Der Krieg beweist es zur Genüge, dass der Mensch nicht allein vom Brot lebt. Auch der Geist und die Seele wollen Nahrung und Stärke empfangen. Die kulturelle Tätigkeit am deutschen Volk, insbesondere an der deutschen Wehrmacht, ist eine der wichtigsten Voraussetzungen für die Standhaftigkeit und Durchhaltekraft der ganzen Nation in ihrem Schicksalskampf ...
> In solchen Zeiten nun ist es umso notwendiger, dass die Staatsführung eifrig darum bemüht bleibt, hier rechtzeitig für Ausgleich zu sorgen und dem Volke in so schweren Zeiten Entspannung und Erholung zu geben ... Gerade in kritischen Stunden hilft der Optimismus Schwierigkeiten überwinden und Hindernisse beiseite schieben.
> Diesen Optimismus wollen wir im ganzen Volke pflegen. Was aber wäre mehr dazu geeignet, das Volk unserer Soldaten und arbeitenden Menschen in diesen Optimismus seelisch aufzurichten und innerlich zu erneuern, als die Kunst? ... Wir haben niemals die Kunst nur für Friedenszeiten reserviert. Für uns hatte das Wort, dass im Waffenlärm die Musen schweigen, keine Berechtigung. Im Gegenteil, wir vertraten immer den Standpunkt, dass sie da erst recht ihre Kraft entfalten müssten; denn je sorgenvoller die Zeitläufe sind, um so mehr verlangen die Menschen nach innerer Aufrichtung und Erhebung durch die Kunst ...
> Wir müssen uns auf den Standpunkt stellen, dass, je dunkler die Straßen sind, desto heller unsere Theater und Kinosäle im Lichtglanz erstrahlen sollen. Je schwerer die Zeit ist, desto leuchtender muss sich über ihr die Kunst als Trösterin der Menschenseele erheben.

Mit der Propagierung eines unterhaltsamen Rundfunkprogramms traf Goebbels den Geschmack der Hörer, wie eine 1939 erfolgte Umfrage, die nach „Klasse, Geschlecht und Generation" spezifizierte, ergab: An erster Stelle standen „Lustige Abende", gefolgt von Militärmusik, Alter Tanzmusik, Volksmusik, Hörspielen, Sportsendungen. Weniger beliebt waren Opern und Sinfoniekonzerte. Kammermusik und Dichterstunden lagen mit unter zehn Prozent der Nennungen am unteren Ende der Auswahl. Außerdem ergab sich eine „klare altersmäßig bestimmte Abstufung des Geschmacks": „Je jünger die Beantworter sind, um so bevorzugter ist die Stellung der neuen Tanzmusik."[89]

Zwar hatten die Nachrichten, die Front- und Wehrmachtberichte sowie die politisch-militärischen Wortsendungen zum aktuellen Geschehen Priorität in der Programmgestaltung, da sie zum Teil lebenswichtige Informationen brachten, doch zur Abwechslung und Entspannung der Hörer eignete sich nach wie vor Unterhaltungsmusik besser als textlastige Hörspiele, literarische Sendungen oder andere Wortsendungen.

Die Hörspiele, die ihr Vorbild in der „Stunde der Nation" hatten, waren überwiegend „Volksstücke" („Der ewige Bauer", „Arminius", „Wende in Worms", „Opiumkrieg", „Kapstadt", „Erbkrank-Erbgesund", „Luise von Preußen", „Der Kroatensturm auf Kaiserslautern") im Sinne der „Blut-und-Boden"-Ideologie bzw. mit antibritischer Tendenz. Sie richteten sich an die Gemeinschaft, nicht an den Einzelnen. Im Vordergrund standen oftmals Persönlichkeiten der Geschichte wie Luther oder Friedrich der Große und politische Ereignisse wie die Befreiungskriege oder die „Geburt des Reiches", allgemein verständliche Themen, die sich trefflich in den Dienst der NS-Propaganda stellen ließen. Diese Beiträge vermischten Kultur und Politik, wobei die Musik zunehmend ein wesentliches Gestaltungselement darstellte. Sie stammten überwiegend von „Dichtern der Zeit" wie Wolfram Brockmeier, Richard Euringer, Eberhard Wolfgang Möller, Martin Raschke oder Hans Rehberg, die den Kult um Hitler auf literarischer Ebene bedienten. Immer wiederkehrende Motive der Hörwerke waren Fanfaren, Horn- und Orgelmusik, das „Horst-Wessel-Lied" sowie das Deutschlandlied oder Märsche. Andere Arten von Wortbeiträgen waren politisch neutrale „Funklustspiele" („Radfahrerverein Concordia macht einen Ausflug") oder kürzere, rein informative „Hörfolgen" („Kennst Du Wien?", „Das Backfischfest in Worms", „Land und Leute in Baden", „Schleswig-Holsteinische Idyllen"). Auch die seit Weimarer Zeiten bekannten alters- und berufsbezogenen Sendungen hatten zwischen den zahlreichen Musiksendungen („außergewöhnliche Konzerte", „Heitere Sachen", „Wer singt?", „Militärkonzerte") ihren Sendeplatz und dauerten zwischen einer halben und einer Dreiviertelstunde. Märchensendungen, „Funkkindergarten" oder „Lachen im Zelt: Lustige Jungengeschichten" wandten sich an Kinder. „Kleiner Ratgeber für Küche und Haus" und „Richtig einkaufen – richtig kochen" galt den Hausfrauen. „Der Bauer spricht – der Bauer hört" war für die Landwirte gedacht. Darüber hinaus gab es wissenschaftliche Vorträge verschiedenster Art („Von der Braunkohle zum Treibstoff", „Die Wissenschaft meldet: Manisch depressiv") oder kürzere „zeitgenössische Berichte" („Vor 100 Jahren: Die erste Münchener Eisenbahn").

Wie sehr sich der Rundfunk innerhalb kurzer Zeit zum Bindeglied zwischen Heimat und Front entwickelt hatte, dokumentieren die Lageberichte des Sicherheitsdienstes der SS vom Mai 1940, wonach die Sondermeldungen die „Stimme des Volkes" so sehr angefacht und das „Erlebnis einer inneren Einheit von Front und Heimat so stark" gewesen sei, dass die „Einstellung der Heimat geradezu eine Verehrung unserer Soldaten, insbesondere unserer Flieger und Fallschirmjäger, geworden sei".[90] Die Erläuterungen zu den Berichten des Oberkommandos der Wehrmacht (OKW) wurden als „eine der wesentlichsten Sendungen des Tages von fast allen Volksgenossen gehört, die irgendwie an einen Lautsprecher" herankamen. Diese Beiträge wurden in die Musiksendungen eingeblendet, um den Frontberichten einen noch größeren Zuhörerkreis zu garantieren. Unterhaltungsmusik bildete so eine „Klammer" für aktuelle und politische Themen. Dass Goebbels allerdings in jenen Tagen mit der Gestaltung des Programms unzufrieden war, belegt sein Tagebucheintrag vom 9. Mai 1940: „Mit Glasmeier und Hadamovsky Rundfunkprogramm durchgearbeitet. Das muss sehr viel aufgelockerter und mannigfaltiger werden ... Dabei viel Unterhaltung in dieser Zeit."[91]

Auch außerhalb des Rundfunks war eine möglichst aufgelockerte Freizeitgestaltung vorgesehen. So wurde das seit Kriegsbeginn bestehende öffentliche Tanzverbot nach dem Sieg über Frankreich im Juni 1940 aufgehoben, ein Jahr später freilich mit dem Angriff auf die Sowjetunion wieder in Kraft gesetzt. In dieser Zeit konnte man noch legal Jazz-Schallplatten kaufen. Zwar war mit Kriegsbeginn die Verbreitung britischer Platten untersagt, bis Sommer 1941 konnten jedoch, „wenn auch nur auf Kundenbestellung und ohne jedes Vorspielen im Geschäft", amerikanische Jazzplatten verkauft werden.[92]

Im ersten Kriegsjahr initiierte Goebbels sogar eine eigene Jazz-Kapelle, die unter dem Namen „Charlie and his Orchestra" moderne Rhythmen für den „Deutschen Kurzwellensender" einspielte.[93] Interpretiert von den besten Jazzmusikern Deutschlands, wurde für den Auslandsrundfunk zunächst die erste Strophe des Tanzschlagers im Originaltext gebracht, dann jedoch wurde über satirische „Umdichtungen" die Politik der Alliierten diffamiert.

III. Rundfunk unterm Hakenkreuz

Die ständige Berieselung mit Musik im deutschen Rundfunkprogramm sollte den Hörer erst gar nicht auf den Gedanken bringen, ausländische Sender einzuschalten. Bis zum 31. August 1939 galt es zwar als „unerwünscht", doch offiziell verboten war das Anhören ausländischer Sender nicht. Diese bisherige Freiheit unterdrückte schlagartig die vom Ministeramt für Reichsverteidigung erlassene „Verordnung über außerordentliche Rundfunkmaßnahmen" vom 1. September 1939:[94]

> Im modernen Krieg kämpft der Gegner nicht nur mit militärischen Waffen, sondern auch mit Mitteln, die das Volk seelisch beeinflussen und zermürben sollen. Eines dieser Mittel ist der Rundfunk. Jedes Wort, das der Gegner herübersendet, ist selbstverständlich verlogen und dazu bestimmt, dem deutschen Volk Schaden zuzufügen. Die Reichsregierung weiß, dass das deutsche Volk diese Gefahr kennt, und erwartet daher, dass jeder Deutsche aus Verantwortungsbewusstsein heraus es zur Anstandspflicht erhebt, grundsätzlich das Abhören ausländischer Sender zu unterlassen. Für diejenigen Volksgenossen, denen dieses Verantwortungsbewusstsein fehlt, hat der Ministerrat für die Reichsverteidigung die nachfolgende Verordnung erlassen.
> Der Ministerrat für die Reichsverteidigung verordnet für das Gebiet des Großdeutschen Reiches mit Gesetzeskraft:
> § 1 Das absichtliche Abhören ausländischer Sender ist verboten. Zuwiderhandlungen werden mit Zuchthaus bestraft. In leichteren Fällen kann auf Gefängnis erkannt werden. Die benutzten Empfangsanlagen werden eingezogen.
> § 2 Wer Nachrichten ausländischer Sender ... vorsätzlich verbreitet, wird mit Zuchthaus, in besonders schweren Fällen mit dem Tode bestraft.

Gegen Ende des Jahres wurde ausdrücklich darauf hingewiesen, dass sich das Abhörverbot auch auf das Anhören von Musikdarbietungen ausländischer Sender erstrecke.[95] Dieses Verbot hätte Goebbels gerne vermieden, „denn dieser Schritt bedeutete das Eingeständnis der Zensur"; in den Worten des jüdisch-deutschen Schriftsteller Curt Riess:[96]

> Rundfunk-Zensur konnte von Anfang an nichts anderes sein als eine eingestandene Zensur. Das Gesetz wandte sich gar nicht an eine kleine Gruppe von Redakteuren, sondern an die Millionen Hörer. Ihnen wurde gesagt, was sie hören durften, was nicht.

Schon Kinder sollten spielerisch gewarnt werden vor dem Anhören ausländischer Sender: 1939 kam das „Radio-Sende-Spiel" auf den Markt, bei dem laut Anleitung einige Spielfelder als „Auslandssender" gekennzeichnet waren. Kam ein Spieler auf ein solches Feld, musste er einen Pfennig zahlen und von vorne anfangen – schließlich war das Hören von Auslandssendern verboten!

Unterhaltungsmusik ist „genau so wichtig wie Kanonen und Gewehre"

Abb. 32: Die Verpackungsbox des „Radio-Sende-Spiels" (1939).

Auch beim Kauf eines Rundfunkgeräts wurde auf dieses Verbot aufmerksam gemacht, dennoch kam es immer wieder zu Verstößen, die vor allem in den von der Wehrmacht besetzten Gebieten schwer geahndet wurden. Aber auch im Reich ergriff man drastische Maßnahmen, die das verbotene Anhören von Auslandssendern „ausmerzen" sollten.[97] Die Presse erwies sich hierbei als Abschreckungsorgan, berichteten die Zeitungen doch regelmäßig und ausführlich über die Konsequenzen:[98]

> Abhören ausländischer Sender bleibt nach wie vor verboten. Verstöße werden mit aller Strenge geahndet ...
> So verurteilte das Sondergericht Klagenfurt den 1902 geborenen Lothar Burger zu 3 Jahren Zuchthaus, seine Frau zu 15 Monaten Zuchthaus, ferner den 1905 geborenen Dr. Reinfried Achann zu 2 Jahren Zuchthaus und den 1883 geborenen Bruno Böhm-Raffey ebenfalls zu 2 Jahren Zuchthaus.
> Die Angeklagten hatten miteinander gesellige Abende veranstaltet, um bei dieser Gelegenheit ausländische Sender abzuhören. Dabei haben sie neben Tanzmusik auch deutschsprachige Nachrichten, vor allem des Londoner Senders, gehört.

> Das Sondergericht Dortmund verurteilte den 1890 geborenen Wilhelm Brockmann zu einer Zuchthausstrafe von 3 Jahren und 3 Jahren Ehrverlust, weil er regelmäßig Nachrichten ausländischer Sender abgehört und diese Lügennachrichten weiterverbreitet hat ...
> Die Führung seines Volkes lässt sich der nationalsozialistische Staat nicht aus der Hand nehmen. In Deutschland hört alles auf das deutsche Wort, erst recht aber im Kriege.

Die geheimen Lageberichte des Sicherheitsdienstes der SS konstatierten, dass die Bevölkerung „die harte Bestrafung" als „durchaus gerecht" empfinde, da „die Verurteilung zu derartig hohen Strafen nicht wegen des bloßen Abhörens der verbotenen Sender, sondern wegen der hetzerischen Verbreitung der abgehörten Lügenmeldungen" erfolge.[99]

Obwohl risikoreich, war die Versuchung groß, ausländische Sender zu hören: Die „BBC vermutete eine Zahl von einer bis zu drei Millionen Hörer ihrer Sendungen in Deutschland."[100] Dass das Abhörverbot weiterhin von vielen Hörern unterlaufen wurde, zeigt eine Anekdote aus der Steiermark, wo das Anhören ausländischer Sender „in weiten Kreisen der Bevölkerung immer noch als ein sogenanntes *Kavaliersdelikt* angesehen" wurde:[101]

> Eine Familie bekommt die Nachricht, dass ihr Sohn, der Fliegeroffizier ist, bei einem Angriff auf England gefallen sei. Die Familie bestellt hierauf sofort bei ihrem zuständigen Pfarramt eine Totenmesse für ihren gefallenen Sohn und gibt dies auch ihren Bekannten bekannt. Als die Familie noch ganz erschüttert über das traurige Ereignis zu Hause beisammen sitzt, hören sie im englischen Rundfunk Nachrichten in deutscher Sprache und eben wird zufällig gerade bekannt gegeben, dass einige deutsche Flieger abgeschossen und in englische Gefangenschaft geraten sind. Unter den Namen der Gefangenen wird auch der Name des Sohnes genannt. Die ganze Familie ist hocherfreut, dass der Sohn nicht tot ist[,] und wollte zunächst die Totenmesse absagen. Da fällt es ihnen ein, dass es verboten ist, ausländische Sender abzuhören[,] und sie beschließen daher, so zu tun, als ob sie darüber nichts wüssten. Sie gehen auch mit traurigen Gesichtern zur Totenmesse und siehe da, außer ihnen ist kein Mensch anwesend, ja nicht einmal der Pfarrer ist gekommen.

Auch bitterernste Witze thematisierten die Gefahr des unerlaubten Abhörens: „Drei kleine Meckerlein, die hörten Radio, der eine stellte England ein, da waren's nur noch zwei." Alleine 1939 wurden wegen des Verstoßes gegen die „Verordnung über außerordentliche Rundfunkmaßnahmen" 1.100 Verhaftungen vorgenommen, 1940 waren es 2.400.[102]

Nur wenige Wochen nach Erlass des Verbotes mussten Juden gemäß Anordnung des Reichssicherheitshauptamtes ihre Rundfunkgeräte abliefern:[103]

Juden deutscher Staatsangehörigkeit und staatenlose Juden wird der Besitz von Rundfunkempfängern verboten. Das Verbot gilt auch für Arier, die in jüdischen Häusern leben, und für Mischlinge – Sonderanweisungen gelten für Mischehen.

Ein Folgeerlass vom 19. Oktober 1939 lautete: „Die beschlagnahmten Rundfunkgeräte der Juden werden zugunsten des Reiches eingezogen; es wird keine Entschädigung für sie geleistet."[104]

Der Mehrheit der Deutschen war allerdings das Verstehen objektiver Sendungen ausländischer Sender aufgrund der fehlenden Sprachkenntnisse nicht möglich. Informieren konnten sie sich dagegen über die deutschsprachigen Programme von Radio Moskau, Radio Straßburg, Radio Vatikan, Radio Luxemburg und über den Schweizer Rundfunk. Abgesehen von der BBC und den von Großbritannien in deutscher Sprache betriebenen Tarnsendern, sendete ab Ende 1942 auch die „Voice of America" ein Unterhaltungsprogramm. Ab Ende 1944 kam noch ein US-amerikanischer Geheimsender hinzu, der unter dem Decknamen „Aspidistra" ein Programm brachte, das den Beiträgen der Reichssender ähnelte, und der daher nicht als Feindsender betrachtet wurde.[105] Legendär war auch der vom britischen Geheimdienst 1943 installierte „Soldatensender Calais", der sich in perfektem Deutsch mit Desinformationen vor allem an die Besatzungen der deutschen U-Boote wandte. Zu den bekannten Stimmen, die sich aus dem Ausland mahnend und die politische Lage kommentierend an die deutschen Hörer wandten, gehörte Thomas Mann, dessen in Kalifornien entstandene 55-teilige Radiosendung „Deutsche Hörer" ab 1941 über die BBC auch ins Reichsgebiet ausgestrahlt wurde.

Andererseits verstanden es auch die Deutschen, mit Auslandssendern Verwirrung zu stiften. Während ab April 1933 der „Deutsche Kurzwellensender" regelmäßig Sendungen auf Englisch, Spanisch oder Portugiesisch gebracht hatte, standen die Auslandssender ab September 1939 im Dienst der NS-Kriegsführung. Geheimsender wie „New British Broadcasting Station" oder „Worker's Challenge" wandten sich mit einer Mischung aus scheinbar seriösen und offensichtlichen Falschmeldungen an die Bevölkerung Großbritanniens. 1943 produzierten Hunderte von Redakteuren, Textern und Moderatoren täglich 147 Stunden Programm in 53 Fremdsprachen, die meisten Sendungen auf Englisch.[106] Mit derselben Strategie verbreiteten die deutschen Geheimsender mit den wohlklingenden Namen „Radio Humanité" und „Voix de la Paix" Botschaften in Frankreich. Zuletzt verantwortlich für die

Geheimsender war Kurt Georg Kiesinger, stellvertretender Leiter der Rundfunkpolitischen Abteilung im Außenministerium und später, von 1966 bis 1969, Bundeskanzler der Bundesrepublik Deutschland. An die eigenen Leute appellierte der im brandenburgischen Nauen stationierte Propaganda-Sender „Radio Werwolf", der erst am 1. April 1945 ins Leben gerufen wurde und der Durchhalteparolen verkündete. Nauen war bereits vier Jahrzehnte zuvor als „Zentrum der Funkwellen" in die Geschichte der drahtlosen Telegrafie eingegangen. Von hier aus waren ab 1906 Telegramme sowie Wirtschafts- und Diplomatiefunk gesendet worden, etliche Jahre vor Ausstrahlung eines Radioprogramms.

Genauso wichtig wie die Mitteilungen des Sicherheitsdienstes waren die „geheimen Ministerkonferenzen", in denen Goebbels seine Autorität auch in scheinbar noch so unbedeutenden Angelegenheiten unter Beweis stellte. Diese Besprechungen fanden seit Kriegsbeginn, Anfang September 1939, bis zum Kriegsende, zuletzt am 21. April 1945, fast täglich statt. In den Vormittagsstunden versammelten sich bei Goebbels die Abteilungsleiter des Ministeriums, die Verantwortlichen von Funk, Film, Presse, die Vertreter der Gauleitung Berlin, der Reichspropagandaleitung München und der Auslandsorganisation der NSDAP sowie Verbindungsleute zum OKW und zu anderen Ministerien. Reichsintendant Glasmeier, Generaldirektor der RGG, und Reichssendeleiter Hadamovsky repräsentierten hierbei den Rundfunk. Der Propagandaminister erteilte bei den meist einstündigen Zusammenkünften seine Weisungen für alle Bereiche der Propaganda, kontrollierte die Durchführungen und ließ sich Bericht erstatten. Neben der Kommentierung der Nachrichten standen die Anweisungen zur Gestaltung des politischen und des Unterhaltungsprogramms auf der Tagesordnung, ebenso die Truppenbetreuung. Auf den rund 1.200 Ministerkonferenzen, die während des Zweiten Weltkrieges stattfanden, erteilte Goebbels „weit über 3.000 mündliche Weisungen, mit deren Durchführung die anwesenden Konferenzteilnehmer von ihm beauftragt wurden".[107]

Mit Kriegsbeginn waren zwar die Freizeitangebote eingeschränkt worden, zugleich aber war es zu einem Aufschwung des deutschen Films gekommen; zudem hatte sich das Verbreitungsgebiet flächenmäßig auf halb Europa erweitert. Bestanden zu Friedenszeiten rund 5.500 Kinos in Deutschland, so stieg deren Zahl auf annähernd 8.600 alleine in „Großdeutschland" (1940). Damit standen hier zumindest zeitweilig insgesamt etwa 2,8 Millionen Sitzplätze für Kinobesucher zur Verfügung. Hinzu kamen Tonfilmwagen, die in den ländlichen Gebieten und bei der Truppenbetreuung an der Front eingesetzt wurden, um den Menschen auch an entlegenen Orten mit Wochenschauen Belehrung und mit Spielfilmen Unterhaltung und Musik zu bieten. Die mobilen Lichtspieltheater hatten nun die gleiche Funktion, die bereits einige Jahre zuvor der Rundfunk übernommen hatte: Durch sie wurden in den ländlich strukturierten Gebieten des Reiches, vom Saarland bis nach Ostpreußen, von der Nordsee bis zu den Alpen, breite Bevölkerungsgruppen erreicht, denen bislang der Zugang zu Bildungseinrichtungen gefehlt hatte.

Kaum waren die ersten Kriegsmonate vergangen, wurde das Rundfunkprogramm auf eine einheitliche Linie gebracht. Mit dem Hinweis auf eine „straffere Programmsteuerung" büßten ab dem 9. Juni 1940 die einzelnen Reichssender ihre Eigenständigkeit weitgehend ein zugunsten eines in Berlin zentral produzierten Reichsprogramms. Zudem wurden viele der noch verbliebenen Mitarbeiter zum Kriegsdienst eingezogen. Wie schon bei früheren Großveranstaltungen (Sendungen anlässlich der Erster-Mai-Feier, der „Führergeburtstage", der „Reichsparteitage" oder der Olympischen Spiele 1936) wurden alle Sender auf ein Einheitsprogramm zusammengeschaltet, nur vormittags durften eigene Beiträge ausgestrahlt werden. Außerdem hatte jeder Reichssender zu bestimmten Zeiten Nachrichten in fremden Sprachen auszustrahlen.[108]

Die Zusammenlegung der einzelnen Sender zum „Großdeutschen Rundfunk" wurde über die Programmzeitschriften mitgeteilt:[109]

> Hier sind alle deutschen Sender!
> Wir alle stehen heute zusammen in dem großen Freiheitskampf unseres herrlichen Reiches, auch wir Rundfunkhörer. Mit stolzer Überraschung erleben wir jetzt fast täglich, dass die Sendefolge plötzlich unterbrochen wird durch einen Trommelwirbel, schmetternde Fanfaren, brausenden Donnerhall, und mit heißem Herzen hören wir eine Sondermeldung ...
> Je froher unsere Siegesmeldungen, je gewaltiger das Geschehen im Westen, je atemberaubender der Rhythmus der Hammerschläge unserer Wehrmacht, um so weniger ist es möglich, in beschaulicher Ruhe und drei Wochen im Voraus ein „Programm" in allen Einzelheiten festzulegen und durchzuführen. Heute sprechen die Taten unserer Wehrmacht, und sie stellen alle menschlichen Voraussetzungen in den Schatten. Auch der Rundfunk muss bestrebt sein, sich dieser Taten würdig zu erweisen, sich ganz in den Dienst unseres Kampfes zu stellen und seine Schlagkraft auf ein einziges Ziel zu richten: gegenwärtig zu sein, wenn der Augenblick es von ihm fordert. Aus diesem Grunde vereinigen wir von jetzt ab die schöpferische Arbeit der Gemeinschaft aller deutschen Sen-

> der, von denen jeder Teil hat an der großen Aufgabe, eine große und großzügige Leistung zu schaffen, uns Hörern ein Programm zu geben, das alle Möglichkeiten in sich schließt, ohne sich in Kleines und Kleinliches zu verlieren. Wenn der Rundfunk sich dieser Tage würdig zeigt, so werden auch wir Hörer uns unseres Rundfunks würdig erweisen und es mit freudigem Dank begrüßen, dass wir mit einem kleinen Verzicht an der großen gemeinsamen Aufgabe mithelfen dürfen.

Schon einen Monat zuvor hatten alle Sender mit Ausnahme des Deutschlandsenders und der Sender Böhmen, Breslau, Danzig und Königsberg luftschutzbedingt ihr Programm um 22.15 Uhr zu beenden. Beim Reichssender Köln wurde der Sendeschluss auf 21.15 Uhr vorverlegt, gegen Ende des Jahres 1940 sogar auf 20.15 Uhr. Lediglich der Deutschlandsender, der als „Kontrastprogramm" stundenweise weiterhin eigene Beiträge brachte, durfte zunächst noch bis 3 Uhr nachts senden, und zwar, um der „Bevölkerung im Westen in den Luftschutzkellern Unterhaltung" zu bieten, so Propagandaminister Goebbels.[110] Doch auch die „neuerliche Ankündigung vom 9. September 1940, die von der Möglichkeit einer weiteren Verkürzung des täglichen Sendeprogramms sprach", fand bei der Bevölkerung „durchaus Verständnis": „Man ist sich der Tatsache sicher, dass für eine derartige Maßnahme zwingende, vermutlich militärische Gründe vorliegen müssen, und ist bereit, mit dem Fortschritt der militärischen Aktionen noch weitere Einschränkungen auf sich zu nehmen", notierten die geheimen Lageberichte des Sicherheitsdienstes der SS.[111]

Goebbels war es auch, der bereits einige Monate vorher, im März 1940, den Tageszeitungen den Abdruck des genauen Rundfunkprogramms untersagt hatte. Dies bedeutete eine Schwächung der Rundfunkpropaganda und rief zudem die Kritik der Hörer hervor, fehlte ihnen doch „durch den Wegfall des Programmabdruckes in der Presse und durch häufige kurzfristige Programmänderungen des Rundfunks ... eine wirkliche Programmübersicht".[112] Gerade die Bevölkerungskreise, „die sich eine Rundfunkzeitung nicht halten" konnten, kritisierten diese Maßnahme, wobei sie „den Grund der Papierersparnis" nicht gelten lassen wollten. Schließlich sei doch „in der Tagespresse laufend für so viel unnötigen Ballast, namentlich für Reklamezwecke, Platz übrig, so dass die wenigen Zeilen Rundfunkprogramm kaum von ausschlaggebender Bedeutung sein dürften".[113]

Bis zum Mai 1941 hatte sich der Anteil der unterhaltenden Musik nochmals erhöht: 905 von insgesamt 1.260 Sendeminuten sind diesem Bereich zuzuordnen, wobei mehr als die Hälfte (525 Minuten) auf die „bunte Musik"

(Schlager, Operetten-, volkstümliche Musik, Rhapsodien) entfiel. Im selben Zeitraum sank der Stellenwert der ernsten Musik. Als eigenständige Programmplätze fehlten sogar „Volks- und Marschmusik", doch waren diese Sparten auch weiterhin, nun integriert in „Unterhaltungskonzerte", zu hören.
Die verschiedenen Musiksendungen waren für unterschiedliche Hörergruppen konzipiert. Das Musikprogramm zwischen fünf und sechs Uhr morgens, „vorwiegend von Arbeitern gehört, die sehr zeitig zur Schicht gehen müssen",[114] sollte „belebend, aufmunternd sein". Das Gleiche galt für die Zeit von sechs bis acht, die „zugleich für die Land- und Stadtbevölkerung gedacht" war und die Freude bringen und „den Weg zur Arbeit erleichtern" sollte. Das sich daran anschließende Programm war „für die Spätaufsteher" vorgesehen; es brauchte „nicht bunt zu sein", sondern sollte „nette, beschwingte Unterhaltungsmusik" bringen. Zwischen neun und zehn Uhr vormittags lagen die Arbeitspausen in den Betrieben. Für diese Zeit galten dieselben Grundsätze wie für die ersten Morgenstunden. Das Programm von zehn bis elf war „freigegeben für gehobene Unterhaltungsmusik"; es durfte jedoch „keinerlei elegische Musik zur Aufführung gebracht werden". Von allen Sendern wurde die „Solistenstunde" von 11 bis 11.30 Uhr übernommen. Das Mittagskonzert von 12 bis 14 Uhr war „vor allen Dingen dazu gedacht, den Mittagspausen in den Betrieben die entsprechende Begleitmusik zu geben". Einen „verhältnismäßig kleinen Hörerkreis" dagegen hatte das Nachmittagskonzert zwischen 16 und 17 Uhr. Die Zeit, die am meisten von den Menschen zum Radiohören genutzt wurde, vor allem von Familien, die sich gemeinsam um das Rundfunkgerät versammelten, also die abendliche Sendezeit von 18.30 bis 20.15 Uhr, war „wegen der vielen Wortsendungen noch ein Problem". Man befürwortete mehr Musik, weshalb an drei Tagen der Woche die Zeit von 19.15 bis 19.45 Uhr „anstelle der Frontberichte für musikalische Sendungen" reserviert war:

> Diese Zeit muss ganz besonders liebevoll und in der volkstümlichsten und nettesten Art, die es gibt, ausgestaltet werden, denn sie umfasst den größten Teil der arbeitenden Rundfunkhörer, die durchschnittlich nur bis 21 Uhr am Apparat sitzen können.

Ab Mai 1941 kam es für neun Monate zu einer „Dreiteilung" des Abendprogramms. Außer dem bisherigen „Reichsprogramm" und dem Deutschlandsender nahm der Sender Luxemburg mit Unterhaltungs- und Tanzmusik seinen Betrieb auf. Diese Neuerung, die „dem Bedürfnis der Abwechslung" nachkam, wurde „in allen Gauen des Reichssenders lebhaft begrüßt". Der technische Empfang dagegen war gebietsweise mangelhaft, wie die „geheimen Lageberichte des Sicherheitsdienstes" notierten:[115]

> In München seien die Sendungen ernster Musik über den Deutschlandsender wie auch Sendungen des Großsenders Luxemburg nur mit Störungen zu empfangen, während in Darmstadt jedes der drei Programme einwandfrei, selbst mit Kleinempfängern zu empfangen sei.

Die Programmzeitschriften, die nicht nur das Programm der Sender wiedergaben, sondern ebenso Romane, Rätsel, Rezepte, nützliche Haushaltstipps etc. beinhalteten, hatten ab September 1939 auch über Kriegsziele informiert. Doch trotz dieses propagandistischen Inhalts mussten sie ihr Erscheinen zum 1. Juni 1941 einstellen.[116] *Der Deutsche Rundfunk* verabschiedete sich von seinen Lesern folgendermaßen:[117]

> Die entscheidende Phase des Freiheitskampfes unseres Volkes fordert von der Kriegswirtschaft die Zusammenfassung aller Kräfte und macht es notwendig, dass mit der gesamten Rundfunkpresse auch unsere Zeitschrift bis auf Weiteres ihr Erscheinen einstellt, um Menschen und Material für andere kriegswichtige Ziele frei zu machen.
> Als älteste und zunächst einzige deutsche Rundfunk-Programmzeitschrift haben wir über 17 ½ Jahre hindurch das Rundfunkgeschehen unserer Zeit widergespiegelt. Wir haben die ungeheure Entwicklung dieses modernsten Publikationsmittels sowohl nach seiner technischen als auch nach seiner ideellen Seite begleitet und immer versucht, seine akustischen Wirkungsmöglichkeiten durch Bild und Text zu ergänzen. Im neuen Deutschland wuchs unsere Aufgabe als Programmzeitschrift entsprechend der entscheidenden Bedeutung, die der Rundfunk als Organ der Volksführung und Gemeinschaftsbildung erhielt, zu hoher politischer Tragweite. Insbesondere jetzt im Kriege durften wir an der umwälzenden politischen und militärischen Entwicklung erläuternd Anteil nehmen und das Erlebnis der unvergänglichen Ruhmestaten unserer Soldaten, das uns in den Frontberichten unserer PK-Funkberichter vermittelt wurde, durch packende Bilderseiten vertiefen.
> Die Tatsache, dass uns unsere Leser trotz der im Kriege unvermeidlichen Programmschwierigkeiten zum größten Teil die Treue hielten, erfüllt uns mit der Gewissheit, beim Wiedererscheinen unserer Zeitschrift die Verbundenheit mit unserem Leserkreis schnell wiederherstellen zu können. Mit frischen Kräften werden wir dann gemeinsam an die großen neuen Aufgaben herangehen, die dem Rundfunk und damit auch unserer Zeitschrift im siegreichen Deutschland gestellt werden.

Von nun ab waren die Hörer nur noch unzureichend über das Rundfunkprogramm informiert, zumal die Tageszeitungen, die teilweise vorübergehend ganz auf die Veröffentlichung des Programms verzichtet hatten, nur sehr oberflächlich auf die Programminhalte eingingen. Wenige Tage zuvor hatte Goebbels angeordnet, dass der Rundfunk nach 20.15 Uhr nur noch „leichte Unterhaltungsmusik" senden sollte. Das bedeutete, mitten im Krieg hatten die Programme „sehr bunt und sehr volkstümlich" zu sein. Zudem galt für die Nachtsendungen zwischen 22.15 und 24 Uhr: „Am Mittwoch, Samstag und Sonntag: 50 % Unterhaltungsmusik, 50 % moderne Tanzmusik. Montag, Dienstag, Donnerstag und Freitag: 60 % Unterhaltungsmusik, 40 % moderne Tanzmusik." Zwar sollten die „modernen Tanzstücke im Vorschlag mit Gattungsbezeichnungen (Marsch, Fox, Tango usw.)" angeführt werden, bei der Ansage dagegen unterblieben diese Bezeichnungen. Insgesamt, so die vertraulichen Anweisungen für die musikalischen Abendsendungen des Großdeutschen Rundfunks, hatten die Programme „so bunt, abwechslungsreich und farbig wie möglich" zu sein. Der Schwerpunkt sollte auf „beschwingten Stücken" liegen, wobei „besonders an den Anfang und Schluss jeden Programms ein Stück von zündender Wirkung" treten sollte:[118]

> Ouvertüren mit langsamer Einleitung sind am Anfang unter allen Umständen zu vermeiden. Im Verlauf des Programms ist eine möglichst große Abwechslung in jeder Beziehung (Besetzung, Instrumentation, Charakter, Soli- und Tuttistücke, Tanz- und Unterhaltungsstücke) anzustreben.

Dargeboten wurde die Unterhaltungsmusik von einer Vielzahl von Instrumentalisten, Sängern und vor allem Sängerinnen. Die bekanntesten und erfolgreichsten Schlagersängerinnen jener Jahre waren ausgerechnet Ausländerinnen, die 1937/38 nach Deutschland gekommen waren und mit ihrer „erotischen Stimme" einen Hauch von Fernweh und Freiheit vermittelten: Zarah Leander war eine gebürtige Schwedin, Marika Rökk stammte aus Ungarn und Rosita Serrano kam aus dem fernen Chile. Waren Leander und Rökk in erster Linie Schauspielerinnen, deren Lieder durch die Musikfilme bekannt wurden, so eroberte sich die Chilenin, die des Deutschen kaum mächtig war, über den Rundfunk ein Millionenpublikum. Neben ihren Auftritten im Film und Funk und den Aufnahmen auf den Schellackplatten feierten sie wahre Triumphe auf großen und weniger bedeutenden Festhausbühnen. Begleitet wurden sie auf ihren Tourneen durch das Inland und das europäische Ausland von Michael Jary oder Peter Kreuder – oder, wie bei Rosita Serrano, von so bekannten Orchestern wie dem von Kurt Hohenberger und von Teddy Stauffer mit seinen „Original Teddies". Diese drei Künstlerinnen, zum Zeitpunkt ihrer Ankunft in Berlin Mitte bis Ende zwanzig, entsprachen in keiner

III. Rundfunk unterm Hakenkreuz

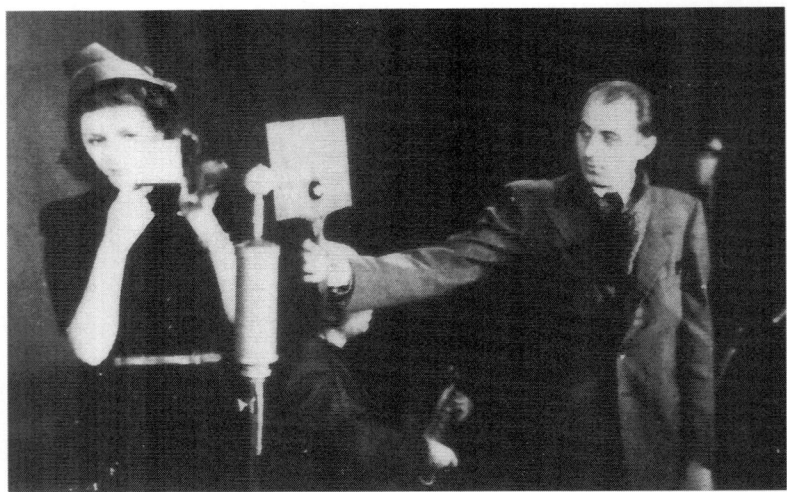

Abb. 33: Rosita Serrano bereitet sich auf einen Rundfunkauftritt vor (1938).

Weise dem von den Nationalsozialisten propagierten Frauenbild: Sie schminkten sich, färbten sich die Haare, trugen eine aufwändige Garderobe, rauchten in der Öffentlichkeit und führten einen mondänen Lebensstil, den sie sich dank hoher Gagen leisten konnten. Ihr ganzes Auftreten, von der Presse aufmerksam verfolgt, war weit entfernt von dem Ideal einer „deutschen Hausfrau und Mutter". Gerade dieses außergewöhnliche Erscheinungsbild hat die Popularität dieser Sängerinnen gesteigert. Im „Dritten Reich" wirkte eine Vielzahl weiterer bekannter und beliebter Schauspielerinnen, deren Namen mehrheitlich in Vergessenheit geraten sind. Konkurrenz auf der Leinwand und im Rundfunk erhielten die Genannten 1940 mit der zwanzigjährigen Ilse Werner, die mit ihrer natürlichen Ausstrahlung den von den Nationalsozialisten gewünschten Frauentyp verkörperte. Mitstreiterin um die Gunst der Hörer waren außerdem die jugendliche Schauspielerin Evelyn Künneke und die Sängerin Lale Andersen, die vor allem mit einem Lied bekannt wurde: „Lili Marleen." Zu den Repräsentanten des schauspielernden und singenden Frauenschwarms in diesen Jahren gehörten Johannes Heesters, der ebenfalls kein Deutscher war, sondern aus Holland kam, sowie Heinz Rühmann, Willi Forst oder Willy Fritsch. Den prominenten und weniger populären Künstlern gemein waren die Auftritte in der legendären Rundfunk-Sendung „Wunschkonzert" und, ab Kriegsbeginn, ihre Verpflichtungen in der Truppenbetreuung.

Exkurs: „Lili Marleen"

Wie kein anderer Schlager wird noch heute „Lili Marleen" mit dem Zweiten Weltkrieg in Verbindung gebracht, obgleich das Lied bereits 1915 getextet wurde. Verfasser war der 1893 in Hamburg geborene Hans Leip, der zu Beginn des Ersten Weltkrieges als Gardefüsilier einen Offizierskurs in Berlin absolviert hatte. Dort machte er Bekanntschaft mit zwei Mädels, die Betty, genannt Lili, und Marleen hießen. Während seines Dienstes verschmolzen die beiden gedanklich „in eins und wurden fast gestaltlos zu einer einzigen Lust und Bedrängnis, liebreich neugeboren zu einer vereinten Erscheinung, nicht Lili, nicht Marleen, sondern Lili Marleen."[119] In seinen Memoiren erinnert sich Leip:[120]

> Plötzlich war mir gewiss, ich würde heimkehren, und sei es nur als Wiedergänger, der uns an der Küste vertraut ist. Wie von selber formte sich da Vers an Vers und schrieb sich musiziert in den Spiegelglanz des Asphalts. Und nach mechanischer Ableistung der Vergatterung von meinem Posten erlöst, begann ich's noch stehend ins Notizbuch zu kritzeln und setzte es auf der Pritsche des Wachlokals fort, und es war später daran nichts zu ändern und blieb, wie es entstanden war.

22 Jahre später erschien der Text, um zwei Strophen erweitert, gedruckt in einer Sammlung von Seemannsliedern, die Leip unter dem Titel „Kleine Hafenorgel" herausgegeben hatte und die im November 1938 zufällig in die Hände von Norbert Schultze geriet. Wie fasziniert der Komponist von den Strophen dieses bis dahin unbekannten Liedes war, schildert er in seinen Lebenserinnerungen „Mit dir, Lili Marleen":[121]

> Ich blätterte drin und lese ... und vergesse alsbald die Kameraden im „Groschenkeller" und spüre den Duft von Meer und Häfen, von Schiffen und Wind und bin bezaubert vom Rhythmus dieser Sprache, von der Form dieser Gedichte ... Während die anderen weitersprechen, lachen und erzählen, bin ich schon am Klavier und spiele ohne langes Nachdenken so vor mich hin eine kleine, ganz einfache Melodie.

Wenige Wochen danach sang Lale Andersen das Lied in der Fassung von Schultze im Westdeutschen Rundfunk, jedoch ohne nennenswerte Resonanz.

III. Rundfunk unterm Hakenkreuz

Abb. 34: Briefmarke Hans Leip, 1983.

Auch die mit ihr im Sommer 1939 bei Electrola aufgenommene Schallplatte „Lied eines jungen Wachtpostens" erwies sich als Flop; lediglich 700 Exemplare wurden verkauft. Doch Richard Kistenmacher, einem Mitarbeiter des Soldatensenders Belgrad, ist es zu verdanken, dass „Lili Marleen" dennoch zum erfolgreichsten Schlager des Zweiten Weltkrieges wurde. Kistenmacher gehörte zu einer Gruppe junger Funktechniker vom Berliner Rundfunk, die im April 1941 vom Auswärtigen Amt und dem Oberkommando der Wehrmacht (also unter Umgehung des Propagandaministeriums) den Auftrag erhalten hatten, im inzwischen besetzten Jugoslawien einen Soldatensender zu installieren.

Soldatensender dienten der Truppenbetreuung und sie gab es auch bei den Alliierten. Sie sollten die Soldaten informieren, unterhalten und ihre Moral stärken. Kistenmacher hatte sich „Lili Marleen" und 60 andere ausrangierte Schallplatten beim Reichssender Wien besorgt. Ohne den Text zu kennen, nur das Zapfenstreichsignal auf den ersten Rillen hatte er sich angehört, verwendete er das „Lied eines jungen Wachtpostens" erstmals am 18. August 1941 zum Sendeschluss. Da ihm das Lied so gut gefiel, beendete der Rundfunksprecher eine Woche lang das Programm mit „Lili Marleen", bis Sendeleiter Karl-Heinz Reintgen intervenierte und das Lied absetzte:

_____ Exkurs: „Lili Marleen"

Morgens Lili Marleen, mittags Lili Marleen, abends Lili Marleen, nachts Lili Marleen! Was zu viel ist, ist einfach zu viel. Ich verbiete ab sofort diese Lili. Amüsiert Euch mit anderen Mädchen![122]

Der Verantwortliche hatte jedoch nicht mit der Reaktion der Hörer gerechnet: Deutsche Soldaten in Kroatien, Griechenland, auf Kreta und in Nordafrika meldeten sich beim Sender und baten um eine Wiederaufnahme des Liedes, das „nach jahrelangem Misserfolg plötzlich zu einer Art zweiter Nationalhymne geworden war".[123] Schließlich erklang „Lili Marleen" wieder um 21.55 Uhr zu Sendeschluss:

Vor der Kaserne, vor dem großen Tor
stand eine Laterne und steht sie noch davor,
so woll'n wir da uns wiederseh'n
bei der Laterne wollen wir steh'n,
wie einst Lili Marleen, wie einst Lili Marleen.

Unsre beiden Schatten, sah'n wie einer aus.
Dass wir lieb uns hatten, das sah man gleich daraus.
Und alle Leute soll'n es seh'n, wenn wir bei der Laterne steh'n
wie einst Lili Marleen, wie einst Lili Marleen.

Schon rief der Posten, sie blasen Zapfenstreich,
es kann drei Tage kosten, Kam'rad, ich komm sogleich!
Da sagten wir auf Wiedersehen,
wie gerne wollt ich mit dir geh'n,
mit dir Lili Marleen, mit dir Lili Marleen.

Deine Schritte kennt sie, deinen schönen Gang
alle Abend brennt sie, doch mich vergaß sie lang.
Und sollte mir ein Leids gescheh'n,
wer wird bei der Laterne steh'n,
mit dir Lili Marleen, mit dir Lili Marleen?

Aus dem stillen Raume, aus der Erde Grund
hebt mich wie im Traume dein verliebter Mund.
Wenn sich die späten Nebel dreh'n,
wird' ich bei der Laterne steh'n,
wie einst Lili Marleen, wie einst Lili Marleen.

Die eingängige Melodie mit dem schlichten, nachvollziehbaren Text wurde nicht nur von deutschen Soldaten gehört, es verbreitete sich über alle Kriegsschauplätze und wurde zum Symbol für Heimweh, Trennung, Sehnsucht und Hoffnung auf ein Wiedersehen. Selbst Hitler, „überzeugt von der

Zauberkraft einer Melodie", soll von „Lili Marleen" fasziniert gewesen sein. Gegenüber Generalmajor Rudolf Schmundt, Chefadjutant der Wehrmacht, soll er gesagt haben: „Schmundt, der Schlager wird nicht nur die deutschen Landser begeistern, sondern möglicherweise uns alle überdauern."[124]

Hitler sollte recht behalten, Goebbels dagegen verabscheute diesen „unheroischen" Schlager, der ja in der Tat eine eigentümliche Szenerie von Resignation und Sterbenmüssen widerspiegelt. Sein Widerwille war so groß, dass er die Original-Matrize der Schallplattenaufnahme vernichten ließ. Auch war der Propagandaminister über Lale Andersen verärgert, da sie (wie auch andere Künstler) aufgrund ihres großen Erfolgs höhere Honorare verlangte, dann aber in „reichswichtigen" Rundfunksendungen nicht auftreten wollte. Schließlich befahl Ministerialdirektor Hans Hinkel, dass das Lied „ab sofort nicht mehr von einer Frau gesungen" werden sollte.[125] Tatsächlich folgten mehrere Aufnahmen, u. a. mit dem bekannten Sänger Wilhelm Strienz („Gute Nacht, Mutter"), die allesamt „militärischer" als das Original klangen. Die Soldaten jedoch verlangten gerade nach diesem Original, nach Lale Andersens Stimme:[126]

> Der Stern von Lili Marlen [sic] war strahlend, kometengleich, am Himmel der Soldatenliebe emporgestiegen ... Es kam nicht schmetternd einher mit Trommel, Blitz und Donnerschlag, Kampf um Sieg, ja es wurde nicht einmal darin gerauft und geschossen. Es war nur voller Süße, voller Liebe und voller Traurigkeit. Inmitten der grausigsten Bilder im Osten grüßte uns deutsche Soldaten ein Sehnsuchtsbild, mit dessen Hilfe wir uns nach Hause träumten ... Der Kampf im Osten war zu hart, zu schwer; nach Singen war uns selten zumute ... Ein Kampflied konnte uns in diesen rauchenden Trümmern der zerstörten Städte und Dörfer, in diesem Jammerbild bolschewistischen Massenwahns, nicht helfen ... Am Abend saßen wir alle um den Lautsprecher. Die Stube war gerammelt voll. Im Nachbarquartier hatten sie kein Radio. Alle Mann kamen herüber, um das Lied von Lili Marlen [sic] zu hören. Unser Techniker drehte und spielte an der Skala. „Ist das auch wirklich Belgrad?" Wir waren ganz nervös. Die Skala war kaputt, Belgrad musste erst gesucht werden. Endlich war es soweit.

Für die Soldaten war seit August 1941 das „Lied eines jungen Wachtpostens" zur festen Institution geworden, die Stimme Lale Andersens verkörperte ein Stück Heimat, die in der Ferne allabendlich über den Lautsprecher gegenwärtig wurde. „Wir essen und hören Musik und warten auf Lili Marleen."[127]

Angesichts solcher Reaktionen ließ Goebbels aus kriegspsychologischen Gründen und zur Stärkung der Kampfmoral diesen Schlager weiterhin vom Soldatensender Belgrad senden, obwohl sich Lale Andersen im Frühjahr 1942 geweigert hatte, an einer Tournee ins Warschauer Getto teilzunehmen.[128] Das Lied erklang auch weiterhin, gleichwohl Goebbels im September 1942 Lale Andersen wegen „jüdischer Beziehungen" aus der Reichskulturkammer ausschließen wollte: „L. A. wird aus dem öffentlichen Künstlerleben verschwinden. Jedoch ist nicht vorgesehen, etwas gegen ihre Person oder ihre persönliche Freiheit zu tun."[129] Der angekündigte Ausschluss wurde zwar nicht in die Tat umgesetzt, allerdings wiederholte Hinkel auf der Rundfunksitzung vom 1. Oktober 1942 sein Missfallen gegenüber der Sängerin: „Lale Andersen [darf] bis auf Weiteres in der Öffentlichkeit nicht mehr tätig sein." Diese Anordnung bedeutete ein umfassendes Auftritts-, Rundfunk-, Film-, Interview- und Autogrammverbot. Folglich wurde der Schlager über den Reichsrundfunk nicht mehr gesendet.[130] Der Soldatensender Belgrad dagegen war von diesem Verbot nicht betroffen; im Januar 1943 fand die 500. Übertragung von „Lili Marleen" statt.[131]

Die europaweite Popularität der Künstlerin, aber auch die Behauptung der BBC, die Sängerin habe Selbstmord begangen, um einer bevorstehenden Gestapo-Haft zu entgehen, führten schließlich zu deren Verschonung und zu einem Meinungswechsel im Propagandaministerium:[132]

> Gegen Lale Andersen war vor einiger Zeit wegen ihrer Beziehungen zu Juden (Brief an einen ausländischen Juden in der Schweiz) ein Auftrittsverbot verhängt worden, das aber von der Reichskulturkammer inzwischen wieder aufgehoben worden ist. Die Künstlerin kann seither privat wieder auftreten, im Rahmen der Truppenbetreuung darf sie jedoch nicht mehr eingesetzt werden.

Eine Verbindung ihres Namens mit dem Lied „Lili Marleen" war der Künstlerin bei Auftritten, die nur noch in einem inoffiziellen Rahmen stattfanden, und bei der genehmigten Aufnahme neuer Schallplatten streng untersagt.[133]

„Lili Marleen", eine seltsame Mischung aus Soldaten- und Liebeslied mit einer rhythmisch einprägsamen Melodie und vielen assoziativen Schlüsselbegriffen und gefühlvollen Metaphern, faszinierte nicht nur die deutschen Landser, sondern gleichfalls die Soldaten der alliierten Streitmächte. Zwischen Mai 1941 und Anfang 1943 standen sich auf dem nordafrikanischen Kriegsschauplatz Angehörige des Deutschen Afrika-Korps und der britischen 8. Armee gegenüber. Angeblich herrschte dann Waffenruhe, wenn vom Soldatensender Belgrad „Lili Marleen" ertönte. Der Mythos dieses Schlagers vermischte sich in der Erinnerung schnell mit der Illusion vom „fairen

Krieg" der Feldherrn Rommel und Montgomery. In verklärender Rückschau erinnerte sich ein deutscher Teilnehmer des Afrika-Krieges:[134]

> Es war an der Tobrukfront 1941. Die Fronten lagen sich sehr dicht gegenüber ... Abends konnte man dann aus der Stellung mal langsam raus, um sich zu strecken ... Und dann trat der Wehrmachtsempfänger, das Verbindungsstück zur Heimat, in Aktion. Und Höhepunkt war gegen Abend um 22 Uhr die Sendung vom Sender Belgrad ... Lale Andersen begleitet von einem Orchester der Luftwaffe: „Vor der Kaserne, vor dem großen Tor ..." Und wenn wir dann abends in der Runde saßen, lautlos alle lauschend, dann ertönte plötzlich auf der anderen Seite, etwa 80 Meter entfernt, irgendwie ein Geräusch und eine Stimme war zu hören: „Comrades, louder please!" Es waren die Engländer und dieses Lied hatte sich längst auch bei ihnen durchgesetzt. Auf diese Weise hatten wir Abend für Abend eine echte Kampfpause, denn in dieser Zeit fiel kein Schuss, und auch gleich danach blieb es noch ruhig.

Tatsächlich bereitete den Obersten Heerführern der Alliierten „Lili Marleen" Sorgen, da ihre Soldaten mit wachsender Begeisterung das Lieblingslied des Kriegsgegners sangen, zunächst sogar in der deutschen Originalfassung. Ab Januar 1942 verbreitete der Reichsrundfunk eine englischsprachige Version. Da Verbote nichts nutzten, erschien 1943 in Großbritannien und den USA eine lizenzierte Fassung auf Englisch: „Underneath the lantern."[135] Für die britischen Truppen interpretierte Vera Lynn diesen Schlager, Marlene Dietrich, nun im Dienste der US-amerikanischen Truppenbetreuung, begeisterte mit diesem Song die amerikanischen Truppen.

Bereits während des Krieges wurde das Gedicht in zahlreiche Sprachen übersetzt. Im Juni 1944 eroberte „Lili Marleen" sogar Platz 13 der US-amerikanischen Schlagerparade. Vielfältig waren auch Parodien auf den Erfolgsschlager, in denen sich die Mangelwirtschaft, die Läuseplage oder der Überdruss an dem Lied widerspiegelten:

> Schweinefleisch ist teuer, Ochsenfleisch ist knapp,
> gehen wir mal zu Meier, ob er noch Knochen hat.
> Und alle Leute solln es sehn, wenn wir bei Meier Schlange stehn,
> wie einst Lili Marleen.

> Deine Schritte kenn ich, deinen leisen Gang,
> wach ich oder penn ich, am Bein läufst du mir entlang.
> Kind, ich habe dich gerne, süße kleine Maus,
> aber die Laterne hängt mir zum Hals heraus.

Selbst in der neutralen Schweiz nahm man mit distanziert-ironischem Unterton Kenntnis von dem Lied und seiner Wirkung:[136]

Die einzige Kriegsmusik, die eine größere Beachtung gefunden hat, ist der Singsang des Belgrader Wachtpostens von der Lili Marleen. Vor Jahresfrist wusste ein deutsches Blatt zu berichten, dass diese in leicht dekadentem Kinoton gehaltene Alt-Serenade sogar in der Schweiz zu einer Art Volkslied geworden sei, was beinahe einer Beleidigung des Schweizervolkes gleichkäme. Doch ist nicht zu leugnen, dass dieses allabendlich wiederkehrende Soldatenlied nicht nur sehr populär wurde, sondern eine Massensuggestion im Sinne der deutschen Kriegspropaganda und Kriegsmoralstärkung ausübte, die viel nachhaltiger war als alle Radiobeeinflussung durch das gesprochene Wort.

Nach Kriegsende stand Lale Andersen mit ihrem erfolgreichen Lied erneut auf der Bühne, diesmal sang sie „Lili Marleen" vor Soldaten der britischen und amerikanischen Besatzungsarmee. Eine erste deutsche Verfilmung zu dem Lied erfolgte 1956 („Wie einst Lili Marleen") unter der Regie von Paul Verhoeven und mit einem Originalauftritt der Interpretin. 1970 drehte Norbert Schultze jun. einen Dokumentarfilm im Auftrag des Senders „Freies Berlin". Der Komponist selbst, der nach dem Krieg wegen seines Liedes „Bomben auf Engelland" auch „Bomben-Schultze" genannt wurde, erfuhr nicht ganz die Ehre, die dem Textdichter von „Lili Marleen" zuteilwurde: General Eisenhower urteilte über Hans Leip, er sei der einzige Deutsche gewesen, „der der ganzen Welt während des Krieges Freude bereitet" habe.[137]

Jahrelang fuhr unter deutscher Flagge ein Kreuzfahrtschiff namens „Lili Marleen" über die Weltmeere, bis es 2004 nach Malaysia verkauft wurde und dort von Port Klang für Charterfahrten unterwegs ist. Der geschichtsträchtige Schlager selbst gehört als Instrumentaltitel auch in der Gegenwart weltweit ganz selbstverständlich zum Repertoire der Unterhaltungsmusik.

Vorbild BBC – Gründung der deutschen Big Band

Bei der Gestaltung des Rundfunkprogramms blieb die Jazzmusik weitgehend unberücksichtigt. Da aber dennoch ab und zu Jazz gesendet wurde, meist unter einem „unverdächtigen", eingedeutschten Titel angekündigt, nahm Goebbels am 1. Februar 1941 „zur Frage der Jazz-Musik im deutschen Rundfunk" Stellung und bestimmte als „grundsätzlich verboten": 1. Musik mit verzerrten Rhythmen. 2. Musik mit atonaler Melodieführung. 3. Die Verwendung von sogenannten gestopften Hörnern, also Hörnern mit Schalldämpfer. „Diese Regelung sei", so der Minister, „von nun an bindend für die Darbietung jeglicher Art von Unterhaltungsmusik." Doch noch im selben

Frühjahr machte Goebbels Zugeständnisse, nachdem Heinrich Glasmeier, inzwischen Präsidialrat der Reichsrundfunkkammer, gewarnt hatte: „Wir müssen verhindern, dass unsere Soldaten, die nach Entspannung verlangen, fremde Sender einzuschalten gezwungen sind und somit auch den englischen Nachrichtendienst über sich ergehen lassen müssen."[138]

Auf Anregung des 28-jährigen Glenn-Miller-Fans Werner Mölders, Oberst und Inspekteur der Jagdflieger, der sich bei dem nicht minder bekannten Komponisten Franz Grothe beklagt hatte, „dass die Luftwaffenpiloten nicht mehr der BBC zuzuhören brauchten, wenn die deutschen Sender nur endlich anständige Musik nach amerikanischem Vorbild ausstrahlten", gab Goebbels grünes Licht zur Gründung einer deutschen Big Band.[139] Zuvor war ihm mitgeteilt worden, „dass in der Wehrmacht, vor allem bei der Luftwaffe, in steigendem Umfang englische Sender abgehört werden, und zwar nicht wegen der Wortsendungen, sondern wegen der schmissigen Musik". Hauptsächlich der Sender Calais bringe „abends nach 8.15 Uhr leichte, schmissige Tanzmusik". Goebbels verwahrte sich entschieden gegen „das Abhören ausländischer Sender, auch in der Wehrmacht": „Es müsste unmöglich sein, dass sich ein Fliegeroffizier – und wenn er Ritterkreuzträger wäre – sich des Abhörens ausländischer Sender, also eines Verbrechens, das der Führer mit Zuchthausstrafe bedroht hat, rühme."[140]

Bis zum Frühjahr 1942 stellten die beiden Musik-Experten Grothe und Haentzschel das neue Orchester zusammen, das „aus den besten Tanz- und Jazzmusikern des Landes" bestand.[141] Diese Band, das staatliche Deutsche Tanz- und Unterhaltungsorchester (DTU), trat öffentlich kaum in Erscheinung, sondern spielte vornehmlich bei besonderen Anlässen für die Ministerien und Behörden des Reiches, vor allem für den Rundfunk. Hauptzweck des DTU mit seinen hochqualifizierten Jazzspezialisten bestand darin, „die Wehrmacht, insbesondere die Piloten, durch eine akzeptable rhythmische Musik zufriedenzustellen". Jedenfalls passte dieses Orchester in Goebbels' Weltbild, dessen Maxime lautete, das Volk bei Laune zu halten:[142]

> Im Übrigen komme es aber gerade darauf an, hier den Wünschen der Bevölkerung einen ungefährlichen, völlig freien Spielraum zu belassen. Wenn wirklich auch Stücke ausgesucht würden, die nach strengem Maßstab kitschig seien, so sei dagegen im Allgemeinen gar nichts zu sagen: Man soll nur ruhig den Wünschen des Volkes nachkommen.

Die Berieselung mit „Musik für alle" und die Vorführungen von Unterhaltungsfilmen unpolitischen Inhalts waren ein Politikum: Es galt, die Leute von der Straße zu holen und sie mittels des „schönen Scheins" von den Sorgen und Nöten des Alltags abzulenken. Eine Welt jenseits der brutalen Realität hatten seit den ersten Kriegsmonaten auch die Wochenschauen vorgegaukelt. Den Volksgenossen an der „Heimatfront" wurde eine konstruierte Scheinwirklichkeit präsentiert, die nur Siege, aber keine Unmenschlichkeit kannte.

Immer wieder wurde in den Zeitungen auf die Notwendigkeit von „beschwingter Musik" im Rundfunkprogramm und auf den Konzertbühnen hingewiesen. Die ernsten Konzerte sollten zwar ihren Stellenwert nicht einbüßen, dennoch wurde Musik vorgezogen, die entspannte, denn „durch des Tages Arbeit und die große Inanspruchnahme, die der Krieg mit sich bringt", seien die Hörer nicht in der Lage, sich mit „problemreichen Werken" auseinanderzusetzen, so Fritz von Borries, Referent für Personalangelegenheiten in der Abteilung Musik des Propagandaministeriums.[143] Im Februar 1942 wurde mit der „Anordnung zur Neugestaltung des Rundfunkprogramms" der Unterhaltungsbereich neu organisiert. Die Unterhaltung, so hieße es auch hier, sei „als Entspannung und Entlastung von Front und Heimat ... kriegswichtig", daher müsse „dieser Sparte des deutschen Rundfunkprogramms eine besondere Pflege zuteil werden".[144] An die Stelle „musikalischer Experimente" müsse „weitgehend die Erheiterung und Entspannung" treten, „deren die äußere wie die innere Front bedarf."[145] Auf den Punkt brachte es diese Vorlage der Reichsrundfunkgesellschaft:[146]

> Neben den politisch-propagandistischen Sendungen ..., über deren Bedeutung für die Kriegsführung kein Wort verloren zu werden braucht, ist die Unterhaltung der vielen Millionen deutscher Rundfunkhörer an der Front und in der Heimat durch musikalische Sendungen und durch künstlerische Wortsendungen durchaus ebenfalls kriegswichtig. In dieser Zeit ... haben diese Volksgenossen einen Anspruch darauf, in den wenigen Stunden ihrer Freizeit im Rundfunk ein Programm zu finden, das ihrem starken Bedürfnis nach Entspannung und Entlastung oder auch ihrem Verlangen nach künstlerischem Erleben entspricht. Und eine kluge politische Führung wird alle Sorgfalt der Pflege und Gestaltung eines Unterhaltungsprogramms zuwenden, das möglichst vielen Hörerwünschen des mit aller Anspannung seiner Kräfte arbeitenden und kämpfenden deutschen Volkes gerecht wird, denn im Rundfunk, diesem modernen Instrument der Menschenführung von größter Reichweite und durchdringender Tiefenwirkung, ist ihr ein Mittel in die Hand gegeben, den deutschen Menschen, dessen Rundfunkfreudigkeit durch die gerade in den Kriegsjahren außerordentlich ansteigenden Hörerzahlen bewiesen ist,

aufzulockern, zu entspannen und zu erfreuen. Er wird dann um so freudiger an seine Arbeit gehen und um so bereiter zur Waffe greifen, wenn der Ernst des Krieges ihn wieder beansprucht.

Die neue Konzeption sah eine Einteilung in zehn Sendegruppen vor, die jeweils für bestimmte Bereiche des Musikprogramms zuständig waren (z. B. „leichte Tanz- und Unterhaltungsmusik", „kabarettistische Sendungen", „schwere, weil unbekannte klassische Musik"). Als „bewusste Parallele zur Tageszeitung" konzipiert, sollte die neue Gruppeneinteilung die Hörer noch stärker an den Volksempfänger binden:[147]

> Wie das tägliche Nachrichtenblatt wendet sich der Rundfunk an alle, um jedem etwas zu bieten, und wie das Auge des Zeitungslesers über die vielen Sparten von Politik zum Feuilleton, vom Zeitgeschehen zur Unterhaltung und Belehrung gleitet, so sprechen auch zum Ohr des Rundfunkhörers alle jene Einzelgebiete, aus denen die Welt der Klänge besteht und deren Benennung der lebendigen Praxis entwachsenen ist.

Noch stärker als bisher sollte das Rundfunkprogramm „nur beste Kunst in möglichst hervorragender Darbietung" senden: „So wird der Rundfunk als Führungsmittel des modernen Staates von kaum vorstellbarer Reichweite auch die Mission erfüllen, durch das gemeinsame Erleben eines ganzen Volkes Symbol dieser Volksverbundenheit zu sein."[148] Diese Neuregelung vom März 1942 führte dazu, dass nach fast zwei Jahren für die Zeit von 17.10 bis 18.30 und von 20.20 bis 22.00 Uhr sowie an Sonntagen „zu verschiedenen weiteren Sendezeiten" ein zweites Programm, das „Doppelprogramm" eingeführt wurde, das noch mehr Musiksendungen bot. Die Hörer waren mit dem „bunten Unterhaltungsprogramm", das renommierte Orchester und populäre Schlagersängerinnen und -sänger präsentierte, zufrieden: Gerade die Abendsendungen sowie die Samstag- und Sonntagnachmittagprogramme seien „von den breitesten Schichten des Volkes in allen Gegenden des Reiches und an allen Fronten begeistert begrüßt worden"; die „gesamte aktive Wehrmacht und die gesamte aktive Arbeiterschaft begrüßt jedenfalls ... den Frohsinn in einer so ernsten Zeit".[149]

Wie dargestellt, hatte sich mit Kriegsbeginn im September 1939 auch die Rolle des Rundfunks verändert und erweitert. Nachrichten, Wehrmacht- und Frontberichte („Die Stimme der Front") erlangten eine immer größere Bedeutung. Überlebenswichtig waren Luftwarnmeldungen, die mit einem Signal, dem „Kuckucksruf" angekündigt wurden. Ein konkretes Beispiel für die Warnung vor dem Herannahen feindlicher Bomberverbände aus der

Spätphase des Krieges lautete: „Paula Dora 7, Achtung, Achtung, etwa 100 Viermot in Ulrich Paula, Kurs Nordost."[150] „Viermot" bedeutete viermotorige Bomber, das Planquadrat „Ulrich/Paula" bezeichnete die Region um Saarbrücken, der Kurs Nordost hieß: Angriff auf Worms. Worms selbst lag im Quadrat „Siegfried/Richard 3". Diese Kartennetze waren den Bewohnern über die Zeitungen und Veröffentlichungen des Reichsluftschutzbundes bekannt.

Beliebt waren auch Reportagen (in Wort, Schrift, Bild und Film) der Kriegsberichterstatter, die den Propagandakompanien (PK) angehörten und die mit anschaulichen Hintergrundinformationen über Kriegsschauplätze (Westfeldzug oder Afrikafeldzug) ein Millionenpublikum erreichten. Im Gegensatz zu den rein informativen Frontberichten hatten die Beiträge der PK-Berichterstatter – meist ausgebildete (und nach dem Krieg bekannt gewordene) Journalisten wie Lothar-Günther Buchheim, Joachim Fernau, Karl Holzamer, Martin Jente, Lutz Koch, Henri Nannen, Percy Ernst Schramm oder Peter von Zahn – einen besonderen Unterhaltungswert. Sondermeldun-

Abb. 35: Kriegsberichterstatter Lutz Koch interviewt General Erwin Rommel, Tobruk/ Nordafrika, Juni 1942.

gen im Rundfunk und in den Wochenschauen wurden mit Fanfaren eingeleitet, danach erklangen zeitweilig (mit Beginn des Deutsch-Sowjetischen Krieges, Juni 1941) die ersten Takte von Franz Liszts „Les Préludes" als Erkennungsmelodie. Solche Sondermeldungen wurden bereits Minuten im Voraus angekündigt, damit für die Hörer Gelegenheit bestand, sich am Rundfunkapparat zu versammeln: „Achtung, Achtung! Wir bringen in Kürze eine Sondermeldung!"

Zu den weiteren Wortsendungen, die zwischen 18.30 Uhr und den 20-Uhr-Nachrichten regelmäßig zu hören waren, zählen „Aus dem Zeitgeschehen", „Betrachtungen zur politischen Lage" und die von Hans Fritzsche vorgetragene „Politische Zeitungs- und Rundfunkschau", bei der der Journalist und „Generalbevollmächtigte für die politische Organisation des Großdeutschen Rundfunks" (ab November 1942) Auszüge aus der Auslandspresse vortrug.

Fazit: Der Rundfunk sollte „den im schweren Kampf stehenden Soldaten und den in der Heimat hart Arbeitenden ein treuer Helfer" sein, er sollte, wie auch der Film, „Kraftspender derer sein, deren täglich erneuertes Bekenntnis zum nationalsozialistischen Gedanken der Einsatz ihres Lebens und ihrer Gesundheit ist".[151] Der Rundfunk müsse, so Goebbels,

> es möglichst allen recht machen und zwar vor allem denen, die am meisten Anspruch darauf haben, das heißt unseren Soldaten und allen, die schwer arbeiten müssen und dabei ihre ganze Kraft im Dienste des Vaterlandes verbrauchen.

Mitten im Krieg prognostizierte er dem „Großdeutschen Rundfunk", wie er seit 1. Januar 1939 hieß, folgende Aufgabe:[152]

> Wenn die Stunde da ist, soll er die Herzen erheben und die Gewissen aufrütteln. Er soll den Feind attackieren, wo er sich zeigt. Er soll die Interessen des Vaterlandes verteidigen, wenn das notwendig erscheint. Den Ernst soll er ernst und die Heiterkeit heiter nehmen. Man kann nicht immer in Hochstimmung sein. Was wir nötig haben, das ist Vaterlandsliebe, Begeisterung und Pflichteifer für den Hausgebrauch. Die großen Stunden unserer Zeit melden sich schon von selbst, wir brauchen sie nicht ununterbrochen aufs Neue zu beschwören. Daneben aber müssen wir auch den Alltag, der manchmal grau und alles andere als schön ist, gestalten. Und dabei soll uns der deutsche Rundfunk ein treuer Helfer sein.

Eine ähnliche Ansicht vertrat Ministerialdirektor Hans Hinkel, der ab 1. März 1942 mit der Gestaltung des künstlerischen und unterhaltenden Programms des Rundfunks beauftragt war:[153]

Der Rundfunk hat über allem und vor allem die Wünsche der Soldaten zu erfüllen. Der Soldat will – tausend Briefe beweisen es täglich – wie die in der Rüstung tätigen Millionen Männer und Frauen heitere Unterhaltung, Musiksendungen also, die zerstreuen und ermuntern.

Bombenstimmung bis zum Untergang – das Rundfunkprogramm im Zeichen des „totalen Krieges"

Als die „Blitzkriege" der Wehrmacht der Vergangenheit angehörten, die Siegesmeldungen verstummt waren und die Zivilbevölkerung immer stärker mit Luftangriffen und Todesanzeigen gefallener Soldaten konfrontiert wurde, konnte sich das Regime nur noch auf eine „Wunderwaffe" verlassen: Es war die Unterhaltungsmusik, die in der Trümmerlandschaft auch weiterhin für „Bombenstimmung" sorgen sollte. Bereits im Herbst 1941 hatte Goebbels „optimistische Schlager" in Auftrag gegeben, mit denen er aber unzufrieden war. Nicht nur über die mangelhafte Qualität der Interpreten war er verärgert, auch darüber, „dass für die Schlageraufnahmen durch die Musikabteilung RM 10.000 verplempert wurden". Er war „der Meinung, dass es für Sänger und Sängerinnen eine Ehre sei, sich für diese Probevorführung zur Verfügung zu stellen, da sie später ja auch den Erfolg daraus hätten".[154] Ein Jahr später, als Stalingrad die militärische Niederlage Deutschlands einleitete und die Bevölkerung an der „Heimatfront" immer stärker unter den Bedingungen des Krieges zu leiden hatte, sollte erneut auf „optimistische Schlager" zurückgegriffen werden. Diesmal veranstaltete das Propagandaministerium einen Wettbewerb, von dem sich Goebbels mehr Erfolg versprach. Fritz Hippler, seit Februar 1942 Reichsfilmintendant, erinnerte sich:[155]

> Im November 1942 verschärfte sich die Kriegslage vor allem dadurch, dass der siegesgewohnte Rommel jetzt kurz vor der Grenze nach Ägypten seine Verbände zurücknehmen musste. Am 8. landeten die Amerikaner in Französisch-Nordafrika. Die Deutschen begannen mit der Eroberung von Stalingrad, über deren Aussichten Goebbels schon frühzeitig seine Besorgnis äußerte. Da er die Stimmung des Volkes mit allen Mitteln fördern wollte, entwickelte er viele gute Ideen. Eine weniger gute blieb an mir hängen: 1939 hatte es einen erstklassigen Erfolgsschlager gegeben, der dem Rühmann-Film „Paradies der Junggesellen" entstammte; er hieß „Das kann doch einen Seemann nicht erschüttern". Damals war die Stimmung des Volkes von ganz unten bis ganz oben ausge-

zeichnet gewesen. Solche Erfolgsschlager mit 100%ig optimistischer Grundhaltung, sagte Goebbels, bräuchten wir jetzt dringender als damals. „Trommeln Sie so schnell wie möglich alle Komponisten der leichten Muse zusammen und sagen Sie denen, worum es geht. Ich möchte so schnell wie möglich Meldung über Erfolg haben. Vielleicht hat auch einer von ihnen schon etwas fertig in der Schublade".

Nun konnte ich ja schlecht einen Erfolgsschlager in Auftrag geben: Welcher Komponist würde nicht auch ohne solchen Auftrag nur zu gerne sogar möglichst viele Erfolgsschlager machen? Aber wenigstens doch einen optimistischen Schlager anregen, das müsste sich wohl machen lassen.

Zahlreiche bekannte Komponisten wie Harald Böhmelt, Franz Doelle, Franz Grothe, Michael Jary, Peter Kreuder, Eduard Künneke oder Theo Mackeben und Textdichter wie Willy Dehmel, Aldo von Pinelli und Günther Schwenn beteiligten sich an diesem Wettbewerb. Allerdings fehlte ein vielbeschäftigter Musiker jener Zeit, der bis dahin mit Kompositionen wie „Lili Marleen", „Bomben auf Engelland", „Panzer rollen in Afrika" und vielen Filmschlagern populär geworden war: Norbert Schultze, der „fast beleidigt" war, dass man ihn „nicht aufgefordert" hatte, an diesem Schlagerwettbewerb teilzunehmen. Vielleicht deshalb, so der Komponist, weil „Lili Marleen" „bei Goebbels und den Seinen gar nichts" galt: „Es war nicht optimistisch, es war sentimental."[156]

Abb. 36: Soldaten hören Radio, Westwall, Herbst 1939.

Laut Tagebuch-Notiz von Fritz Hippler fand die „Sitzung mit den Schlagerkomponisten in der Kameradschaft der deutschen Künstler" am 4. Dezember 1942 statt.[157] Etliche Werke waren bereits fertig, „anderes entstand neu". Der ehemalige Reichsfilmintendant erinnerte sich an Schlager wie „Tapfere kleine Soldatenfrau", „Liebe kleine Schaffnerin", „Wir werden das Kind schon schaukeln", „Ich weiß, es wird einmal ein Wunder geschehn" und „Es geht alles vorüber":[158]

> Diesem Liede wäre nach dem Endsieg sicherlich eine besondere Auszeichnung zuteil geworden. Dass dieser ausblieb, hat dem Lied nicht geschadet; es galt nun eben als eine kühne Dokumentation unerschrockenen Widerstandsgeistes.

Die beiden von Zarah Leander gesungenen „Durchhalte-Schlager" „Davon geht die Welt nicht unter" sowie „Ich weiß, es wird einmal ein Wunder geschehn", integriert in den 1942 gedrehten Film „Die große Liebe", übernahmen die Funktion einer massenpsychologischen Beeinflussung, die sich vor allem in der Immunisierung gegen den kriegsbedingten Verdruss im Alltag äußerte. Sie suggerierten inmitten einer katastrophalen Kriegssituation, als die V-Waffe bereits im Einsatz war, Durchhaltewillen, Stärke und besonders Hoffnung. Dank der Filmhandlung und der schwungvollen Melodien erreichten die Lieder eine große Popularität in der Bevölkerung, so dass Goebbels mit dem Wettbewerb „optimistische Schlager" des Jahres 1942 vollauf zufrieden sein konnte: Das Publikum war „hingerissen. Es hörte und sah, was es glauben wollte. Das war zwar nicht viel anderes als das, was die Propagandaparolen versprachen. Aber es war viel attraktiver, betörte Augen und Ohren".[159] Aber diese Schlager waren 1943 auch Gegenstand eines politischen Witzes: „Zarah Leander wurde ins Führerhauptquartier verpflichtet, sie muss dem Führer vorsingen: Ich weiß, es wird einmal ein Wunder geschehn."[160]

Dieselbe Funktion – Optimismus zu verbreiten, der in keiner Weise gerechtfertigt war – übernahmen neben dem von Ilse Werner interpretierten Schlager „Sing ein Lied, wenn du mal traurig bist" (1941), folgende Filmschlager der Kriegsjahre:

– „Mach dir keine Sorgen" (aus dem Film „Ein Mann auf Abwegen", 1940),
– „Mir geht's gut" (aus „Lauter Liebe", 1940),
– „Schön wie noch nie" (aus „Traummusik", 1940),
– „So schön wie heut" (aus „Tanz mit dem Kaiser", 1941),

- „Ein Traum wird manchmal wahr" (aus „Abenteuer Grandhotel", 1943),
- „Mit Musik geht alles besser" (aus „Sophienlund", 1943),
- „Mach' dir nichts daraus" (aus „Die Frau meiner Träume", 1944),
- „Mit jedem Tag wird das Leben schöner" (aus „In flagranti", 1944),
- „Ja, die Welt ist schön und bunt" (aus „Jan und die Schwindlerin", 1944).

Im Rundfunk waren manche „optimistischen Schlager" so oft zu hören, dass sich einige Hörer wegen des realitätsfernen Inhalts der Lieder beschwerten und die starke Präsenz der jeweiligen Interpreten kritisierten. Im Januar 1942 sprachen sie sich, wie aus den SD-Berichten hervorgeht, gegen das „häufige Auftreten Zarah Leanders mit ihrem Lied *Davon geht die Welt nicht unter* aus". Mit zunehmender Kriegsdauer wurde die Schwedin mit ihrer markanten Stimme beargwöhnt. Massiv war die Diffamierung durch einen Arzt, der sich im Juni 1943 an Goebbels wandte: „Zarah Leander mag ihre Lieder mit amerikanischer Jazzbegleitung in Dirnenlokalen singen, aber der Deutsche Rundfunk darf für derartige Kunst keinen Platz haben."[161] Als deplatziert bewertet wurde ferner das Lied „So sind wir, wir pfeifen auf die Sorgen", da man „in diesen Liedern ... eine betonte und forcierte Lustigkeit" sah, die nicht gerechtfertigt sei.[162]

Obgleich die Musik sehr einprägsam war, stand bei den optimistischen Schlagern der Titel, eine Schlagzeile bzw. der Refrain im Vordergrund. Durch den Text, der mehrere beliebte und viel besungene Motive (Sehnsucht, Stern, Schicksal, Wunder) beinhaltete, wurden wesentliche Inhalte vermittelt, weltanschauliche oder trostverheißende Botschaften ausgedrückt, die zuversichtlich stimmen sollten: „Schau nicht hin, schau nicht her, schau nur geradeaus, und was dann auch kommt, mach' dir nichts daraus."

Inhaltlich und melodisch waren diese Schlager weder romantisch noch sentimental, vielmehr mitreißend-stimmungsvoll. Sie kündeten von der baldigen Überwindung eines momentanen Tiefpunktes und sollten mit ihrer hoffnungsfrohen und zukunftsgläubigen Verheißung die Zuhörer „bei Laune" halten, die Schrecken und das Leid des Kriegsalltag relativieren. Die gerade in der Kriegszeit bei der Bevölkerung und unter den Soldaten massenhaft verbreiteten Emotionen wie Angst, Trauer und Sehnsucht waren unvereinbar mit der NS-Kriegspolitik, die von jedem „Volksgenossen" eine kämpferische Einstellung zum Leben verlangte. Daher kam den optimistischen Schlagern eine große Bedeutung zu, da deren Texte positive Gefühle

Abb. 37: Die Schauspielerin Marika Rökk, Autogrammkarte von 1939.

vermittelten und dazu beitrugen, vorhandene Stressgefühle abzubauen. Zwar wird in dem Lied „Es geht alles vorüber" der Schmerz über die Entfernung zur geliebten Person ausgedrückt, zugleich aber auch die Hoffnung auf ein baldiges Wiedersehen. Auf die Bedürfnisse der Massen zugeschnitten, wird dann im Refrain auch noch die Treue beschworen, der Krieg als Ursache der Trennung allerdings bleibt unerwähnt. Die optimistischen Schlager empfahlen, das Leben zu nutzen und zu genießen. Damit stärkten sie die Kampfmoral, den Überlebenswillen und trugen somit auch zur Aufrechterhaltung des NS-Regimes bei. Voller Ironie gaukelten sie mitten im Krieg eine Welt vor, die längst in Trümmern lag („Ihr kennt nicht die breiten, grünen Felder so wie hier ... So schön wie heut', so müsst es bleiben."). Zugleich offenbarten diese Schlager den Zynismus der NS-Kulturpolitik angesichts des Völkermordes an den Kriegsfronten und an Regimegegnern sowie an Juden.

Während der Theaterbetrieb an vielen Orten eingestellt worden war, sei es durch Zerstörung der Gebäude oder Personalmangel, bot das Kino bis zum

Ende des „Dritten Reichs" die Flucht in eine andere Welt, auch wenn die Vorführungen oftmals durch Fliegeralarm unterbrochen wurden. 1941 war der erste abendfüllende deutsche Farbspielfilm der Ufa („Frauen sind doch bessre Diplomaten") uraufgeführt worden, der den Zuschauern mit Marika Rökk und Willy Fritsch in den Hauptrollen nicht nur ein neues Kino-Traumpaar bescherte, sondern auch einige sehr erfolgreiche Schlager beinhaltete („Wenn ein junger Mann kommt", „Ach, ich liebe alle Männer"). Zu den Liedern, die in jenen Jahren in aller Munde waren, zählen folgende Schlager:

- „Für eine Nacht voller Seligkeit" (1940),
- „Ich liebe alle Fraun" (1940),
- „Sing, Nachtigall, sing" (1941),
- „Man müsste Klavier spielen können" (1941),
- „Wir machen Musik" (1942),
- „Mein Herz hat heut' Premiere" (1942),
- „Kauf dir einen bunten Luftballon" (1943),
- „Mit Musik geht alles besser" (1943).

Diese längst zu Evergreens gewordenen Lieder waren aus den Kinofilmen bekannt und liefen ständig auch im Rundfunk. Ihre meist heiteren, eingängigen Melodien wirkten teils beruhigend, teils mitreißend, auf jeden Fall lenkten sie ab. Doch angesichts der zunehmenden Bombardierungen, der immer größer werdenden materiellen Verluste und vielen Opfer innerhalb der Zivilbevölkerung und unter den Soldaten sollte die heitere Unterhaltungsmusik ab Februar 1943 eingedämmt werden:[163]

> Alle Sendefolgen des unterhaltenden und künstlerischen Programms sind möglichst seriös, sachlich und ruhig zu gestalten. Jede moderne und unpopuläre Tanznummer ist beiseite zu lassen. In allen Unterhaltungssendungen sind mehr populäre klassische Musiken ... zu verwenden. Ausgesprochene Revue-Musik hat zu unterbleiben.

Schon ein halbes Jahr zuvor hatten die Programmredaktionen Korrekturen vornehmen müssen. Nachdem im Juli und August 1942 Köln, Düsseldorf und Städte im Ruhrgebiet Opfer alliierter Bombenangriffe geworden waren, lautete die Anweisung: „Lustige Rheinlieder müssen jetzt, da das Rheinland so schwer betroffen wird, beiseite bleiben."[164] Angesichts dieser Situation waren immer wieder kurzfristige Programmänderungen erforderlich. Von den einzelnen Gruppenleitern wurde gefordert, dass sie ihr Programm[165] ein paar Tage bzw. kurz vor der Sendung noch einmal ansehen, denn man kann vor 4 Wochen etwas geschrieben haben, was dann, wenn die Sendung erfolgen soll, nicht mehr tragbar ist (z. B. nach einem Großangriff der Engländer auf das Rheinland: „Warum ist es am Rhein so schön?").

Flexibilität war nötig, denn:[166]

> Zu einer Sondermeldung passt nicht immer das gerade festliegende Programm. In solchen Fällen muss zentrale Konzertplatte gespielt werden (Beispiel: nach erfolgter Sondermeldung programmmäßige Sendung: „Von uns aus kann's so weitergeh'n").

Anfang November 1942, nachdem den Briten in Ägypten der Durchbruch bei el-Alamein geglückt war, hatte der Rückzug des deutschen Afrika-Korps begonnen. Ebenfalls im November hatte die sowjetische Gegenoffensive bei Stalingrad eingesetzt, die dann mit der Kapitulation der 6. Armee Anfang Februar 1943 endete. Auch in der Heimat war der Alltag der Deutschen erheblich beeinträchtigt. Bombenalarm und Verdunklungsmaßnahmen, Evakuierungen, Kinderlandverschickung, Aufräum- und Reparaturarbeiten bestimmten den Tagesablauf vor allem in den Großstädten. Hatte man sich zu Kriegsbeginn noch „daran gewöhnt, den Radioapparat mit in den Luftschutzkeller zu nehmen", und hatte die Musik „auf die Stimmung der einzelnen Luftschutzkellergemeinschaften" einen großen Einfluss ausgeübt,[167] so gefiel zur Jahreswende 1942/43 nicht mehr allen Volksgenossen die bunte Unterhaltung im Rundfunk, die einen Anteil von 84 Prozent am Gesamtprogramm ausmachte.[168]

Seit November 1942 waren die Hörer wieder besser über die einzelnen Beiträge des Rundfunks informiert, da Goebbels angeordnet hatte, dass „in der Presse täglich ein kurzer Auszug des Rundfunkprogramms veröffentlicht" werden sollte.[169] Wenige Woche später erließ der Propagandaminister zwei weitere Anordnungen: Er legte fest, dass der optimistische Schlager „Es geht alles vorüber, es geht alles vorbei" nicht mehr in wichtigen Sendungen gespielt werden dürfe, und: „Rosita Serrano soll vorerst in Rundfunksendungen nicht in Erscheinung treten."[170] Mit dieser Entscheidung wurde der Sucht der Deutschen nach spanisch-südamerikanischer Unterhaltungsmusik, die die „Chilenische Nachtigall" mit ihrer erotisch-einschmeichelnden Stimme so trefflich verkörpert hatte, ein Ende gesetzt. Gegen die Sängerin bestand Spionageverdacht.

Am 1. Februar 1943 notierten die „geheimen Lageberichte", dass „in der ernsten und nachdenklichen Verfassung", in der sich die Deutschen befänden, „man zumeist sehr empfindlich gegenüber lustigen Sendungen, einzelnen Musikstücken und Liedtexten" reagiere.[171] Gerade diejenigen, „die Angehörige im Osten und in Stalingrad haben", wünschten sich „Sendungen mehr besinnlichen Charakters und eine ernsthafte, aber nicht allzu schwer verständliche Musik, die geeignet sei, einen Ausgleich in der seelischen Spannung zu schaffen, in der man durch die gegenwärtigen Ereignisse lebe". Nach den Erkenntnissen des Sicherheitsdienstes bevorzugten vor allem ältere Leute und Frauen, die die „Heimatfront darstellen" und die Angehörige an der Front haben, „melodiöse Musik aus Opern und Operetten".[172]

Im selben Monat, am 18. Februar, hielt Goebbels seine berühmt-berüchtigte „Sportpalastrede", in der er mit rhetorischen Fragen von den Zuhörer die Bereitschaft zum „totalen Krieg" verlangte. Die mehr als 100 Minuten dauernde Rede aus dem Berliner Sportpalast wurde über den Rundfunk und die Wochenschau verbreitet. Wie aus den „Meldungen aus dem Reich" hervorgeht, habe es der Propagandaminister verstanden, „eine Begeisterung und Kampfzeitstimmung im Sportpalast zu entwickeln, die sich dem Hörer am Rundfunk vermittelt habe":[173]

> Aus allen Teilen des Reiches wird berichtet, dass die Rede trotz der verhältnismäßig kurzfristigen Ankündigung am Donnerstagabend 20 Uhr stark abgehört worden ist. Lediglich im Westen (z. B. Bereich von Düsseldorf) haben sich Schwierigkeiten dadurch ergeben, dass der Kölner Sender den ganzen Abend aussetzte und der Deutschlandsender sowie die sonst gut zu hörende Breslauer Welle starke Störungen aufwiesen. Es wurde als zweckmäßig empfunden, dass nach der Rede kein Nachrichtendienst gegeben wurde, so dass die Konzentration auf die Ausführungen von Dr. Goebbels voll erhalten blieb. Auch das nachfolgende festliche Konzert habe die gesammelte und gehobene Stimmung, die von der Sportpalastkundgebung ausgegangen sei, von der Musik her befestigt.

Die Presse berichtete ausführlich über diese Großkundgebung, die als Paradebeispiel der NS-Propaganda gilt. Für diejenigen Hörer, die die Direktübertragung verpasst hatten, wiederholte der Rundfunk die Rede drei Tage später, so dass schließlich ein Millionenpublikum auf den bevorstehenden „totalen Krieg" eingeschworen wurde.

Empörung dagegen hatte nach dem großen Luftangriff auf Berlin Anfang März 1943 der von Marika Rökk im Rundfunk interpretierte Schlager „Für eine Nacht voller Seligkeit" erregt; er durfte danach zunächst „nur ohne Ansage und Text gebracht werden". Außerdem wurden gegenüber den Liedtexten „Und wieder geht ein schöner Tag zu Ende" sowie „Eine Seefahrt, die ist lustig" „von verschiedenster Seite stärkste Bedenken geäußert". Schließlich galten solche Texte angesichts der alliierten Luftangriffe und der Verluste der Kriegsmarine als unpassend.[174] Ebenso wurde aufgrund einer Hörerzuschrift angeordnet, „dass keine Texte gebracht werden sollten, die geeignet seien, *primitive* Soldaten zu beunruhigen (‚Warum soll ich treu sein, wie ein Reh so scheu sein')."[175] Verboten wurden ferner „Jägerlieder" („Gar lustig ist die Jägerei"); „Jägersendungen zum Hubertustag" sollten entfallen.[176]

Trotz dieser Einschränkungen befürwortete Goebbels weiterhin die leichte Unterhaltungsmusik, zumal er am 1. April 1943 von Hans Hinkel, Kulturpolitiker im Propagandaministerium, über das „Ergebnis einer Umfrage an die Gauleiter der luftbedrohten Gebiete" informiert worden war, demzufolge „auch in den luftbedrohten Gebieten ein Beibehalten des bisherigen Unterhaltungsprogramms gewünscht" sei; allerdings sollte mit „albernen Texten und Titeln" vorsichtig umgegangen werden.[177]

Mit seinem „Doppelprogramm" sendete der Rundfunk ab März 1942 täglich 27 Stunden Wort- und Musikbeiträge. Nach Sparten differenziert, ergaben sich für das unterhaltende und künstlerische Programm des Jahres 1943 folgende Anteile:

Tab. 3: Rundfunkanteile des Jahres 1943

Sparte	Stunden pro Woche	Anteil
leichte und gehobene U-Musik	47	25 %
volkstümliche Unterhaltung	45	23 %
Soldatensendungen/ Nachtprogramme	38	20 %
ernste Musik	30	16 %
Nachrichten/ politische Wortsendungen	30	16 %

Quelle: Nanny Drechsler: Die Funktion der Musik im deutschen Rundfunk 1933–1945, Pfaffenwinkel 1987, S. 108.

An dieser Stelle sei auf eine Sendung hingewiesen, die sich ähnlich dem „Wunschkonzert" als Inszenierung der „Volksgemeinschaft" tief ins kollektive Gedächtnis eingeprägt hat und die durchaus als Meilenstein der Rundfunkgeschichte bezeichnet werden darf: Es war die technisch sehr aufwändige Weihnachtsringsendung, die erstmals an Heiligabend 1940 ausgestrahlt wurde. Auch wenn es sich nur teilweise bzw. scheinbar um Liveübertragungen gehandelt hat, vermittelten die Sendungen, bei denen Soldaten mit ihren Familienangehörigen ins Gespräch kamen und Berichte von den verschiedensten Kriegsschauplätzen verlesen wurden, große Authentizität. Der Beginn der Weihnachtsringsendung 1940 lautete:[178]

> Hier ist der Großdeutsche Rundfunk mit allen Sendern und angeschlossenen: sämtliche Sender der besetzten Gebiete. Wir bringen unsere Sendung „Deutsche Weihnacht 1940" – 90 Millionen feiern gemeinsam – 40 Mikrofone verbinden Front und Heimat. Deutsche Soldaten an allen Fronten und deutsche Menschen in der Heimat, wir stehen in dieser Minute auf der Schwelle der Kriegsweihnacht 1940. Hunderte und Tausende von Meilen trennen uns räumlich voneinander, aber unsere Mikrofone werden die weitesten Räume überwinden und uns, wie so oft in diesen Jahren, zu gemeinsamem Erleben zusammenbringen, die Mikrofone der Heimat und die Mikrofone draußen an der Front, getragen von den Kriegsberichten der Propaganda-Kompanien. Hier im Berliner Rundfunkhaus enden die Übertragungsleitungen von Narvik, von Hendaye, von der Kanalküste, aus dem Generalgouvernement und von den vielen Übertragungsstellen innerhalb und außerhalb der Grenzen Großdeutschlands ...
> Erster Gruß aus der Heimat: Potsdam, das Glockenspiel hoch am Turm der alten Garnisonkirche. Mit dem tiefen innigen Dank an die Vorsehung, den diese Glockenklänge über deutsches Land klingen lassen, beginnen wir unser gemeinsames Weihnachtsfest 1940 ...

Nach rund 60 Minuten hieß es zum Abschied der Weihnachtsringsendung:

> Aus 8.000 Kilometer Entfernung kam dieser letzte Ruf. 3.000, 1.000 und viele hunderte Kilometer haben wir euch verbunden aus Ost, West, Nord und Süd. Habt Dank, Kameraden für eure Rufe. Eure Stimmen, die vielen Stimmen haben uns erreicht und vermocht, uns gerade in dieser Stunde aneinander zu bringen, so nah, wie wir es wohl kaum geglaubt hätten ...
> Hier ist der Großdeutsche Rundfunk mit allen Sendern, angeschlossen sämtliche Sender der besetzten Gebiete. Wir brachten Ihnen unsere Sendung „Deutsche Weihnacht 1940". Unsere Sendung ist beendet.

Auch bei der Sendung von 1942 wurden abwechselnd Beiträge und Grüße von der Front und der Heimat eingespielt, damit wurden Emotionen geweckt und Geschlossenheit suggeriert. Direktübertragungen waren jedoch – im Gegensatz zu den beiden Vorjahren – nicht mehr möglich. Höhepunkt war das gemeinschaftliche Singen von „Stille Nacht, heilige Nacht". 1943 fand die letzte Weihnachtsringsendung statt.[179]

Je länger der Krieg dauerte, umso stärker war die Bevölkerung auf den Rundfunk als Informationsquelle angewiesen. Über dieses Medium wurden Siege (Einnahme von Paris, Juni 1940) und Niederlagen (Kapitulation der 6. Armee bei Stalingrad, Februar 1943; Landung der Alliierten, Juni 1944) mitgeteilt. Auch über das missglückte Attentat auf Hitler am 20. Juli 1944 wurde berichtet. Da die Verschwörer um Claus Schenk Graf von Stauffenberg es versäumt hatten, sich des Rundfunksenders in Berlin zu bemächtigen, konnte dieser in einer Sondermeldung um 18.45 Uhr den Putschversuch vermelden und als gescheitert erklären: „Auf den Führer wurde heute ein Sprengstoffanschlag verübt ... Der Führer selbst hat außer leichten Verbrennungen und Prellungen keine Verletzungen erlitten."[180] Zum Beweis brachte der Rundfunk nachts eine Ansprache Hitler aus seinem Führerhauptquartier, der Wolfsschanze bei Rastenburg in Ostpreußen:

> Eine ganz kleine Clique ehrgeiziger, gewissenloser und zugleich verbrecherischer, dummer Offiziere hat ein Komplott geschmiedet, um mich zu beseitigen ... Es ist ein ganz kleiner Klüngel verbrecherischer Elemente, die jetzt unbarmherzig ausgerottet werden.[181]

Wenige Wochen später, am 15. Oktober 1944, brachte der Rundfunk in den 20-Uhr-Nachrichten eine Verlautbarung über den Tod des beim Volk beliebten Generals Erwin Rommel: „Generalfeldmarschall Rommel ist an den Folgen seiner schweren Kopfverletzung, die er als Oberbefehlshaber einer Heeresgruppe im Westen durch Kraftfahrzeugunfall erlitten hatte, verstorben. Der Führer hat ein Staatsbegräbnis angeordnet!"[182] Auch der Staatsakt, der drei Tage später im Ulmer Rathaus stattfand und bei dem Feldmarschall Gerd von Rundstedt als Vertreter des nicht anwesenden Hitlers die Trauerrede hielt, wurde über den Rundfunk übertragen. Verschwiegen wurde allerdings, dass Rommel am 14. Oktober 1944 auf Anordnung Hitlers Selbstmord begangen hatte.

Ab 1. September 1944 waren die Theater und Frontbühnen, die Galerien und Museen geschlossen, Kulturorchester und Unterhaltungskapellen aufgelöst worden. Schon zuvor waren Besuche von Theatern und Kinos nur in eingeschränktem Maße möglich, die wenigsten Menschen hatten überhaupt Zeit, für Eintrittskarten anzustehen. So blieb in den beiden letzten Kriegsjahren der Rundfunk „das einzige Mittel zur Entspannung".[183] Die über ihn gesendete Musik war am wenigsten anfällig gegenüber den Bedingungen eines Krieges. Sofern die Wohnungen und ihr Inventar nicht zerstört waren, hielt der Radioapparat den Kontakt zur Außenwelt aufrecht. Die Programmgestalter aber waren uneinig und unfähig, in dieser aussichtslosen Lage verbindliche Richtlinien für das Musikprogramm aufzustellen. In den letzten Kriegsmonaten wurden gefasste Beschlüsse revidiert, ganz gestrichen oder modifiziert. Hatte Goebbels im Herbst 1944 noch verkündet: „Wir wollen den Mut besitzen, und zweimal eine halbe Stunde ... moderne deutsche Unterhaltungsmusik" bringen,[184] so hieß es wenig später: „Tanzmusik soll ganz verschwinden."[185] Hans Fritzsche, Leiter der „Abteilung Deutsche Presse" im RMVP, meinte dagegen, „dass das Programm wieder aufgelockert werden soll: Man soll nicht gleich in das Extrem der Soldatensender verfallen, aber auch nicht mehr zu ängstlich sein!"[186] Mitte November 1944 sollten die Hörer dann wieder auf „beschwingte Melodien" nicht verzichten müssen. Für das Programm am Samstagnachmittag galt die Devise: „moderne Tanz- und Unterhaltungsmusik".[187] Ab Januar 1945 waren die Verlautbarungen nur noch widersprüchlich. Hieß es Ende des Monats, „die etwas heitere Note soll bleiben", thematisierten die Teilnehmer der Rundfunk-Konferenz unter Leitung von Fritzsche im „Haus des Rundfunks", „einige Zuschriften, die sich über die leichte Musik" beschwerten. Nach „Protesten der Reichsfrauenführung gegen die undeutsche Tanz- und Unterhaltungsmusik" lautete der letzte Vermerk der Protokolle: „Im Programm keine Schlagertexte mehr!"[188]

Zum Jahreswechsel 1944/45 war nicht mehr jeder Sender betriebsfähig, andere waren ausgelagert:

> Das Funkhaus München ist nicht zu halten. Als Ausweiche wird Landshut in Nordbayern vorgeschlagen ... Dasselbe ist es mit Saarbrücken. Die Räumung ist verfügt. Auch der Reichssender hat seine Frauen fortgeschickt. Das technische Material ist nach Neustadt an der Haardt verbracht worden.[189]

Stromausfälle, Zerstörungen der Funkhäuser, Sendeanlagen, Wohnhäuser und sonstiger Gebäude infolge des alliierten Bombenkrieges, aber auch die Sprengung von Übertragungsleitungen und Rundfunkstationen aufgrund von Hitlers Befehl „Verbrannte Erde" vom 19. März 1945 hatten die Infrastruktur kurz vor Kriegsende nahezu lahmgelegt. Bereits am 6. April sprengte ein SS-Kommando die Sendeanlagen des „Reichssenders Stuttgart". Früher als in Mitteldeutschland war mit dem Vorrücken der alliierten

Streitkräfte an den Rhein Mitte März der Krieg im Südwesten beendet. Goebbels geplante „totale Neuorganisation des Rundfunks" war da längst hinfällig. Am 19. April, einen Tag vor Hitlers 56. Geburtstag, hielt er seine letzte Ansprache im Rundfunk, in der er Hitler als „Mann des Jahrhunderts" bezeichnete:[190]

> Der Krieg neigt sich seinem Ende zu. Der Wahnsinn, den die Feindmächte über die Menschheit gebracht haben, hat seinen Höhepunkt erreicht … Wenn also die Welt noch lebt, nicht nur die unsere, sondern auch die übrige, wem anders hat sie es zu verdanken als dem Führer?

Eine der letzten Nachrichten, die der Rundfunk vor Kriegsende verkündete, lautete am 1. Mai um 22.30 Uhr:[191]

> Aus dem Führerhauptquartier wird gemeldet, dass unser Führer Adolf Hitler heute Nachmittag in seinem Befehlsstand in der Reichskanzlei, bis zum letzten Atemzug gegen den Bolschewismus kämpfend, für Deutschland gefallen ist.

Wie so viele Verlautbarungen in den vergangenen Jahren war auch diese Mitteilung eine Lüge, schließlich hatte sich Hitler selbst umgebracht. Am längsten konnte sich Flensburg, Nebensender des Reichssenders Hamburg, halten. Der Sender, der nur von einem kleinen Zuhörerkreis in Norddeutschland empfangen werden konnte, übertrug am 9. Mai 1945 den letzten Befehl des Oberkommandos der Wehrmacht und damit die Nachricht der Kapitulation Deutschlands:[192]

> Seit Mitternacht schweigen nun an allen Fronten die Waffen. Auf Befehl des Großadmirals hat die Wehrmacht den aussichtslos gewordenen Kampf eingestellt. Damit ist das fast sechsjährige ehrenhafte Ringen zu Ende … Die Wehrmacht gedenkt in dieser schweren Stunde ihrer vor dem Feinde gebliebenen Kameraden. Die Toten verpflichten zu bedingungsloser Treue, zu Gehorsam und Disziplin gegenüber dem aus zahllosen Wunden blutenden Vaterland.

Mit dieser Meldung endete die Geschichte des nationalsozialistischen Rundfunks. Wie gesehen, waren es nicht die Propagandareden, nicht die politischen Berichte und auch nicht die typischen „Nazilieder", die das Rundfunkprogramm dieser Jahre dominierten; Vorrang hatte die Unterhaltungsmusik. Welche Politik hinter den Kulissen im wahrsten Sinne des Wortes gespielt wurde – die Eliminierung unliebsamer Komponisten, Interpreten, Sendeleiter, Rundfunksprecher –, blieb für die Hörer vielfach unbekannt. Es interessierte sie auch kaum, wurde doch ihr vorherrschender Geschmack berücksichtigt. Auffallend ist, dass mit zunehmender Kriegsdauer die Filme immer „bunter" wurden – im wörtlichen und im übertragenen Sinne. Die Schlagermusik in diesen harmlosen Filmrevuen erfüllte dieselbe Ablenkungsfunktion. Mitten im Krieg propagierten die Liedtexte fern der gegenwärtigen Erfahrungswelt ein „künstliches Paradies", das voller Musik zu sein schien, wie erneut einige Titel veranschaulichen:

- „Musik, Musik, Musik" (aus dem Film „Hallo Janine", 1940),
- „Zärtliche Musik und du" (aus „Achtung, Feind hört mit", 1940),
- „Liebling, mach Musik" (aus „Traummusik", 1940),
- „Leg eine Tangoplatte auf" (aus „Zwei Welten", 1940),
- „Man müsste Klavier spielen können" (aus „Immer nur du", 1941),
- „Sing, Nachtigall, sing" (aus „Auf Wiedersehen, Franziska", 1941),
- „Einen Walzer für dich und mich" und „Musik, die nie verklingt" (aus „Frauen sind doch bessere Diplomaten", 1941),
- „Sing mit mir, tanz mit mir" (aus „Hab mich lieb", 1942),
- „Wir machen Musik" (aus „Wir machen Musik", 1942),
- „Heute macht die ganze Welt Musik für mich" (aus „Meine Frau Teresa", 1942),
- „Mit Musik geht alles besser" (aus „Sophienlund", 1943),
- „Ein Walzer mit dir" sowie „Hört auf die Musik" und „Zärtliche Walzermusik" (aus „Ein Walzer mit Dir", 1943).

Diese Filme und ihre Musik fungierten als „Fluchthelfer", die den Zuschauer und Zuhörer aus der tristen Gegenwart in eine idealisierte Vergangenheit oder eine bessere Zukunft versetzen sollten. Die mittels der Schlager evozierte Traumwelt in den Köpfen der leidenden Bevölkerung ließ die reale Welt der Trümmer, des Todes, des Verlustes, der Heimatlosigkeit vergessen, mindestens erträglicher gestalten. Mit welchem Kalkül dabei die Unterhaltungsmusik, ebenso ihre „Macher" und Interpreten, protegiert wurden, spricht aus einer Begegnung zwischen Robert Stolz und Hermann Göring, der bei einer Galapremiere im Berliner Ufa-Palast zu dem erfolgreichen Komponisten gesagt haben soll:[193]

> Ah, Herr Stolz ... Mir ist bekannt, dass Sie gegenüber dem Reich kein Blatt vor den Mund nehmen – aber Sie sind trotzdem eine von Deutschlands stärksten Waffen. Ich habe viele feindliche Flugzeuge während des Krieges abgeschossen – aber im Vergleich zu Ihrer Leistung ist das gar nichts. Ihre Musik ist mit dem deutschen Film zu einem Feldzug durch die ganze Welt angetreten – und sie war überall erfolgreich.

Fazit: Der NS-Rundfunk war ein „Musiksender". Ab 1939 hatte vor allem die Unterhaltungsmusik einen kriegswichtigen Stellenwert. Deutschlandweit und darüber hinaus sowie über die Truppenbetreuung fanden die Schlager ein dankbares Publikum. Ebenso erreichten die Interpreten dieser Musik eine Popularität, an die sie nach dem Krieg nur in wenigen Fällen anknüpfen konnten. Musik appellierte an die verschiedensten Sehnsüchte der Menschen, daher war es so leicht, sie geradezu unbemerkt in den Dienst der Propaganda zu stellen. Gezielt wurde sie als Entspannungs- und Ablenkungsmittel zum Kriegsalltag eingesetzt. Umso erstaunter muss man feststellen, dass diese „unpolitischen", scheinbar anspruchslos-harmlosen Produkte der NS-Unterhaltungsindustrie eine hohe künstlerische Qualität besitzen, die bis heute überzeugt. Sogar zeitgenössische Künstler wie Ulrich Tukur und Nina Hagen haben so melodische Schlager wie „Roter Mohn", „Traummusik", „Yes Sir!" oder „Die Nacht ist nicht allein zum Schlafen da" in ihr Programm genommen. Der düstere geschichtliche Hintergrund bleibt dabei jedoch ausgespart.

IV.

Neuanfang in den Besatzungszonen

IV. Neuanfang in den Besatzungszonen

„Hier spricht Berlin" – Rundfunk in der Ostzone

Zwar war die Niederlage im Mai 1945 total, doch am Ende des „Dritten Reichs" bestand keine lange Funkstille. Ende 1944 hatte es in Deutschland rund 16 Millionen Rundfunkgeräte gegeben, bei Kriegsende waren davon ca. drei Millionen unbrauchbar, durch Kriegshandlungen beschädigt oder zerstört. Bei ihrem Einmarsch beschlagnahmten die Alliierten neben Fotoapparaten gerne auch Radiogeräte. Da viele Rundfunkfabriken zerstört waren (rund 80 Prozent der Produzenten hatten sich auf dem Gebiet der späteren DDR befunden), entstanden kleine Werkstätten, die Geräte instand setzten und selbstgebaute Apparate anboten. Noch vor der gewohnten Tageszeitung, die zunächst gar nicht oder zumindest nicht täglich erschien, stellte der Rundfunk die wichtigste Informationsquelle dar.

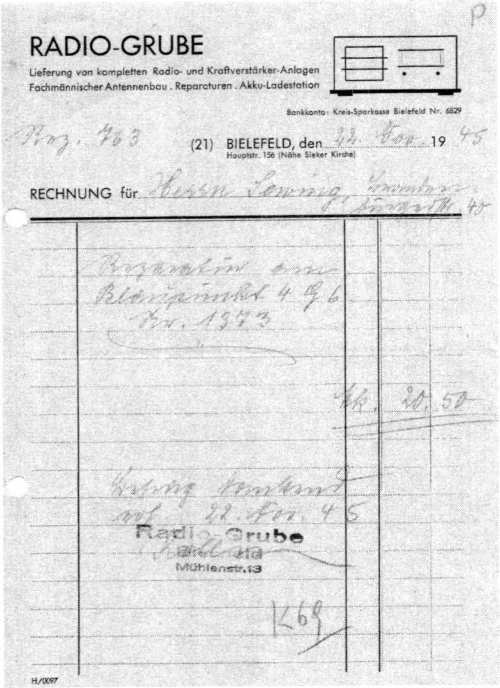

Abb. 38: Rechnung für die Reparatur eines Grundig-Radios, 1945.

Bereits vor dem Aufbau neuer politischer Strukturen bemächtigten sich die Siegermächte der noch vorhandenen Rundfunksender, wussten sie doch, wie wichtig der Rundfunk nun als „Umerziehungsinstrument" war. Am 4. Mai 1945 um zehn Uhr, nur wenige Stunden nach der letzten Ansprache des Hamburger Gauleiters Karl Kaufmann, der die kampflose Übergabe der Stadt verkündet hatte, vernahmen die Bewohner der Hansestadt die Ansage: „This ist Radio Hamburg, a station of the Allied Military Government. Hier spricht Hamburg, ein Sender der Alliierten Militärregierung". Wenige Tage später, am 12. Mai 1945, nahm Radio München als Sender der amerikanischen Militärregierung den Betrieb auf.

Wiederum einen Tag später sendete unter Aufsicht der Sowjetischen Militäradministration und aus einem Übertragungswagen am Sendemast in Tegel Radio Berlin („Hier spricht Berlin"). Die erste Sendung bestand aus den Nationalhymnen der vier Siegermächte, dem Wortlaut der Kapitulationsurkunde, der Botschaft Stalins an das sowjetische Volk sowie der Ansprache des sowjetischen Stadtkommandanten General Nikolaj Bersarin an die Bevölkerung Berlins. Zwei Tage später stand das notdürftig instandgesetzte „Haus des Rundfunks" wieder zur Verfügung.[1] Wenig später benannte sich Radio Berlin in Berliner Rundfunk um, damit war der künftige Rundfunk der DDR geboren. Die Programmmitarbeiter gehörten der in Moskau geschulten „Gruppe Ulbricht" an, an führender Position saß der KPD-Funktionär Hans Mahle. Schnell entwickelte sich das im Krieg unversehrt gebliebene „Haus des Rundfunks" zu einem kulturellen Zentrum Berlins, das (ab Juli 1945) ebenfalls in vier Sektoren aufgeteilt war. Noch war der Sender politisch neutral, mit Sendungen wie „Pulsschlag Berlin" und „Tribüne der Demokratie" unterstützte er den „antifaschistisch-demokratischen" Aufbau, brachte Suchmeldungen des Roten Kreuzes, Verordnungen der Sowjetischen Militäradministration (SMAD) und öffentliche Konzerte – und er übertrug flotte Rhythmen, wie sie sonst nirgends zu hören waren.

Bereits im Juni (!) 1945 hatte Michael Jary, der erfolgreiche Komponist vergangener Jahre, das „Radio Berlin Tanzorchester" (RBT-Orchester) als Hausband des Senders gegründet. Es erstaunt einerseits, wie nahtlos Jary an seine Karriere unterm Hakenkreuz anknüpfen konnte, andererseits, dass die sowjetische Kulturadministration moderne Tanzmusik zuließ. Zum Repertoire des Rundfunkorchesters gehörten Swing-Klassiker und aktuelle US-amerikanische Schlager. Mitglieder der Band waren Erwin Lehn, der 1951 das „Südfunk-Tanzorchester" des Süddeutschen Rundfunks in Stuttgart gründen sollte, und der junge Bully Buhlan, der als Frontsänger der Band zum Publikumsliebling avancierte. Doch spätestens mit Beginn der Berlin-Blockade (Juni 1948) widersprach die fortschrittliche Musik der sowjetischen Kulturpolitik, Songs des Klassenfeindes und sogar deutsche Schlager schienen plötzlich ungeeignet. 1950 löste sich das Orchester auf, die meisten Musiker setzten ihre musikalische Laufbahn im Westen fort.

Laut Besatzungsrecht lag das Fernmeldewesen und damit der Rundfunkbetrieb in den Händen der Alliierten Hohen Kommission, nicht mehr bei der Post. Allerdings war die Post erneut zuständig für den Einzug der Rundfunkgebühr, die weiterhin zwei Mark monatlich betrug, für den Rundfunk-Entstördienst und das Aufspüren von Schwarzhörern.

Am Aufbau des Rundfunks in allen Zonen beteiligten sich neben den alliierten Rundfunkoffizieren zahlreiche Remigranten, die ihre Erfahrungen als Techniker, Programmgestalter oder Sprecher in der Weimarer Republik gemacht hatten, sowie „unbelastete" Deutsche, darunter etliche Frauen, deren Einsatz unentbehrlich war, da viele Männer gefallen oder in Gefangenschaft waren.

In der sowjetischen Besatzungszone (SBZ) wurden schneller als im Westen regionale Sendestationen errichtet.[2] Der Berliner Rundfunk bildete mit den Landessendern Potsdam, Rostock und Schwerin die „Norddeutsche Sendergruppe". Der Sender Leipzig (mit Dresden, Halle, Chemnitz, Magdeburg und Weimar) war für das Programm der „Mitteldeutschen Sendergruppe" zuständig und der am 1. Mai 1949 in Betrieb genommene Deutschlandsender war für die Hörer in den Westzonen bzw. der Bundesrepublik gedacht (1952 wurde er kurzzeitig in „Berlin II" umbenannt). Das Programm der Landessender bestand hauptsächlich aus Übernahmen des Berliner Rundfunks. Dieser wiederum bot eine Mischung aus Volks- und klassischer Musik, Bildungsangeboten, Hörspielen, Nachrichten und Informationen („Was wir wissen müssen", „Probleme der Zeit"), vor allem wurde den Hörern russische Musik und Literatur vermittelt. In den Anfangsjahren überwogen Wortsendungen, doch wurden diese (wie in der Frühphase der NS-Zeit) zugunsten des musikalischen Teils kontinuierlich reduziert. Damit ähnelte das Programm von „Radio Berlin" inhaltlich dem der Weimarer Republik, war dagegen aber eindeutig antifaschistisch ausgerichtet. Die Programmgestaltung der Antifaschisten orientierte sich an den Leitsätzen des neu gegründeten Kulturbun-

des, der auf seiner ersten öffentlichen Tagung im „Haus des Rundfunks" am
3. Juli 1945 sein Programm vorgestellt hatte:[3]

> Vernichtung der Naziideologie auf allen Lebens- und Wissensgebieten. Kampf gegen die geistigen Urheber der Naziverbrechen und der Kriegsverbrechen. Kampf gegen alle reaktionären, militaristischen Auffassungen. Säuberung und Reinhaltung des öffentlichen Lebens. Zusammenarbeit mit allen demokratisch eingestellten weltanschaulichen, religiösen und kirchlichen Bewegungen.

Zwar sollte jeder in der SBZ (und darüber hinaus) mit der Kulturpolitik der neuen Machthaber konfrontiert werden, doch angesichts der Mangelwirtschaft kam nicht jeder Haushalt in den Genuss eines Radios; es mussten Prioritäten gesetzt werden:[4]

> Die Abgabe vom Einzelhändler an Bedarfsträger darf nur gegen Bezugsschein erfolgen und zwar nur an Bedarfsträger, die ihren Wohnsitz im russischen Sektor haben ... Aussicht auf Erteilung eines Bezugsscheines haben zur Zeit nur Personen, die Opfer des Faschismus oder blind sind oder ein Gerät aus beruflichen Gründen dringend brauchen.

Mit der Zeit entwickelte sich der Berliner Rundfunk zu einem Macht- und Erziehungsinstrument und Agitationsorgan gegenüber den westlichen Alliierten.

Nachdem die sowjetische Besatzungsmacht Amerikanern, Briten und Franzosen ein Mitspracherecht am Berliner Rundfunk verweigert hatten, gründeten diese eigene Stationen: Im Februar 1946 war der „Drahtfunk im amerikanischen Sektor" (DIAS) in Betrieb gegangen, ab August desselben Jahres nannte er sich „Rundfunk im amerikanischen Sektor" (RIAS). Er war bis 1993 in Betrieb und verstand sich als „Stimme Amerikas", als „freie Stimme der freien Welt" im viergeteilten Berlin. Geboten wurde, insbesondere mit seiner Musik, ein „neues Lebensgefühl".[5] In den 50er Jahren wurde seine beliebte Quizsendung „Das klingende Sonntagsrätsel" auch von zahlreichen DDR-Bürgern gehört, die in ihren Zuschriften nicht nur das Lösungswort, sondern auch Alltagserfahrungen mitteilten. Die RIAS-Sendung „Die Zone hat das Wort" widmete sich den Sorgen und Nöten der DDR-Hörer und der „RIAS-Treffpunkt" bot insbesondere Jugendlichen Gedankenaustausch und zeitgemäße Musik („Schlager der Woche"). Der DDR-Führung missfiel die Reichweite des West-Senders, daher ergriff sie Gegenmaßnahmen wie „Wer RIAS hört, den Frieden stört" oder „Der RIAS lügt – die Wahrheit siegt" und setzte Störsender ein, die den Empfang aus West-Berlin in der DDR erheblich behinderten. DDR-Bürger, die RIAS-Reportern Informationen lieferten, riskierten wegen Spionage die Todesstrafe.

Zu den bekannten Moderatoren des Senders gehörte der 1925 geborene Hans Rosenthal, der zunächst beim Berliner Rundfunk gearbeitet hatte und 1948 in den Westsektor wechselte. Beim RIAS war er Aufnahmeleiter, ab 1962 Abteilungsleiter für Unterhaltung. Nachdem er sich mit zahlreichen Rate- und Unterhaltungssendungen einen Namen gemacht hatte, ging er als beliebter Showmaster der Abendsendung „Dalli, Dalli" (1971 bis 1986) in die westdeutsche Fernsehgeschichte ein. Beim RIAS war er auch zuständig für die Übertragungen des Funkkabaretts „Günter Neumann und seine Insulaner" (1948 bis 1964), das bis heute als populärste Sendung des von der US-amerikanischen Militärverwaltung gegründeten Senders gilt.

Bis zur Blockade West-Berlins war der Berliner Rundfunk, der nach wie vor im „Haus des Rundfunks" und damit im britischen Sektor untergebracht war (die Sendeanlagen befanden sich in Tegel und damit im französischen Sektor), der bevorzugte Sender aller Berliner, doch mit der zunehmend sowjetfreundlichen Agitation sank die Zuhörerschaft rapide. Jugendliche schalteten lieber das „American Forces Network" (AFN) ein. Seit Juli 1943 in Betrieb, hatte sich der Soldatensender für die US-amerikanischen Streitkräfte bis Kriegsende weltweit etabliert. In Deutschland gab es 1945 neben der Station in Berlin AFN-Ableger in München, Frankfurt und Bremerhaven. Die jugendlichen Moderatoren berichteten live von bedeutenden Ereignissen (Kriegsverbrecher Prozesse in Nürnberg 1945/46 oder der Berliner Luftbrücke 1948/49), vor allem aber brachten sie in Sendungen wie „Music in the Air" Musik, Musik, Musik: Rock'n'Roll, Blues, Country und insbesondere Jazz, der in den anderen Sendern trotz der „neuen Zeit" noch immer eine Randerscheinung war. Daher war der Sender nicht nur bei den GIs beliebt, sondern auch bei deutschen Jazz-Fans. Im Laufe der Jahrzehnte öffneten neue Standorte (u. a. Augsburg, Heidelberg, Mönchengladbach). Erst ab den 1990er Jahren wurden bis 2016 alle AFN-Sender in Deutschland stillgelegt. Einem breiten Publikum wurde der Sender durch den Film „Good Morning, Vietnam" (1987) bekannt, der auf der Biografie eines eigenwilligen AFN-Reporters basiert, der 1965 nach Saigon kommt, um dort die Soldaten der US-Armee während des Vietnam-Krieges mit Humor und Musik bei Laune zu halten.

Auf eine vergleichbare Geschichte blickt der „British Forces Broadcasting Service" (BFBS) zurück, der Soldatensender für die britischen Truppen. Zu seinen bekanntesten Moderatoren gehörte der 1928 in London geborene Chris Howland, der als junger Redakteur für den Sender in Hamburg arbeitete, ab 1952 beim NWDR tätig war und dann in der Bundesrepublik eine erfolgreiche Karriere als Schlagersänger und Schauspieler machte.

Sendervielfalt im Westen

Angesichts der Wohnungs- und Lebensmittelknappheit, der Tauschwirtschaft und Zwangsbewirtschaftung aller Konsumgüter war für viele ein eigenes Rundfunkgerät der pure Luxus. Eine Normalisierung des Wirtschaftslebens erfolgte erst mit der Währungsreform im Juni 1948 (Entwertung der Reichsmark und Einführung der D-Mark), zumindest in den Westzonen. Zu diesem Zeitpunkt betrug die Zahl der Rundfunkteilnehmer (nur) 8,8 Millionen.[6] Da aber vielerorts Kulturstätten wie Theater, Kinos und Bibliotheken noch immer in Trümmern lagen, war der Rundfunk das Unterhaltungsmedium schlechthin.

Nach dem Ende des „Dritten Reichs", dem Einmarsch der alliierten Truppen und dem Aufbau neuer politischer Strukturen lag im trümmerreichen Deutschland die Funkhoheit unwidersprochen bei den Siegermächten. Aufgrund ihres föderalistischen Konzepts installierte die amerikanische Siegermacht ab Mai 1945 in ihrer Zone, zu der als Exklave auch Bremen und Bremerhaven gehörten, föderale Rundfunkanstalten. Als erster Sender der Militärregierung entstand Radio München, es folgten Radio Stuttgart, Radio Frankfurt, Radio Nürnberg sowie Radio Bremen.

Nach einer Übergangszeit sollte das neue Rundfunkwesen für das unter westalliierter Kontrolle stehende Besatzungsgebiet wieder in der Verantwortung der Deutschen liegen. In ihrem „Entwurf zu einer Erklärung über die Rundfunkfreiheit in Deutschland" vom Mai 1946 formulierten die US-amerikanischen Kontrolloffiziere zehn Leitgedanken für die künftige Programmarbeit, die nach den Prinzipien der Denazifizierung, Demokratisierung und Dezentralisierung erfolgen sollte und die später in die Rundfunkgesetze der einzelnen Bundesländer aufgenommen wurden:[7]

> Auf dem Wege zur Schaffung eines freien, demokratischen und friedliebenden Deutschlands, das wiederum seinen Platz in der Familie der Nationen als geachtetes und sich selbst achtendes Mitglied einnehmen wird, muss das deutsche Rundfunkwesen mit al-

len Kräften bemüht sein, ohne Kompromisse sich der Förderung der menschlichen Ideale von Wahrheit, Toleranz, Gerechtigkeit, Freiheit und Achtung vor den Rechten der individuellen Persönlichkeit zu widmen.

Zu diesem Zweck muss und wird das deutsche Rundfunkwesen seine nunmehr hergestellte Unabhängigkeit aufrechterhalten. Es wird sich nicht den Wünschen oder dem Verlangen irgend einer Partei, irgend eines Glaubens oder irgend eines Bekenntnisses unterordnen. Es wird weder direkt noch indirekt eine Schachfigur der Regierung werden, noch wird es das Werkzeug einer besonderen Gruppe oder Persönlichkeit sein, sondern es wird in freier, gleicher, offener und furchtloser Weise dem ganzen Volke dienen. Die einzige Sache, die der deutsche Rundfunk verfechten wird, wird die Sache der Gerechtigkeit und die gemeinsame Sache der Menschheit sein.

Bei gewissenhafter Einhaltung dieser allgemeinen Grundsätze verpflichtet sich die Leitung jedes einzelnen Senders und auch jeder zukünftigen Rundfunkgesellschaft:

1. Den Vertretern der hauptsächlichsten religiösen Bekenntnisse, die den Wunsch äußern, gehört zu werden, eine angemessene Sendezeit einzuräumen ...
4. Allen politischen Parteien, die auf regionaler oder breiterer Basis zugelassen sind, während ihre Beteiligung an örtlichen sowie Landes- oder zukünftigen Reichswahlen die gleiche Länge der Sendezeit einzuräumen ...
6. Die ganze Berichterstattung auf ein hohes Niveau wahrheitsgetreuer Objektivität an Inhalt, Stil und Wiedergabe einzustellen und bei Nachrichtensendungen jede offenbare oder versteckte Kommentierung zu unterlassen ...
8. Demokratisch gesinnten Kommentatoren und Vortragenden das Recht zur Kritik an Ungerechtigkeiten, Missständen oder Unzulänglichkeiten bei Persönlichkeiten oder Amtsstellen der öffentlichen Behörden und den Staats- oder der Reichsregierung mit allen verfügbaren Mitteln zu gewährleisten und zu sichern ...
9. Keine Sendung zu gestatten, die irgendwie Vorurteile oder Diskriminierung gegen Einzelpersonen oder Gruppen wegen ihrer Rasse, Religion oder Farbe verursachen könnte ...

Auch wurden – mit Ausnahme des Saarlandes – nach und nach durch die einzelnen Länderparlamente Rundfunkgesetze verabschiedet. Es galt die Selbstverwaltung und damit die gewollte Politik- und Staatsferne. Beispielhaft sei aus dem „Gesetz über den Hessischen Rundfunk" zitiert; zu seinen Aufgaben sollten folgende Grundsätze gehören:[8]

1. Der Rundfunk ist Sache der Allgemeinheit. Er wird in voller Unabhängigkeit überparteilich betrieben und ist von jeder Beeinflussung freizuhalten.
2. Die Darbietungen sollen Nachrichten und Kommentare, Unterhaltung, Bildung und Belehrung, Gottesdienst und Erbauung vermitteln und dem Frieden, der Freiheit und der Völkerverständigung dienen.
3. Die Darbietungen dürfen nicht gegen die Verfassung und die Gesetze verstoßen oder das sittliche und religiöse Gefühl verletzten. Sendungen, die Vorurteile oder

Herabsetzungen wegen der Nationalität, Rasse, Farbe, Religion oder Weltanschauung eines Einzelnen oder einer Gruppe enthalten, sind nicht gestattet.
4. Die Berichterstattung muss wahrheitsgetreu und sachlich sein. Nachrichten und Stellungnahmen dazu sind deutlich voneinander zu trennen. Zweifel an der Richtigkeit sind auszudrücken ...
5. Die Landesregierung hat das Recht, Gesetze, Verordnungen und andere wichtige Mitteilungen durch den Rundfunk bekanntzugeben. Hierfür ist ihr angemessene Sendezeit unverzüglich und unentgeltlich einzuräumen ...

Neben dem Verwaltungsrat und dem Intendanten war als Kontrollorgan der Sender in jedem Land ein Rundfunkrat eingesetzt worden, der aus Vertretern aller gesellschaftlichen Gruppen bestand, die die Öffentlichkeit repräsentieren und auf Vielfalt achten sollten. Laut Hessischem Rundfunkgesetz gehörten dazu Vertreter der Landesregierung, der Fraktionen im Landtag, der Universitäten, der evangelischen und katholischen Kirche, der jüdischen Kultusgemeinden, der Lehrervereinigungen, der Gewerkschaften, der Verbände, des Sports und der Kultur.[9]

Im Januar 1949 übergab die US-amerikanische Militärregierung die Rundfunkhoheit den Deutschen, von nun an sendete Radio München als Bayerischer Rundfunk, und zwar über UKW. Kurz zuvor, im Oktober 1948, war aus Radio Frankfurt, das zunächst aus einem provisorischen Studio in Bad Nauheim gesendet hatte, der Hessische Rundfunk entstanden, der seinen Hörern schon früh ein anspruchsvolles Nachtprogramm präsentierte. Zuständig für das „Abendstudio" war der Schriftsteller Alfred Andersch, der sich selbst mit zeitkritischen Essays an politischen Diskussionen beteiligte, in seinen Gesprächsrunden aber auch prominente Vertreter der „Frankfurter Schule" wie Theodor W. Adorno und Jürgen Habermas oder bekannte Publizisten wie Alexander Mitscherlich und Hans Magnus Enzensberger zu Wort kommen ließ. Radio Bremen erhielt seine Eigenständigkeit im April 1949.

In der britischen und französischen Zone hatte vorerst eine zentralistische Rundfunkstruktur geherrscht. Wie die genannten Sender gab sich auch der Südwestfunk (SWF), unter französischer Besatzungshoheit im Oktober 1945 als Radio Koblenz gegründet, im Oktober 1948 eine Verfassung als Anstalt des öffentlichen Rechts. Er war nun eine Landesrundfunkanstalt für die Länder Baden, Rheinland-Pfalz und Württemberg-Hohenzollern. Erst im Mai 1949 wurde aus Radio Stuttgart der Süddeutsche Rundfunk (SDR). Bemerkenswert ist, dass gerade in der französischen Zone 60 Prozent der zugelassenen Journalisten im „Dritten Reich" tätig gewesen waren.[10] Bereits im September 1945 hatte, hervorgegangen aus dem Militärsender Radio Hamburg, der Nordwestdeutsche Rundfunk (NWDR) als gemeinsame Rundfunkanstalt für die gesamte britische Besatzungszone seinen Betrieb aufgenommen. Sein Sendegebiet waren die Länder Hamburg, Niedersachsen, Nordrhein-Westfalen und Schleswig-Holstein. Nach britischem Vorbild organisiert, sollten Unabhängigkeit, Unvoreingenommenheit und Toleranz die Leitideen des demokratischen Rundfunks sein. Am Aufbau des NWDR war maßgeblich Hugh Greene beteiligt. Der 1910 geborene Greene, jüngerer Bruder des Schriftstellers Graham Greene, war während des Krieges Chefredakteur der Nachrichtensendungen des deutschsprachigen Programms der BBC gewesen, kannte das Metier also aus eigener Erfahrung und war später, von 1960 bis 1969, Generaldirektor der BBC.

Im April 1946 eröffnete der NWDR ein Studio am Heidelberger Platz in Berlin-Wilmersdorf, das dann 1953 durch den neu gegründeten Sender Freies Berlin (SFB) ersetzt wurde. Unter seinem ersten Generaldirektor, dem SPD-Politiker Adolf Grimme, Namensgeber des seit 1964 vergebenen Fernsehpreises, entwickelte sich der Sender früh zum führenden Kultursender West-Deutschlands. Als erstes Hörspiel wurde im September 1945 Carl Zuckmayers „Hauptmann von Köpenick" gebracht, im Februar 1947 war die Uraufführung „Draußen vor der Tür" von Wolfgang Borchert zu hören. Bereits seit November 1945 strahlte der NWDR sein Schulfunkprogramm und Gottesdienste aus, auch unterhielt er als erster Sender eine eigene „Rundfunkschule" zur Ausbildung von Hörfunkredakteuren. Profilierte Journalisten der ersten Stunde waren hier Axel Eggebrecht, der das Radio-Feature im deutschen Rundfunk einführte, und Peter von Zahn, der nach kurzer Leitung der Sendung „Von Rhein und Ruhr" ab 1951 als Auslandskorrespondent in den USA mit seinen Beiträgen „Aus der neuen Welt" einem breiten Radiopublikum bekannt wurde. Ein weiterer bekannter Rundfunkjournalist, der seine Karriere 1945 beim NWDR in Hamburg begonnen hatte und der maßgeblich am Aufbau des Senders in Köln beteiligt war, war Eduard von Schnitzler. Wegen seiner kommunistischen Propaganda wurde ihm jedoch gekündigt, er verließ Köln Ende 1947 und ging als Kommentator zum Berliner Rundfunk. 1952 wurde er Leiter der Kommentatorengruppe im Staatlichen Rundfunk-Komitee der DDR, ab den 1960er Jahren wurde der umstrittene Journalist einem breiten Publikum bekannte als Moderator der Fernsehsendung „Der schwarze Kanal".

Mit der föderalen Struktur und der betonten Überparteilichkeit sollte der Nachkriegsrundfunk in den westlichen Zonen einer autoritären Herrschaft nach NS-Vorbild vorbeugen, alle Sender standen im Dienst der Demokratisierung und Entnazifizierung. Daher wurde zwischen November 1945 und Oktober 1946 täglich ausführlich über die Kriegsverbrecherprozesse in Nürnberg berichtet. Doch neben der Verkündung von Anordnungen, Nachrichten, politischen Kommentaren und praktischen Tipps sollten die Beiträge auch Trost und Hoffnung spenden.

Radio Saarbrücken, in der französischen Besatzungszone gelegen, startete am 17. März 1946 (mit dem Abspielen der Marseillaise, danach folgte die deutsche Ansage: „Radio Saarbrücken – hier spricht die Saar"). Der Sender diente vor allem der Vermittlung französischer Kultur und bildete damit die Ausnahme vom Prinzip der Staatsferne.

Zur Rundfunkgeschichte des beginnenden Kalten Krieges gehört auch das vom „Nationalkomitee für ein freies Europa" gegründete „Radio Free Europe" (RFE). Die 1949 in New York gegründete antikommunistische Organisation – an deren Spitze so einflussreiche Politiker wie John Jay McCloy standen, der nach seiner Tätigkeit als Präsident der Weltbank als Hoher Kommissar der USA von 1949 bis 1952 maßgeblich den politischen und wirtschaftlichen Aufbau der frühen Bundesrepublik prägte – betrieb in München einen Rundfunksender, der gezielt „für die Befreiung des sowjetisch kontrollierten Osteuropa gegründet und dafür bewusst aus dem Verantwortungsbereich der offiziellen US-Politik ausgegliedert worden war".[11] Die Nachrichtensendungen wandten sich an Hörer in mittel- und osteuropäischen Ländern außerhalb der Sowjetunion, sie waren gedacht als ideologisches Gegenprogramm zu den staatlichen Medien des Ostblocks. Die Hauptgeschäftsstelle mit Studiogebäude befand sich am Englischen Garten, gesendet wurde ab Mai 1951 via Mittel- und Kurzwelle aus dem oberbayerischen Holzkirchen und aus dem südhessischen Biblis. Zwei Jahre später nahm eine weitere antikommunistische Organisation, das 1951 gegründete „Amerikanische Komitee für die Befreiung der Völker Russlands", den im südhessischen Lampertheim stationierten Radiosender „Radio Liberation" (RL, ab 1964 „Radio Liberty") in Betrieb und sendete in russischer Sprache. Im Dienst der Amerikaner standen bis zu 1.400 Mitarbeiter aus zahlreichen Nationen. Viele von ihnen stammten aus dem Ostblock und waren zuvor als Journalisten, Künstler oder Professoren tätig, einige hatten auch unter dem

NS-Regime gelitten. Gemeinsames Ziel beider Sender, die vom Auslandsgeheimdienst CIA finanziert wurden und dann 1976 fusionierten, war es in den Nachkriegsjahren, eine antikommunistische Haltung unter ihren Hörern zu befördern und ein Programm im Sinne der Demokratisierung auszustrahlen. Wie nicht anders zu erwarten, sollten auch hier die Hörer gelockt werden mit Rock und Pop – Rhythmen, die der Ostblock in Zeiten des Kalten Krieges in seinen Rundfunkprogrammen nicht zuließ. 1995, längst im Zeichen der politischen Annäherung, verlegten RFE und RL ihre Hauptgeschäftsstelle von München nach Prag; gesendet wird auch heutzutage noch, in 26 Sprachen für Hörer in 22 Länder. Von Oktober 2022 bis März 2023 boten das Stadtmuseum München und das benachbarte Jüdische Museum unter dem Titel „Radio Free Europe. Stimmen aus München im Kalten Krieg" Einblicke in Münchens Rolle als Standort der Gegenpropaganda in der Nachkriegszeit.

V.

Rundfunk in der Bundesrepublik

„Heinzelmann" & Co

Das Jahr 1949 stellt eine Zäsur dar: Im Mai wurde die Bundesrepublik Deutschland gegründet, im Oktober die DDR. Überall herrschte Aufbruchsstimmung, eine neue Zeit begann. Anfang des Jahres waren 6,5 Millionen Hörer in den drei Westzonen gemeldet, mit einem neuen Angebot stiegen auch die Teilnehmerzahlen. Rund 150 Firmen stellten Radiogeräte her, schon 1951 produzierten sie 2,3 Millionen Apparate. Zu den führenden Unternehmen der Wirtschaftswunderzeit (ab Mitte der 1950er Jahre) gehörte die damals in Frankfurt ansässige Firma Braun, die bereits Ende der 1930er Jahre sehr erfolgreich Kofferradios auf den Markt gebracht hatte und 1947 nun (neben Trockenrasierern und Küchenmaschinen) ihren ersten Nachkriegs-Radioapparat offerierte. Der 1890 geborene und 1951 verstorbene Max Braun und seine jungen Söhne Erwin und Artur legten Wert auf ein innovatives Design. Nichts sollte mehr an die Geräte der NS-Zeit wie den „VE 301" erinnern. In Zusammenarbeit mit der Ulmer Hochschule für Gestaltung wurden Gehäuse konstruiert (dann auch Radio-Phon-Kombinationen und Musikschränke), die mit ihrer auffälligen Eleganz und Schlichtheit die neue Zeit, die Zeit der Demokratie widerspiegeln sollten.

Abb. 39: Braun Design, Briefmarke von 2018.

Abb. 40: Der *Spiegel* machte Max Grundig im Januar 1958 zur Titelstory („Vorstoß ins Büro. Funk- und Fernseh-Fabrikant Grundig", Der Spiegel 3/1958, S. 18–28).

Wesentlich bekannter als Max Braun war der 1908 geborene Max Grundig, der Rundfunkgeschichte nicht nur mitgeschrieben, sondern sie von Beginn an begleitet hat. Schon als 16-Jähriger hatte er aus Bauteilen seinen ersten Detektor gebastelt, als 18-Jähriger faszinierten ihn die Präsentationen rund um das neue Medium auf der 3. Großen Funk-Ausstellung in Berlin. Experimentierfreude, Technikbegeisterung, Verstand und Kundennähe führten dazu, dass er aus kleinen Anfängen als Inhaber eines Radiogeschäfts in Fürth (Verkauf und Reparatur, 1930 eröffnet) zum größten Radio- und Fernsehgerätehersteller Europas in den 1950er/60er Jahren wurde. Da die Geräteproduktion nach Kriegsende unter alliierter Kontrolle stand und genehmigungspflichtig war und Radios nur gegen spärlich erteilte Bezugsscheine ausgeliefert werden durften, entwickelte Grundig 1945/46 einen „Baukasten für Radiobastler", der ab Januar 1947 unbedenklich als Spielzeug verkauft

V. Rundfunk in der Bundesrepublik

werden durfte. Oftmals übernahmen Händler für die Kunden die Montage und lieferten auch die Röhren, die nicht im Baukasten enthalten waren. Dieses in Anlehnung an die 1924 bei der Norag auf Sendung gegangene Rundfunkfigur „Heinzelmann" genannte Gerät, das zwischen 176 und 189 RM kostete[1] und von dem insgesamt mehr als 100.000 Stück verkauft wurden (alleine 75.000 Stück bis zur Währungsreform im Juni 1948), schuf die Basis seines Imperiums, das ab 1951 auch Fernsehgeräte im Angebot hatte. Trotz seines damals traditionslosen Firmennamens expandierte Max Grundig in Windeseile dank technisch hochwertiger und preisgünstiger Geräte mit schwungvollen Formen und aufgrund eines ausgeklügelten Vertriebssystems.

Wie bereits 1995 zum 50-jährigen Jubiläum kam Ende 2020, 75 Jahre nach seiner Premiere, der „Heinzelmann" in einer limitierten Sonderauflage von 5.000 Exemplaren wieder auf den Verkaufstisch – in eleganter Retro-Design-Interpretation und mit zeitgemäßer Empfangstechnik zu einem Preis von 329 €.

Im Jahr 1966 übernahm Grundig die 1945 in Karlsruhe gegründete Firma „Tonfunk GmbH", die für ihre viel verkauften Serienmodelle „Zauberflöte", „Meisterklang" und „Violetta" bekannt war. Ein beliebtes Stück war die ungewöhnliche „Violetta Lyra W332" von 1954. Wie auch andere Geräte der Zeit

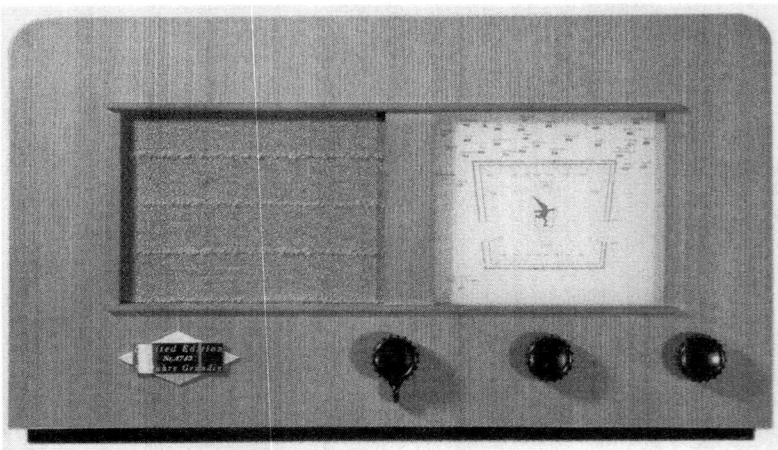

Abb. 41: Jubiläums-Heinzelmann, 1995.

hatte sie eine beleuchtete Senderskala, einen Drehregler und „Gebiss-Tasten", die Form jedoch glich einer Lyra, also einer griechischen Laute. Ab 1955 produzierte Tonfunk Rundfunkgeräte auch für das Versandhaus Quelle in Fürth.

Zu den vielfältigen Angeboten auf dem Radiomarkt gehörte ferner der Rundfunkempfänger „Pirolette Super" der traditionsreichen Pforzheimer Firma „G. Schaub Apparatebau GmbH" (ab 1955 „Schaub-Lorenz"). Das gerippte Tischgerät für 142 DM wirkte wie ein Heizkörper; beworben wurde es bei Markteinführung 1951 als der „kleine Allzwecksuper für Reise und Heim".

Mit einer Vielzahl neuer Radiogeräte, die als Alltagsgegenstand in der Küche oder als komfortables Möbelstück im Wohnzimmer zum Zentrum des Familienlebens wurden, kamen auch wieder zahlreiche Rundfunkprogramm-Zeitschriften auf den Markt: *Neuer Südfunk, Funkillustrierte, Neuer Westfunk, Funkspiegel, Funkwacht, Radio-Illustrierte*; bis heute erscheinen *Gong* (seit Oktober 1948) und *Hörzu* (seit 1946, bis 1972 unter der Schreibweise „Hör Zu!"). Die Innovationen der Branche wurden erstmals nach dem Krieg im August 1950 auf der Deutschen Funkausstellung in Düsseldorf präsentiert (seit 1971 unter dem neuen Namen Internationale Funkausstellung, IFA,

Abb. 42: Telefunken auf der Deutschen Industrieausstellung Berlin, Postkarte von 1952.

V. Rundfunk in der Bundesrepublik

Abb. 43: Blaupunkt Autoradio auf dem Cover der *Motorrundschau*, 10.03.1960.

wieder in Berlin). Zu den Neuheiten gehörten zunehmend Autoradios, auf die sich in den Nachkriegsjahren vor allem die Firmen Telefunken, Becker, Blaupunkt und Philips spezialisiert hatten. Bereits Ende 1953 besaßen annähernd 40 Prozent aller Neuwagen in der Bundesrepublik ein Autoradio.

Doch auch für die Jugend, die sich in aller Regel noch kein Auto leisten konnte, bedeute das Radio in den 1950er/60er Jahren Freiheit, Unabhängigkeit, Abenteuer, Rebellion. Die inzwischen handlichen und preiswerten Koffer- und Taschenradios (Transistorradios) ließen sich bequem auf dem Rad oder im Rucksack transportieren und konnten so mit an den See oder ins Freibad genommen werden. Das gemeinschaftliche Hören von Rhythmen, die das Elternhaus nicht duldete, bereitete Vergnügen. Der Rundfunk vermittelte mit Boogie Woogie und Rock'n'Roll ein neues Lebensgefühl in der doch überwiegend spießig-biederen Adenauer-Ära, in der viele Väter fehlten, da sie im Krieg gefallen waren. Die Interpreten der Zeit wie Bill Haley,

Chuck Berry, Little Richard und besonders Elvis Presley waren Idole einer Musikrichtung, die von der älteren Generation, Schule, Politik und Religion argwöhnisch beäugt, wenn nicht sogar verachtet wurde. Ab 1961/62 eroberten sich die Beatles und die Rolling Stones ein dankbares Millionenpublikum. So wurden die neuartigen Transistorradios („Exporter" von Braun, „Peggie" von Akkord, „Transistor Boy" von Grundig), mit denen oftmals die Erinnerung an die erste Liebe verbunden blieb, zum Statussymbol unter den Jugendlichen. Erstmals auf der Düsseldorfer Funkausstellung im August 1953 vorgestellt, waren sie mobil, kompakt und robust und wurden neben dem wohlgehüteten Familienapparat ein beliebtes Zweitradio.[2] Eine halbe Generation später wurden die Transistorradios mit Kompakt-Kassettengeräten zu Radiorecordern kombiniert, für die Unterhaltungsbranche begann eine neue Ära.

Abb. 44: „Kleiner Boy" von Grundig, 1951.

Neben den Transistorradios, die die Röhrenempfänger ablösten, bot der Markt hochwertige Wohlfühlklänge aus luxuriösen Musiktruhen, die eine Kombination von Radio, Plattenspieler und Tonbandgerät enthielten. Erst wenige Jahre alt war die Langspielplatte (LP) mit 33,3 Umdrehungen pro Minute. Im August 1951 von dem Unternehmen Deutsche Grammophon auf der Deutschen Musikmesse in Düsseldorf vorgestellt, löste die Kunststoffplatte innerhalb weniger Jahre die bisherige kleinere Schelllackplatte ab. Der reinere Klang und die längere Spielzeit von einer halben Stunde, die den Plattenwechsel ersparte, erfreuten vor allem Klassik-Fans.

Die Qualität des Angebotes forderte ihren Preis. Bereits mit Einführung der Rundfunkgebühr 1924 war Jagd auf „Schwarzhörer" gemacht worden. Als sich die Rundfunkanstalten in den 1950er Jahren immer mehr Personal und großzügige Sendeanlagen leisteten, wurde die Gewinnung neuer zahlender Hörer mittels Handzettel, Postwurfsendung, Kinowerbung oder Plakat intensiviert. Einer Schätzung zufolge sollen 1954 zehn Prozent der Teilnehmer nicht angemeldet gewesen sein. Zunächst versuchten die Sender, mit Prämien neue Teilnehmer zu gewinnen, Unbelehrbare jedoch wurden gemahnt. Schon in diesen Jahren machten sich Mitarbeiter des Funkmessdienstes der Post mit Fernsehempfänger-Suchgeräten auf die Suche nach Zahlungsunwilligen. Auch der Postbote, der Monat für Monat die Gebühr von (noch immer) 2 DM kassierte, diente als Quelle bei der Meldung von „Schwarzhörern".[3]

Abb. 45: Poststempel über Rundfunkgebühren, 1952.

Gründung der ARD

Deutschland hatte 1945 den Krieg verloren, das wirkte sich auch auf das Rundfunkwesen aus. Mit dem 1948 ausgearbeiteten und im März 1950 in Kraft getretenen Kopenhagener Wellenplan verlor das Land zwölf Mittelwellenfrequenzen und eine Langwellenfrequenz, es verblieben folgende Frequenzzuweisungen: Für die amerikanische Zone: 989 kHz und 1.602 kHz, für die britische Zone 971 kHz und 1.586 kHz, für die französische Zone 1.196 kHz und 1.538 kHz sowie für die sowjetische Zone 1.043 kHz und 1.546 kHz (eine Neuzuteilung erfolgte bereits 1953, ab 1978 galt der Genfer Wellenplan), immerhin beförderte diese Maßnahme den raschen Ausbau des UKW-Sendenetzes und damit eine bessere Übertragungsqualität. Die Umstellung auf UKW wurde zur Regel, ermöglichte den Sendern neue Angebote und verdrängte das Mittelwellenprogramm, auf dem nunmehr nur noch die ersten Programme gesendet wurden.

Noch bis 1955 bestand die Funkhoheit der Alliierten, auch wenn das im Mai 1949 verabschiedete Grundgesetz ausdrücklich die Freiheit der Meinungsäußerung vorsah: „Die Pressefreiheit und die Freiheit der Berichterstattung durch Rundfunk und Film werden gewährleistet. Eine Zensur findet nicht statt." (Art. 5) Dieser Passus widersprach dem Ansinnen des Bundeskanzlers Adenauer, der 1950 gerne einen „Bundessender" zur Verbreitung seiner Regierungspolitik ins Leben rufen wollte. Stattdessen kam es im Juni desselben Jahres auf der Bremer Tagung der westdeutschen Rundfunkanstalten (Bayerische Rundfunk, Hessischer Rundfunk, Nordwestdeutscher Rundfunk, Radio Bremen, Süddeutscher Rundfunk, Südwestfunk; erst 1959 trat auch der Saarländische Rundfunk hinzu) zur Gründung einer „Arbeitsgemeinschaft der öffentlich-rechtlichen Rundfunkanstalten der Bundesrepublik Deutschland". Das bekannte Kürzel ARD wurde erst ab 1954 üblich. Beabsichtigt war eine effiziente Zusammenarbeit hinsichtlich der Technik, der Auslandsberichterstattung, der Urheberrechte und der Kooperation mit Sendern des europäischen Auslands. An dieser Stelle sei auf Hans Bredow hingewiesen, der den Neuaufbau des Rundfunkwesens mit Rat und Tat begleitete. Der ehemalige Vorsitzende der Reichsrundfunk-Gesellschaft, den die Nationalsozialisten 1933 kaltgestellt hatten, war von 1949 bis 1951 Vorsitzender des Verwaltungsrats des HR.

V. Rundfunk in der Bundesrepublik

Abb. 46: Philips Sagitta 363 aus dem Jahr 1956.

Auch wenn Adenauers „Staatsfunk" nicht verwirklicht wurde, mussten die Hörer nicht auf politische Berichte und Kommentare verzichten. Im Gegenteil: Seit September 1949, mit Konstituierung des 1. Deutschen Bundestages in Bonn, wurden Parlamentsreden live übertragen. Die Hörer konnten sich von den führenden Politikern zwar noch „kein Bild machen" (Wahlkampfauftritte fanden nur in beschränktem Maße statt und die Tageszeitungen enthielten im Gegensatz zu heute kaum Fotos), doch über den Rundfunk waren die Stimmen der „Männer der ersten Stunde" präsent (u. a. Konrad Adenauer, Ludwig Erhard, Thomas Dehler, Theodor Heuss, Jakob Kaiser, Carlo Schmid, Kurt Schumacher, Herbert Wehner).

Nachdem im Dezember 1952 der NWDR mit der Ausstrahlung eines täglichen Fernsehprogramms begonnen hatte (Versuchssendungen waren bereits zwei Jahre zuvor gesendet worden), war ab November 1954 das „Deutsche Fernsehen" als Gemeinschaftsprogramm der ARD bundesweit empfangbar. Bislang galt „Radio" als Synonym für den Rundfunk, nun musste sich der „Hörfunk" neben dem neuen Medium behaupten, „das den größeren Teil der öffentlichen Aufmerksamkeit auf sich zog. Die faszinierende Wirkung des Fernsehens auf den optischen Sinn der Menschen hatte eine gewissermaßen naturbedingte Abwertung des Hörfunks zur Folge, die sich alsbald in einer Änderung des allgemeinen Hörverhaltens auswirkte. Diese Veränderung seiner Position im Gesamtzusammenhang der Massenmedien beeinflusste grundsätzlich die Entwicklung des Hörfunks", so ein Rückblick auf den „Hörfunk im Zeitalter des Fernsehens".[4]

In den Anfangsjahren betrug die tägliche Sendedauer des Fernsehprogramms zwischen drei und vier Stunden. Gesendet wurde in den Abendstunden. Sogar in der DDR konnte das westdeutsche Programm empfangen werden, nur nicht im Osten Sachsens, weshalb hier das Kürzel ARD scherzhaft auch für „Außer Raum Dresden" oder „Außer Reichweite Dresdens" stand. Doch mit einer Million angemeldeter Fernsehteilnehmer zum 1. Oktober 1957 war der Fernsehapparat im Privathaushalt noch eine Ausnahme; die Gebühr betrug monatlich 5 DM. Der Vorzug des Rundfunks gegenüber dem Fernsehen lag in seiner ständigen Präsenz und Verfügbarkeit, vor allem tagsüber. Das Radio bot Nachrichten, versprach also unmittelbare Aktualität, und vor allem sendete es Musik.

Die 1950er/60er Jahre waren das „goldene Zeitalter" des Hörrundfunks und der Rundfunk das Medium zur Verbreitung der neusten Schlager. Während die Jugend überwiegend die neusten Rhythmen aus dem Sehnsuchtsland USA einstellten, lauschten diejenigen, die entwurzelt, vertrieben, heimatlos waren, die sich nur schwer zurechtfanden in einer Welt zwischen Trümmerbeseitigung und Wiederaufbau, Liedern, die von Fernweh, Liebe und besseren Zeiten erzählten („Nimm mich mit, Kapitän, auf die Reise", „Ganz Paris träumt von der Liebe", „Steig in das Traumboot der Liebe", „Heimweh" oder „Die Gitarre und das Meer"). Das Wirtschaftswunder Ende der 1950er Jahre brachte auch eine erste Reisewelle nach dem Krieg mit sich, die sich musikalisch wiederum in den „Italien-Schlagern" niederschlug („Komm ein bisschen mit, nach Italien", „Ciao, ciao, Bambina", „Santa Lucia", „Zwei kleine Italiener"). Die Schlagerstars der Jahre hießen u. a. Peter Alexander, Margot Eskens, Rudi Schuricke, Caterina Valente, Freddy Quinn – der Rundfunk machte sie populär, bevor sie zu Platten- und Filmstars wurden.

Ebenfalls noch vor flächendeckender Einführung des Fernsehens verhalfen die 1950er/60er Jahre den Hörspielreihen zum Durchbruch. Auch Autoren der Gegenwart wie Ilse Aichinger, Ingeborg Bachmann, Heinrich Böll, Friedrich Dürrenmatt, Max Frisch, Wolfgang Hildesheimer oder Fred von Hoerschelmann boten die Hörspiele ein weitverbreitetes Forum ihres Schaffens. Mit ihren Werken präsent waren auch wieder Autoren wie Thomas

Mann oder Mascha Kaléko, die während der NS-Zeit emigriert waren. Prägend in der kulturell-literarischen Rundfunkarbeit waren ferner Alfred Andersch, Teilnehmer der „Gruppe 47", Walter Heist oder Wolfgang Koeppen. Ein anspruchsvolles Kulturprogramm für das Ausland bot auch die 1953 gegründete Deutsche Welle (DW), deren Sendungen den Austausch der Kulturen fördern sollten und die bereits 1954 Nachrichten auf Französisch, Englisch, Spanisch und Portugiesisch brachte. In den Jahren des Kalten Kriegs beeinträchtigten immer wieder Störsender des Ostblocks Sendungen der DW, weil im Sender Kritiker der Diktaturen zu Wort kamen und politische Flüchtlinge in der Redaktion arbeiteten. Im Gegensatz zu den anderen Mitgliedern der ARD wird die DW nicht aus Rundfunkbeiträgen, sondern aus Steuermitteln des Bundes finanziert.

Ein unvergessliches Ereignis jener Jahre war die Übertragung der Fußball-Weltmeisterschaft 1954. Zum ersten Mal wurde ein solches Turnier im Fernsehen übertragen, und tatsächlich war es dieses Ereignis, das das Medium Fernsehen populär machen sollte. Doch noch war es der Radioapparat und häufig noch der Gemeinschaftsempfang in Cafés und Kneipen, der die Massen anzog und am „Wunder von Bern" teilhaben ließ. In die Mediengeschichte eingegangen ist die leidenschaftliche Radioreportage des Endspiels der Fußball-Weltmeisterschaft zwischen der Bundesrepublik und Ungarn am 4. Juli 1954 durch Herbert Zimmermann vom NWDR. Seine legendären, vielfach zitierten Worte zu Helmut Rahns Siegtor zum 3 : 2 lauteten:[5]

> Sechs Minuten noch im Wankdorf-Stadion in Bern, keiner wankt, der Regen prasselt unaufhörlich hernieder, es ist schwer, aber die Zuschauer, sie harren nicht [sic!] aus. Wie könnten sie auch – eine Fußball-Weltmeisterschaft ist alle vier Jahre und wann sieht man ein solches Endspiel, so ausgeglichen, so packend. Jetzt Deutschland am linken Flügel durch Schäfer. Schäfers Zuspiel zu Morlock wird von den Ungarn abgewehrt – und Bozsik, immer wieder Bozsik, der rechte Läufer der Ungarn am Ball. Er hat den Ball – verloren diesmal, gegen Schäfer. Schäfer nach innen geflankt. Kopfball – abgewehrt. Aus dem Hintergrund müsste Rahn schießen – Rahn schießt – Tooooor! Tooooor! Tooooor! Tooooor! ... Aus, aus, aus – aus! – Das Spiel ist aus! – Deutschland ist Weltmeister.

Beginnend im April 1950 mit dem NWDR und im November desselben Jahres dem SDR erweiterten die Sendeanstalten im Laufe der Jahrzehnte ihr Programm mit einem zweiten, dritten, schließlich gar vierten Hörfunkprogramm, das jeweils spezifische Zielgruppen ansprechen sollte. Die ersten Programme boten ein abwechslungsreiches Programm für alle: Nachrichten,

Live-Reportagen, Kommentare, Expertenmeinungen, Haushaltstipps, Verkehrshinweise, Rätsel, Alltagshilfen, Kurzgeschichten, Berichte aus der Welt des Sports. Die weiteren Programme legten ihren Schwerpunkt auf Kultur (klassische Musik, Hörspiele, Fortsetzungsromane etc.) oder Popmusik. Doch auch für diese Zeit (und darüber hinaus) galt, was schon in der Weimarer Republik und unter dem Hakenkreuz gezählt hatte: Die meisten Hörer wünschten sich Musiksendungen.[6]

Im Mai 1954 ratifizierte der nordrhein-westfälische Landtag das „WDR-Gesetz" (ein Jahr später folgte in Hamburg das „NDR-Gesetz"), damit endete ab dem 1. Januar 1956 die Ära des NWDR, der sich in den Westdeutschen und den Norddeutschen Rundfunk (WDR bzw. NDR) mit eigenen Programmen teilte. Die strikte Trennung beider Funkhäuser bedeutete zugleich aber auch, was als „unverhüllte Parteienherrschaft nicht nur in den Aufsichtsgremien, sondern auch in der Personal- und sogar in der Programmpolitik" kritisiert wurde: Die Rundfunkräte wurden nun nicht mehr von gesellschaftlichen Institutionen entsandt, sondern von den Landtagsabgeordneten gewählt. „Seither wurden überall vergleichbare Grundlagen für die Rundfunkverfassung, damit aber auch für einen Dauerkonflikt zwischen staatlich-politischem Zugriff und professionellem Unabhängigkeitsinteresse gelegt."[7]

Noch mehr politischen Einfluss auf die bestehende Rundfunkordnung hatte sich – nach seinem Bestreben, 1950 einen „Bundessender" zu gründen – erneut Bundeskanzler Adenauer gewünscht. 1959 plante er ein gesamtdeutsches Fernsehprogramm, das nicht den Ländern, sondern dem Bund hätte unterstehen sollen, wie ein in Diktaturen üblicher Staatsrundfunk. Doch die Pläne, eine privatwirtschaftlich organisierte „Deutschland-Fernsehen-GmbH" als politisches Führungsmittel der Bundesregierung zu etablieren, wurden nicht verwirklicht, zu groß waren die Proteste. Stattdessen entstand infolge eines Staatsvertrags der westdeutschen Ministerpräsidenten vom Juni 1961 ein „Zweites Deutsches Fernsehen" (ZDF) mit Sitz in Mainz; offizieller Sendestart war der 1. April 1963. Sein Schwerpunkt lag auf Unterhaltungssendungen für die ganze Familie. Mit dem neuen Sender war Pluralität verwirklicht und er bot eine Alternative zur politisch einseitig linken ARD. Hatte bereits der Rundfunk als führendes Massenmedium Ende der 1950er Jahre die Tageszeitung zu einem zweitrangigen Medium werden lassen (im Jahr 1960 verfügte jeder Haushalt über ein Radiogerät, das entsprach rund 16 Millionen Hörfunkteilnehmern), so bedeutete die Einführung des

V. Rundfunk in der Bundesrepublik

ZDF für den Rundfunk Konkurrenz, mehr aber noch für die Kinobetreiber; das Fernsehen in jenen Jahren hatte den Kinobesuch in Deutschland halbiert. „Aushängeschilder" des Fernsehens, sei es bei ARD oder dann ZDF, waren bekannte Radiomoderatoren, die ihre Popularität deutschlandweit über Unterhaltungssendungen steigern konnten. Zu den großen Entertainern der 1960er/70er Jahre zählen Peter Frankenfeld, Hans-Joachim Kulenkampff und Heinz Schenk, die ihre Karriere 1948, 1950 bzw. 1951 beim HR begonnen hatten. U. a. moderierten sie die Frühsendung „Frankfurter Wecker", die von 1952 bis 1967 jeden Morgen um 6.30 Uhr aus dem Frankfurter Funkhaus gesendet wurde. Dann wurden sie einem Millionenpublikum bekannt als Showmaster der großen Abendsendungen im Fernsehen: „Vergissmeinnicht", „Musik ist Trumpf" bzw. „Einer wird gewinnen" und „Zum Blauen Bock". Der Wechsel solcher Größen der Unterhaltung und der Quizsendungen war für den Rundfunk ein herber Verlust, er bedeutete einen Rückgang der Hörerzahlen. Bei diesen abendfüllenden Sendungen (in den 1970er Jahren kamen „Am laufenden Band" mit Rudi Carrell oder „Der große Preis" mit Wim Thoelke hinzu), meist am Samstagabend, saß die Familie vereint um den Fernsehapparat.

Jugendliche jedoch, die bewusst in ihrer Welt leben und nicht gezwungenermaßen am Familienleben teilnehmen wollten, blieben ihren Radiosendungen treu. Ab Mitte der 1960er Jahre hatten alle Rundfunkanstalten die Jugend als ernstzunehmende Zielgruppe entdeckt und reagiert. Die auf sie zugeschnittenen Sendungen hießen beim WDR „Für junge Leute", „Panoptikum", „Fünf nach sieben – Radiothek", beim SR „Hallo Twens", der HR brachte „Teens-Twens-Top-Time", die Popsendung des NDR lautete „5-Uhr-Club", der „Pop Shop" begeisterte jugendliche Hörer des SWF und auch der BR bot mit „Zündfunk" ein zeitgemäßes Programm. Gegen Ende des 20. Jahrhunderts bereicherten zahlreiche private Jugendradios den Markt. Ihre Programme zeichneten sich durch Comedy und einen sehr hohen Musik- und geringen Wortanteil aus.

Meilensteine der Rundfunkgeschichte

Zu den „Meilensteinen" der Rundfunkgeschichte der Bundesrepublik bis 1990, die hier nur ansatzweise wiedergegeben werden soll, gehören folgende Ereignisse, Begebenheiten und Kultsendungen:

Bereits am 6. Mai 1952, nur wenige Tage, nachdem sich Bundespräsident Theodor Heuss und Bundeskanzler Adenauer auf das „Deutschlandlied" als Nationalhymne der Bundesrepublik verständigt hatten, erklang das „Lied der Deutschen" als täglicher Sendeschluss bei allen westdeutschen Rundfunksendern.[8]

Der Saarländische Sender war der erste Sender, der (ab Oktober 1961) mit seinem 3. Programm ein eigenes Programm für (italienische) Gastarbeiter brachte. Mit der Umbenennung des 1. Programms in „Europawelle Saar" 1964 (ab 1976 „SR 1 Europawelle Saar") präsentierte er einen neuartigen Servicedienst, zu dem erstmals Nachrichten zu jeder vollen Stunde gehörten. Dieser Service, nach und nach von den meisten Sendern übernommen, bot Verlässlichkeit und strukturierte den Radioalltag kleinteiliger. Den neuen, lässigen Stil verkörperten Moderatoren wie Manfred Sexauer oder Dieter Thomas Heck. Heck hatte zuvor anderthalb Jahre bei Radio Luxemburg gearbeitet (wo er auch seinen Künstlernamen Thomas erhielt), bevor er bei der Europawelle mit der Sendung „Die Deutsche Schlagerparade" seine Popularität steigern konnte.

Derselbe Sender überraschte 1970 mit einem weiteren Novum: In seine Nachrichten integrierte er die bis dahin unüblichen Original-Töne (O-Ton).[9]

1964 startete das 3. Programm des Hessischen Rundfunks, das zunächst Sendungen für „ausländische Arbeitnehmer" produzierte. Ab 1972 brachte es als „hr3 – die Servicewelle aus Frankfurt" ein breit gefächertes Programm aus Informationen und Musik, schließlich wandelte sich der Sender zur „Popwelle des Landes". Geradezu revolutionär war ein Experiment zur Überwindung von Bildungsschranken: Im Mai 1966 hatte im 2. Programm des HR (heute „hr2-kultur") in Zusammenhang mit der Goethe-Universität Frankfurt der Fernstudienlehrgang „Funkkolleg" begonnen, der sich zunächst an hessische Lehrer wandte, um ihnen im Fernstudium eine Zusatzqualifikation im Fach Sozialkunde zu ermöglichen. Es folgte die Ausweitung des Angebots an alle Berufsgruppen, unabhängig vom Schulabschluss. Ab 1969 schlossen

V. Rundfunk in der Bundesrepublik

Abb. 47: Autobahnschild mit Hinweis auf die Frequenz von HR 3.

sich diesem Bildungsangebot die Sender SR, SDR, SWF, WDR und schließlich auch RB und WDR an (bis 1998, das „Funkkolleg" lief bis 2021).

Pionierarbeit hatte der Sender mit Sitz in Frankfurt bereits 1949 geleistet; mit der 77-teiligen Hörspielreihe „Die Hesselbachs" strahlte er die erste Familienserie im deutschen Rundfunk aus (ab 1960 zeigte die ARD die Serie unter dem Titel „Die Firma Hesselbach"). Der Erfolg der Sendung war so groß, dass Radio Bremen ab 1952 mit der Serie „Familie Meierdierks" folgte. Zum Profil des HR gehörte auch die Förderung der Neuen Musik („Internationales Musikfest des Hessischen Rundfunks" ab 1951) und der Ausbau des Schulfunks, auf den ebenso Bremen Wert legte („Du und der Staat").

Zu den langlebigen Sendungen gehörte der „Internationale Frühschoppen" im NWDR/WDR mit Werner Höfer (1952 bis 1987, ab 1953 auch im Fernsehen übertragen). Der Südwestfunk erzielte in den 1970er/80er Jahren hohe Einschaltquoten mit seinem Wunschkonzert „Vom Telefon zum Mikrofon". Legendär waren ebenso die Jazzkonzerte des Senders („Jazzstimme Baden-Baden" u. a.), für die über vier Jahrzehnte der Musikjournalist

Joachim-Ernst Behrendt zuständig war. Noch heute hält sich die „SWR2 Musikstunde" (seit Oktober 1984). Legendär sind ferner die „Donaueschinger Musiktage", das älteste Festival für Neue Musik (seit 1921), an dem sich seit 1950 der SWF beteiligt; die Konzerte werden live im SWR 2 übertragen. Ebenfalls von internationalem Rang sind die „Schwetzinger SWR Festspiele", die 1952 vom Süddeutschen Rundfunk gegründet wurden und die mit ihren zahlreichen Uraufführungen längst ein besonderes Markenzeichen des SWR sind. Doch Nummer eins beim Südwestfunk ist die anspruchsvolle Sendereihe „Aula": Der damalige SWF strahlte die erste Sendung am 16. September 1947 aus, der Historiker Gerhard Ritter sprach über das Verhältnis von Universität und öffentlichem Leben.

Die Sendungen im SWF 2 waren vornehmlich für Hörer gedacht,

> die bereit sind, mit größerer Aufmerksamkeit und ... ohne Nebenbeschäftigung genauer zuzuhören; Hörer, die einerseits Bildung, Erbauung, Unterhaltung und Belehrung oder anderteils vertiefende Information und kritische Orientierungshilfen als Mittel der Selbstaktivierung fordern und erwarten.

Das ursprüngliche SWF 1-Programm war dagegen als „Familienprogramm" konzipiert. Es zielte „auf eine möglichst breite Hörerschicht": „Bei den Hörern werden besondere Kenntnisse oder andere Hörvoraussetzungen nicht erwartet", so die „Generalbeschreibung der SWF-Programme" im Jahre 1973. SWF 3 schließlich richtete sich

> weniger nach sozialen Kriterien (Ausbildungsstand, Einkommensschicht, Altersgruppe) als nach Hörerwartungen und Hörverhalten: Radiohören nebenbei, hauptsächlich der Musik wegen, zur Unterhaltung, ohne Bedürfnisse nach ausführlicher, auch analytischer Information.

Die Stärke des Senders waren unterhaltende Kurzbeiträge „aus allen Sachbereichen von allgemeinem Interesse, auch aus der Region; Tipps und Orientierungshilfen zur Nutzanwendung im Alltag."[10] Soweit die Kurzcharakterisierung der einstigen SWF-Programme, Vorläufer der heutigen SWR-Sender.

Der Bayerische Rundfunk wiederum übernahm ab 1958 für die gesamte ARD die Berichterstattung aus dem Vatikan und der WDR 3 war bekannt für sein anspruchsvolles Kulturprogramm (klassische Musik und Hörspiele), das ab 1964 täglich auf Sendung war. Im Radio Saarbrücken prägten von 1949 bis 1976 Gerdi und Fritz Weissenbach („Allerhand für Stadt und Land") mit Koch- und Backrezepten, nützlichen Haushaltstipps und Neuigkeiten aus dem Leben der Saarländer das Vormittagsprogramm. Eine Besonderheit hat auch der NDR vorzuweisen: Sein „Hamburger Hafenkonzert", das seit Juni 1929 sonntagmorgens übertragen wird, ist die älteste Radiosendung der Welt!

Als weiterer öffentlich-rechtlicher Rundfunksender bereicherte ab Januar 1961 der Deutschlandfunk (DLF) das Programm. Sein Programm bestand vor allem aus Kultur und Nachrichten (Reportagen, Hintergrundinformationen, Kommentare) und verzichtete auf Werbung.[11] Zwar per Bundesgesetz vor dem Mauerbau gegründet, galten die Sendungen hauptsächlich den Hörern der DDR. 1994 wurde der DLF Teil des neuen Deutschlandradios. Ebenfalls Sendungen für die „Sowjetzone" bot der RIAS mit seinen beiden Programmen (u. a. „Aus der Zone – Für die Zone"), auch berichtete und kommentierte er wie kein anderer Sender das Geschehen in der DDR. Vielen Hören blieb der Sender in Erinnerung aufgrund seiner eindrucksvollen Live-Reportage über den Arbeiteraufstand im Juni 1953 („Schwere sowjetische Panzer haben soeben die Leipziger Straße besetzt."), über den Bau der Berliner Mauer im August 1961 („Schießt nicht auf eure eigenen Landsleute!") oder über den Fall der Mauer im November 1989.

Vor allem als Regionalprogramm für West-Berlin war der Sender Freies Berlin mit seinen beiden Programmen SFB 1 und SFB 2 am 1. Juni 1954 in Betrieb gegangen. Damit bestand eine eigene, unabhängige Rundfunkanstalt für den Westteil der Stadt. Nachdem der unter sowjetischer Kontrolle stehende Berliner Rundfunk endlich das im britischen Sektor befindliche „Haus des Rundfunks" komplett verlassen hatte und dieses von Grund auf saniert worden war, konnte der SFB das geschichtsträchtige Gebäude im September 1959 übernehmen (heute Sitz des RBB). Bereits vier Jahre zuvor hatte der Sender seinen Fernsehbetrieb aus dem „Deutschlandhaus" am Theodor-Heuss-Platz gestartet. Dank der rasanten Zunahme von Fernsehgeräten und der damit verbunden Gebührenmehreinnahmen verfügte der SFB über finanzielle Mittel, die ihm einen modernen Neubau ermöglichten. Dies betraf ebenso die anderen Sendeanstalten in Westdeutschland. Mit der Ausweitung der täglichen Sendezeit und zusätzlichen Programmangeboten waren an allen Standorten mehr Räumlichkeiten erforderlich geworden. So entstand zwischen Masurenallee und Kaiserdamm, also direkt neben dem „Haus des Rundfunks", ab Mitte der 1960er Jahre ein Gebäudeensemble mit dem 14-

Meilensteine der Rundfunkgeschichte

Abb. 48: Das SFB-Fernsehzentrum/Haus des Rundfunks, Postkarte von 1970.

stöckigen Hochhaus, das 1970 als SFB-Fernsehzentrum (heutiges RBB-Fernsehzentrum) in Betrieb ging.

Bemerkenswert ist, dass alle Rundfunkanstalten über qualitativ hochwertige Klangkörper (Sinfonieorchester, Kammerorchester, Kammerchor, Tanzorchester, Big Band) verfügen. Sie sind damit der größte Konzertveranstalter im Land und betreiben eine wichtige Kulturförderung. Zu den Dirigenten der Rundfunk-Sinfonieorchester, die auch über das Sendegebiet hinaus bekannt waren, gehören Sir Simon Rattle (BR), Herbert Blomstedt, Christoph Eschenbach und Günter Wand (NDR) oder Pierre Boulez und Roger Norrington (SWR).

Wie gesehen, hatten alle Sender ihre Eigenheiten, weshalb sie auch überregional bekannt und beliebt waren – und es bis heute sind. Auch hatten sie wie in der Vorkriegszeit ihr charakteristisches Pausenzeichen, zumindest solange noch nicht rund um die Uhr gesendet wurde. Zu hören waren bekannte Anfangsmelodien bzw. Motive wie „Bald prangt, den Morgen zu verkünden" aus Mozarts „Zauberflöte" (SWF), „In allen guten Stunden" von Beethoven (WDR 1), „Jetzt gang i ans Brünnele" von Friedrich Silcher (SDR), „So lang der alte Peter", Münchens Hymne von Wilhelm Wiesberg (BR) oder Takte der h-Moll-Messe von Bach (Radio Bremen). Statt des Pausenzeichens

V. Rundfunk in der Bundesrepublik

verfügt heute jeder Sender bzw. jede regelmäßig ausgestrahlte Sendung über eine Erkennungsmelodie, Jingle (Geklingel) genannt.

Zu den Ereignissen der Zeit, die über den Rundfunk erlebt wurden und die sich tief ins kollektive Gedächtnis der Nation eingeprägt haben, gehören – neben dem bereits erwähnten „Wunder von Bern" (1954) – die Krönung der englischen Königin Elisabeth II. und wenige Tage später der Volksaufstand in der DDR (Juni 1953), die Heimkehr der letzten Kriegsgefangenen aus russischer Gefangenschaft (Oktober 1955), der Mauerbau (August 1961), die Kuba-Krise (1962), die Trauerfeier für Konrad Adenauer (April 1967), die Ereignisse rund um die Studentenunruhen (1967/68) sowie die Mondlandung (Juli 1969). Im Zusammenhang mit der Studentenbewegung sei erwähnt, dass neben der Presse auch Rundfunk und Fernsehen „viel Verständnis für das neuartige Aufbegehren" hatten:[12]

> Ohne ihre aktive Beteiligung wäre 68 nicht zu dem großen Medienereignis geworden, als das es sich nach kurzer Zeit erwies. Denn ohne den Verstärkereffekt, der zeitweilig von allen Medien ausging, hätte die Protestbewegung bei weitem nicht die Wirkung erreichen können, die sie schließlich nicht nur unter den aktiven Teilnehmern, sondern in weiten Teilen der Gesellschaft ausübte.

Diese Ereignisse fanden während des Kalten Krieges statt, der zwischen West und Ost auch über die Radiowellen ausgetragen wurde. Angesichts der Atomtests der Sowjetunion im September 1961, die einen Bruch des Moratoriums für Kernwaffenversuche darstellten, war die Gefahr eines Atomkrieges präsent. Zum „Schutz gegen radioaktive Niederschläge in Haus und Betrieb" ließ das Bundesamt für zivilen Bevölkerungsschutz im Auftrag des Bundesministeriums des Innern in Bad Godesberg an jeden Haushalt Ratschläge für den Fall einer atomaren Bedrohung verteilen. Für die „Ausstattung des Schutzkellers" galt: „Auch ein Rundfunkgerät ist wichtig (möglichst Batterie-Empfänger mit UKW) und wird dringend benötigt werden." Über das Radio als Teil des umfangreichen Selbstschutzes („Lebensmittelbevorratung", „Luftschutz-Hausapotheke", „Sicherung wichtiger Dokumente und Notgepäck") wären bei drohender Gefahr Maßnahmen zum Überleben mitgeteilt worden.[13] Der Rundfunk wäre also dieselbe wichtige Informationsquelle gewesen wie 20 Jahre zuvor, als er im Zeichen des Hakenkreuzes Luftwarnmeldungen bekanntgegeben hatte.

1973 nahm als Gemeinschaftseinrichtung der ARD und des ZDF eine Institution ihre Tätigkeit auf, die bis heute immer wieder für kontroverse Diskus-

Meilensteine der Rundfunkgeschichte

Abb. 49: 50 Jahre Deutscher Rundfunk, Briefmarke von 1973.

sionen sorgt: die Gebühren-Einzugszentrale (GEZ) mit Sitz in Köln. Vorausgegangen war das Rundfunkgebührenurteil (1968), demzufolge die Gebühren keine Hoheitsgebühren seien. Nicht die Post, sondern die Rundfunkanstalten seien folglich für den Einzug des Pflichtbeitrages zuständig. Für eine Übergangszeit hatte die Post im Auftrag der einzelnen Rundfunkanstalten die Gebühr eingezogen. Von nun an war dies Aufgabe der neu gegründeten GEZ (zwischen 1974 und 1978 betrug der Beitrag fürs Radio 3 DM, fürs Fernsehen 7,50 DM), die seit Januar 2013 als „ARD ZDF Deutschlandradio Beitragsservice" firmiert. Jede Gebührenerhöhung wird erst durch einen neuen Staatsvertrag möglich, dem jedes Bundesland zustimmen muss. Seit 1975 schlägt die „Kommission zur Ermittlung des Finanzbedarfs der Rundfunkanstalten" (KEF) eine Gebührenanpassung vor, sie fungiert somit als Bindeglied zwischen den Länderregierungen und den einzelnen Rundfunkanstalten. Seit 2010 ist für jeden Haushalt eine Paulschalgebühr fällig, derzeit beträgt sie 18,36 €/Monat (Stand: 2023). Die Rundfunkkommission der Länder hatte mit dieser Änderung die bis dahin erhobene Nutzungsgebühr pro Gerät abgelöst. Das bedeutet, dass es sich um eine nutzungsunabhängige Zwangsgebühr handelt.[14] Allerdings sind Kleingewerbetreibende wie Handwerker oder Außendienstler verpflichtet, den Rundfunkbeitrag auch für ihr Autoradio zu zahlen. Neben diesen Beiträgen (ca. 8,4 Mrd. €/Jahr) finanzieren sich die Rundfunkanstalten durch Werbeeinnahmen (duale Finanzierung).

Mitte der 1970er Jahre hatte das Fernsehen, seit 1967 in Farbe ausgestrahlt, an Attraktivität deutlich zugelegt. 1975 gab es rund 21 Millionen Rundfunkgeräte (ohne Autoradios, Koffergeräte und Zweitempfänger) und mehr als 19 Millionen Fernsehgeräte, nur wenige Jahre später sahen mehr Menschen Fernsehen, als Radio hörten.[15] Das heißt, der Rundfunk war für viele Hörer längst nur noch ein Begleitmedium, das „nebenbei", beim Essen, bei der Hausarbeit, während des Sports, beim Basteln und Spielen oder während den Hausaufgaben, kaum aber mehr bewusst gehört wurde. Mit der zunehmenden Motorisierung ab Ende der 1960er Jahre hatte sich eine wichtige Zielgruppe herausgebildet: die Autofahrer. Im Juni 1974 stand ihnen mit dem Autofahrer-Rundfunk-Informationssystem (ARI), das die automatische Erkennung von Verkehrsmeldungen im Autoradio ermöglichte, ein wichtiger Service zur Verfügung. Schon drei Jahre zuvor hatte „Bayern 3, die Servicewelle von Radio München" den autofahrenden Pendlern in den Morgenstunden und am späten Nachmittag ein besonderes Programm geboten – weitere Sender folgten diesem Beispiel. Als „Drive Time" werden die Zeitabschnitte von 6 bis 9 Uhr und von 16 bis 18 Uhr bezeichnet. Diese Hauptsendezeiten versprechen auch heute noch, und zwar auf allen Sendern, hohe Einschaltquoten. Ein Mix aus Nachrichten, Verkehrsfunk (Staumeldungen), Werbung und vor allem Musik bedient die Bedürfnisse der Autofahrer. Zu den Meldungen des Verkehrsfunks gehörten früher, als es noch keine Handys gab, auch Notrufe: „Und jetzt noch ein dringender Reiseruf ... Herr Kohlhammer aus Stuttgart mit dem amtlichen Kennzeichen S-KH-123 auf dem Weg nach Österreich wird dringend gebeten, sich zu Hause zu melden." Zuvor hatten Verwandte des Angesprochenen die Servicenummer des ADAC gewählt, um Kontakt herzustellen. Die Gründe für die Suchmeldung mussten nachweisbar lebensbedrohlich sein, wurden aber im Radio nicht mitgeteilt. Heute dagegen wird nur noch auf Gefahren hingewiesen: „Vorsicht auf der A 6 Mannheim Richtung Heilbronn. Zwischen dem Parkplatz ‚An der Fliegwiese' und dem Kreuz Walldorf befinden sich Menschen auf der Fahrbahn. Fahren Sie vorsichtig!" Angekündigt wurden solche Warnhinweise mittels eines charakteristischen Piepstons, dem „Hinz-Trillers".

Im Unterschied zu den 1950er/60er Jahren gingen der Schlager und seine Interpreten der 1970er/80er Jahre und insbesondere die Songs der Neuen Deutschen Welle („Skandal im Sperrbezirk", „Völlig losgelöst", „99 Luftballons") inzwischen längst einen anderen Weg: Ihre Erstveröffentlichung erfolgte überwiegend über das Fernsehen – erinnert sei hier nur an die legendäre „ZDF-Hitparade" mit Dieter Thomas Heck oder an „disco" (ebenfalls

ZDF) mit Ilja Richter –, bevor sie im Rundfunk rauf und runter gespielt wurden.

Seit 1980 strahlt die ARD ihr zweites Nachtprogramm aus, wobei dies im Wechsel von allen Sendern organisiert und gesendet wird. Eine gravierende, wenn auch zunächst kaum spürbare Änderung des Rundfunkwesens erfolgte ab Januar 1984 mit dem Start des „Kabelpilotprojekts" in Ludwigshafen. Zunächst in der Rhein-Neckar-Region, dann in München, Dortmund und Berlin (schließlich bundesweit) wurden per Kabel zusätzliche Fernsehprogramme und zahlreiche weitere Hörfunkprogramm gesendet, und zwar rund um die Uhr. Zuvor hatte sich das Fernsehprogramm bei ARD und ZDF auf maximal 14 Stunden pro Tag beschränkt.[16] Mit dieser neuen Form der Programmvermehrung (die zudem Hausantennen überflüssig machte) vollzog sich die Zulassung privater Rundfunkveranstalter. Nachdem die SPD unter Bundeskanzler Helmut Schmidt bislang am öffentlich-rechtlichen Monopol festgehalten hatte, begann nun in West-Deutschland unter dem seit Oktober 1982 amtierenden CDU-Kanzler Helmut Kohl das Zeitalter des dualen Rundfunksystem.[17]

Zu den Privilegierten zählten anfangs allerdings nur wenige Haushalte, da die Verkabelung im Raum Ludwigshafen-Worms lediglich schrittweise erfolgte. Vorausgegangen war ein langer Streit um das Privatfernsehen, den das Bundesverfassungsgericht im Juni 1981 zugunsten kommerzieller Betreiber entschieden hatte.[18] Nach wie vor aber erfolgte die Nutzung von Hörfunk und Fernsehen linear, d. h. nach den Wochen zuvor festgelegten Sendeplänen der jeweiligen Programmanbieter und als Gemeinschaftserlebnis.

Zu den ersten neuen Hörfunkkanälen gehörten „Radio Weinstraße" und „Stimme der Hoffnung", zu den ersten TV-Kanälen die PKS („Programmgesellschaft für Kabel- und Satellitenfunk", Vorgänger von SAT 1) oder der ZDF-Musikkanal. Den Start in die neue Medien-Ära verglich Ministerpräsident Bernhard Vogel mit einem „Urknall". Er meinte, das Kabelpilotprojekt solle nicht zu mehr Fernsehkonsum verführen, sondern mehr Wahlfreiheit, Meinungsfreiheit und Meinungsvielfalt gewähren.[19] Nach jahrelangen Verhandlungen zwischen den Ländern trat der Staatsvertrag zur Neuordnung des Rundfunkwesens am 1. Dezember 1987 in Kraft.

Der größte private Radiosender, der 1988 infolge der Einführung des dualen Systems entstand, ist bis heute „Antenne Bayern", gefolgt von „Hit Radio FFH" (1989).[20] Privatsender gingen jedoch nicht nur landesweit auf Sen-

Abb. 50: Logo über dem Haupteingang des Lokalsenders „Radio Bielefeld" (2023).

dung, auch lokale Wellen etablierten sich um 1990 zunehmend, vor allem im bevölkerungsreichsten Bundesland Nordrhein-Westfalen herrscht eine Vielzahl von Lokalradios („Antenne Münster", „Antenne Ruhr", „Radio Bielefeld", „Radio Sauerland" etc.). Beteiligt an den Privatsendern waren und sind große Verlagsunternehmen wie Axel Springer („Hit Radio FFH", „Radio ffn", „Radio Hamburg"), Mediengruppe Pressedruck/Augsburger Allgemeine („Hitradio RT 1 Nordschwaben", „Hitradio RT 1 Südschwaben") oder die oft zitierte Funke-Mediengruppe („Radio Bochum", „Radio Essen" u. a.). Aber auch in anderen Regionen haben sich in den vergangenen Jahren erfolgreich private Hörfunksender etabliert, etwa das „CityRadio Saarland", das aus Saarlouis sendet und einen breiten Musikmix sowie Informationen mit regionalem und lokalem Bezug bietet.

Das zusätzliche Angebot bot Frauen neue Möglichkeiten und bremste somit die Männerdominanz in den Medien leicht, denn bislang waren in den Redaktionen der öffentlich-rechtlichen Sender Journalistinnen mit nur 20 Prozent vertreten, an den Führungspositionen stellten sie gar nur drei Prozent. Auch war nun längst ein anderer Moderatoren-Stil üblich, der seinen Anfang bei den Magazin-Sendungen um 1970 genommen hatte. Die frei gesprochene Sprache nahm gegenüber dem abgelesenen Wort einen immer größeren Raum ein, der Sprechstil wirkte ungezwungener, individueller, (nach-)lässiger. Mehr Wert dagegen wird seitdem auf den eigenen Stil des Moderators, der Moderatorin gelegt.

Auch das Warenangebot veränderte sich: Nach dem Boom der Geräteherstellung in den 1960er/70er Jahren läuteten ab Mitte der 1980er Jahre Produkte aus Fernost den Niedergang westdeutscher Marken ein. Es kam zu Werkschließungen (und Massenentlassungen), Fusionen, Firmenverkäufen. Erinnert sei nur an Grundig, einst Europas führender Hersteller von TV- und Radiogeräten. 1983 beteiligte sich der niederländische Konzern Philips am Traditionsunternehmen, dessen eigenständige Geschichte dann 2003 mit dem Konkurs endete. 2019 schloss schließlich die ebenfalls traditionsreiche Firma Loewe, einer der letzten deutschen Hersteller von Rundfunkgeräten, sein Werk in Kronach. Auch die Rundfunkzeitschriften hatten sich inzwischen längst verändert. Die neue TV-Programmvielfalt verdrängte zunehmend das Hörfunkprogramm, das schließlich, wenn überhaupt, nur noch ausschnittsweise abgedruckt wurde.

Nur wenige Jahre später, im Zuge der Wiedervereinigung 1990, veränderte sich die Rundfunklandschaft erneut. Das Hörfunk-Angebot war zwar vielfältiger, doch das Fernsehen war inzwischen allmächtig. Mit dem „Mittagsmagazin", das seit 1989 wochenweise abwechselnd von ARD und ZDF zwischen 13 und 14 Uhr gesendet wird, bestand für das Rundfunkprogramm aller Sender zu einer bevorzugten Sendezeit große Konkurrenz. Als 1992 auch noch das „Morgenmagazin" von ARD und ZDF eingeführt wurde, wandten sich noch mehr Hörer vom Radioapparat ab und den bewegten Bildern zu. Viele sahen für den Hörfunk keine Zukunft mehr.

VI.

Rundfunk in der DDR

„Auferstanden aus Ruinen"

Für das Rundfunkwesen in der DDR war das Staatliche Komitee für Rundfunk zuständig (ab 1968 bestand ein eigenes Komitee fürs Fernsehen), es unterstand dem Ministerrat der DDR, tatsächlich aber erfolgte die Kontrolle durch das Zentralkomitee der SED. Als Staatsrundfunk nach sowjetischem Vorbild sollte das Programm am Aufbau des sozialistischen „Arbeiter- und Bauernstaates" mitwirken. Mit der Auflösung der Länder und der Einteilung der DDR in 14 Bezirke im Jahr 1952 verloren die Landessender Berliner Rundfunk und Mitteldeutscher Rundfunk (Leipzig) mit ihrer regionalen Berichterstattung an Eigenständigkeit, stattdessen erhielten die Bezirkssender ihre Weisungen aus Berlin. Die neuen Programme hießen „Berlin I" (politische Beiträge), „Berlin II" (kulturelle und wissenschaftliche Vorträge) und „Berlin III" (populäre Musik- und Wortsendungen, vor allem für die Arbeiterschicht). Trotz dieser unterschiedlichen Ausrichtung bestand bei allen drei Sendern rund Zweidrittel des Programms aus Musik. Finanziert wurde der Rundfunk mit einer Gebühr (2 Mark), staatlichen Subventionen und Einnahmen aus eigenen Veranstaltungen, Werbung wurde nicht gesendet.

Obwohl im britischen Sektor gelegen, sendete der Berliner Rundfunk weiterhin aus dem „Haus des Rundfunks" in der Masurenallee. Ab 1950 hatten die Sowjets nach und nach Teile der Produktions- und Sendetechnik sowie des Musikarchivs aus diesem Bau nach Ostberlin verlagert. Dort wurde ein leerstehendes Fabrikgebäude in der Nalepastraße in Berlin-Oberschöneweide zu einem Funkhaus umgebaut. Nach diesem Provisorium wurden im Laufe der Jahre verschiedene Bauten errichtet, u. a. der „Block B", der das neue Sendehaus mit Musik-Aufnahmestudios und dem großen Sendesaal beherbergte, während im ursprünglichen Gebäude, „Block A", das DDR-Rundfunk-Komitee untergebracht war.

Nach nur einem Jahr, und damit zwei Monate nach dem Volksaufstand vom 13. Juni 1953, wurde der Rundfunk umorganisiert. Das zentral in Berlin produzierte Programm für die damals rund vier Millionen Rundfunkteilnehmer teilte sich auf in den Deutschlandsender, den Berliner Rundfunk sowie in „Radio DDR I". Ab Oktober 1958 trat mit „Radio DDR II" ein Kultursender hinzu. Die Programme begannen und endeten mit der Nationalhymne („Auferstanden aus Ruinen"). Der Deutschlandsender bot ein vielseitiges Programm für alle (Kinder-, Jugend-, Schulfunk), richtete sich aber auch an spe-

„Auferstanden aus Ruinen"

Abb. 51: Alte Frau und Sohn mit Radio (1956).

zifische Zielgruppen wie Angehörige der Landwirtschaft („Fünf Minuten für die Landwirtschaft"), Vertreter der Wissenschaft oder Wirtschaft oder speziell an die Hörerinnen („Interessantes für die Frau"). Am Abend zwischen 18.30 und 20 Uhr brachten die Regionalsender (Cottbus, Dresden, Frankfurt/Oder, Karl-Marx-Stadt u. a.) Beiträge aus ihrem Sendegebiet. Ansonsten war auch hier die Musik vorherrschend, wobei manche Titel an Sendungen des NS-Rundfunks erinnerten („Mittagskonzert", „Musikalisches Allerlei"). 55 Prozent des Musikprogramms galt der „Unterhaltungsmusik", 17 Prozent entfiel auf die „Tanzmusik", zu 13 Prozent bestand das Programm aus „sinfonischer Musik und Kammermusik", gesendet wurden ferner „Volksmusik" (8 Prozent) und „Opern- und Operettenmusik" (7 Prozent).[1]

Der Deutschlandsender verstand sich als Programm für „ganz Deutschland", daher richteten sich Beiträge wie „Aus Deutschlands Hauptstadt", „Nachrichten aus Westdeutschland" oder „Wir sprechen für Westdeutschland" gezielt an die Hörer in der Bundesrepublik.[2] Der Berliner Rundfunk diente verstärkt der anspruchsvoll-heiteren Unterhaltung, auch er brachte viel populäre Musik, dazu Hörspiele, Kritiken zu überregionalen Theater- und Kinovorstellungen sowie Reise- und Sportberichte („Sport an der Spree"). Zu den bekanntesten und beliebtesten Moderatoren des Senders gehörten Peter Bosse, Helga Hahnemann, Herbert Küttner oder Heinz Florian Oertel. Ab 1958 strahlte der Berliner Rundfunk ein zweites Programm aus, das ab 1959 als Deutsche Welle sendete. Das Zusatzangebot war eine Reaktion auf die Einführung des Fernsehens in der DDR, das sich auch hier schnell zur Konkurrenz für den Hörfunk entwickelte. Nachdem erste Versuche bereits am 21. Dezember 1952, Stalins 73. Geburtstag, stattgefunden hatten, begann der Regelbetrieb des Fernsehprogramms am 3. Januar 1956, anlässlich des 80. Geburtstags von Wilhelm Pieck, seit 1949 Präsident der DDR. Am 3. Oktober 1969 eröffnete Walter Ulbricht, Vorsitzender des Staatsrats der DDR, das 2. Programm des Deutschen Fernsehfunks (DFF 2). Es ging erstmals und anlässlich des 20. Jahrestags der Staatsgründung in Farbe vom ebenfalls an diesem Tag eingeweihten Fernsehturm am Berliner Alexanderplatz auf Sendung. Bei Inbetriebnahme war das Bauwerk mit seinen 368 Metern Höhe der zweithöchste Fernsehturm der Welt (nach Moskau). Von nun an betrug die Rundfunkgebühr für Hörfunk, DFF 1 und DFF 2 zehn Mark, ein Autoradio kostete zusätzlich 50 Pfennig.

Für die gesendete Musik in jenen Jahren galt, dass sie zu 60 Prozent aus der DDR und den „Bruderländern" stammen musste, um sich bewusst von der „dekadenten" Tanz- und Unterhaltungsmusik des Westens abzugrenzen. Die westlichen Rundfunk- und Fernsehstationen wurden als Hetzsender diskreditiert. Alle Besitzer eines Fernsehapparats, die eine Antenne auf ihrem Dach montiert hatten, mit der man ARD vom Sender Ochsenkopf im Fichtelgebirge empfangen konnte, mussten diese abmontieren.[3]

Im Jahr 1963, zwei Jahre nach dem Bau der Berliner Mauer, hatte die Regierung eine „Generallinie der Entwicklung für den Deutschen Demokratischen Rundfunk bis 1980" erlassen, die die Bedeutung des Mediums anschaulich darlegte. Der Wortlaut erinnert an Verlautbarungen aus der Mitte der 1930er Jahre, als der Rundfunk im Dienst der NS-Propaganda stand:[4]

> Der Rundfunk ist, neben anderen Publikationsmitteln, ein wirksames Informations- und Propaganda-Instrument in der Hand der Partei der Arbeiterklasse, der Regierung der Deutschen Demokratischen Republik und der Nationalen Front des Demokratischen

Deutschland. Er muss unter Ausnutzung aller ihm zur Verfügung stehenden politischen, künstlerischen und technischen Möglichkeiten als kollektiver Organisator die Entwicklung der sozialistischen Gesellschaftsordnung in der DDR fördern, er muss mit allen ihm innewohnenden Möglichkeiten mobilisierend auf die Entwicklung der Produktivkräfte wirken und den daraus entstehenden Bedürfnissen der Werktätigen nach umfassender Information, Bildung und Erholung weitgehendst Rechnung tragen.

Die „Arbeitsgruppe Perspektivplanung" empfahl dem Staatlichen Rundfunkkomitee, dass „in jedem Bezirk der DDR ... künftig ein Regionalprogramm zu gestalten sei", und sie machte zugleich konkrete Vorschläge, welche Programme künftig ausgestrahlt werden sollten:[5]

1. Ein operatives Massenprogramm (ähnlich den gegenwärtigen Programmen von Radio DDR I und des Berliner Rundfunks, allerdings mit noch operativerem Charakter);
2. ein Programm der musisch-ästhetischen Erziehung und Bildung ...;
3. ein Programm der politischen Information und der Unterhaltung (besonders für Koffer-Radiohörer, Auto-Radiohörer, für solche Hörer, die nur kurz und vorübergehend ins Programm gehen, NVA u. ä.);
4. ein Programm für die Hauptstadt der DDR, Berlin;
5. ein Programm für Westdeutschland;
6. ein Programm für Westberlin und
7. Programme für das Ausland.

Die 1964 ins Leben gerufene „Perspektiv-Planung des Rundfunks", ein Gremium aus „erfahrenen ehrenamtlich tätigen Mitarbeitern der Sender und Hauptabteilungen des Deutschen Demokratischen Rundfunks", forderte massive Investitionen in „die Entwicklung der Sendetechnik" und in den „Ausbau bzw. Neubau von Funkhäusern" nach westdeutschem Vorbild sowie eine gezielte Personalgewinnung. Allein für die Regionalprogramme waren „120 Mitarbeiter zusätzlich" vorgesehen. Als Problem wurde die noch unzureichende Qualifizierung der Journalisten benannt: „Bei alledem muss auch beachtet werden, dass der Rundfunk künftig für jede Fachredaktion Journalisten benötigt, die in hohem Maße agitatorisch wirksam werden". In speziellen Schulungen und Lehrgängen sollte Fachwissen vermittelt werden. Zu den obligatorischen Angeboten sollten „allgemeinbildende Lehrgänge in Politökonomie, politisch-ökonomische Geografie, Psychologie, Pädagogik, Deutsche Sprache und Stilistik, Fremdsprachen, Maschinenschreiben, Stenografie" gehören. Nur qualifizierte Rundfunkjournalisten mit „propagandistischen Fähigkeiten" konnten den Rundfunk der DDR im In- und Ausland erfolgreich repräsentieren, so die Meinung der Arbeitsgruppe.[6]

Als Prestigeobjekt galt das architektonisch eindrucksvolle Funkhaus Nalepastraße im heutigen Berliner Stadtbezirk Treptow-Köpenick, Ortsteil Oberschöneweide, das stets auf dem neusten Stand der Technik war. Von diesem Ort aus produzierten und sendeten alle überregionalen Sender der DDR (bis zum 31. Dezember 1991). Auf dem 135.000 Quadratmeter großen Gelände arbeiteten in den 1970er/80er Jahren mehr als 5.000 Menschen, u. a. in einer hier angesiedelten Poliklinik, in einer Buchhandlung und in weiteren Dienstleistungsbereichen, vor allem aber für den Rundfunk. Der „Große Aufnahmesaal 1" war wegen seiner hervorragenden Akustik international anerkannt und beliebt. Das inzwischen unter Denkmalschutz stehende Studiogebäude gilt noch immer als weltweit größter zusammenhängender Studiokomplex.

Im „Radio DDR" war die sozialistische Ideologie weniger penetrant vertreten, so dass der Sender als beliebtester Rundfunksender der DDR galt, auch weil er die unterhaltsame Familien-Hörspielserie „Neumann, zweimal klingeln" (1967 bis 1981) oder die Reihe „Krimi am Freitag" (1975 bis 1991) brachte. Rundfunkgeschichte mitgeschrieben hat aber auch die langlebige Sendung „Alte Liebe rostet nicht" (1965 bis 1989), die mit ihren gemischten Beiträgen und Vielseitigkeit inhaltlich an das NS-Wunschkonzert erinnerte und gleichfalls das Sonntagvormittagsprogramm bestimmte. Populäre Aushängeschilder dieser beliebten Sendung, die jeweils aus einer anderen Stadt gesendet wurde, waren die Moderatoren Manfred Uhlig und Günther Hansel.

Abb. 52: Das Funkhaus Nalepastraße, Briefmarke der DDR von 1972.

Gar noch älter war die „Schlagerrevue" (anfangs „Schlagerlotterie"), die von September 1953 bis März 1990 mehr als 7.000 Titel präsentierte und damit als längste Hörfunk-Hitparade der Welt gilt. Über Zuschriften konnten die Hörer Einfluss auf die Platzierung der einzelnen Titel nehmen. Der langanhaltende Erfolg der wöchentlichen Live-Sendung war auch ihren Aushängeschildern zu verdanken: Allein der bekannte Musiker und Moderator Siegfried Jordan prägte 25 Jahre lang die „Schlagerrevue". Als Pausenzeichen verwendeten die Programme von „Radio DDR" die ersten vier Takte des Refrains „Mit uns zieht die neue Zeit" aus dem traditionsreichen Kampflied „Wann wir schreiten Seit' an Seit'" in der Vertonung von Michael Englert. In der Wendezeit änderte der Sender seinen Namen; ab April 1990 hieß er „DDR – Radio aktuell", von August 1990 bis zu seiner Betriebseinstellung im Dezember 1991 „Radio aktuell".

„Stimme der DDR"

Als sich Anfang der 1970er Jahre, einige Jahre nach dem Mauerbau, die Abgrenzung zum Westen verfestigte (es folgten der Grundlagenvertrag, 1972, und die Aufnahme der DDR in die UNO, 1973), zudem die erste Strophe der Nationalhymne mit der Liedzeile „Deutschland, einig Vaterland" verboten wurde, wurde 1971 der Deutschlandsender mit der „Berliner Welle", dem zweiten Programm des Berliner Rundfunks, zusammengelegt und es begann unter der Bezeichnung „Stimme der DDR" ein Neuanfang. Mit dieser Umbenennung und den Namensänderungen von „Deutscher Demokratischer Rundfunk" in „Rundfunk der DDR" und von „Deutscher Fernsehfunk" (DFF) in „Fernsehen der DDR" sollte die Erinnerung an die deutsche Kulturnation getilgt und die Eigenständigkeit der DDR auch namentlich betont werden. Die Hörer jedoch begnügten sich nicht nur mit den Programmen ihres Landes. 63 Prozent von ihnen hörten DDR-Sender, 37 Prozent dagegen schalteten „andere Rundfunkstationen" (überwiegend West-Sender) ein.[7] Als Reaktion auf diese Abwanderung veranstaltete 1972 das Ministerium für Kultur eine „Tanzmusikkonferenz", auf der das Verbot der Jazz- und Beatmusik gelockert wurde. Auch diese Maßnahme erinnert ein wenig an den Wettbewerb „optimistische Schlager" bzw. die Gründung des „Deutschen Tanz- und

Unterhaltungsorchesters" im Jahre 1942. Die Ideologie jedenfalls trat in beiden politischen Systemen hinter die Wünsche der Hörer.

Eine weitere Folge des Mauerbaus war die Gründung des Jugendstudios „DT 64". Auch Jugendliche in der DDR sehnten sich nach dem „American Way of Life", sie trugen Jeans und lange Haare und hörten gerne Beatmusik. Der DDR-Rundfunk jedoch berücksichtigte ihre musikalischen Vorlieben kaum. Dieses Defizit sollte der im Sommer 1964 anlässlich des Deutschland-Treffens der „Freien Deutschen Jugend" (FDJ) in Betrieb genommene Sender „DT 64" ändern. Er war landesweit über UKW und Mittelwelle zu empfangen und bot zunächst zehn, dann 15 Stunden Programm, montags bis freitags von 16 bis 19 Uhr. 1986, zum 40. Jahrestag der Gründung der FDJ, wurde der Sender in „Jugendradio DT 64" umbenannt und zum Vollprogramm ausgebaut. Das Besondere an „DT 64" waren die Live-Moderationen. Berichtet wurde über jugendrelevante Themen aus Politik, Sport und Kultur, dazwischen gab es die begehrte Pop- und Rockmusik mit ansonsten nicht erhältlicher West-Musik. Von Anfang an allerdings mussten die Programmmacher Kompromisse schließen, standen sie doch unter Beobachtung der Staatssicherheit. Erich Honecker, bei Einführung des Senders als Mitglied des Politbüros verantwortlich für Militär- und Sicherheitsfragen sowie Sekretär für Sicherheitsfragen des Zentralkomitees (ZK) der SED, warf auf dem 11. Plenum des ZK der SED Mitte Dezember 1965 den Programmgestaltern „Unmoral", „Dekadenz" und „Staatsfeindlichkeit" vor:[8]

> Über eine lange Zeit hat „DT 64" in seinem Musikprogramm einseitig die Beat-Musik propagiert. In den Sendungen des Jugendsenders wurden in nicht vertretbarer Weise die Fragen der allseitigen Bildung und des Wissens junger Menschen, die verschiedensten Bereiche der Kunst und der Literatur der Vergangenheit und Gegenwart außer Acht gelassen. Hinzu kam, dass es im Zentralrat der Freien Deutschen Jugend eine fehlerhafte Beurteilung der Beat-Musik gab. Sie wurde als musikalischer Ausdruck des Zeitalters der technischen Revolution „entdeckt". Dabei wurde übersehen, dass der Gegner diese Art Musik ausnutzt, um durch die Übersteigerung der Beat-Rhythmen Jugendliche zu Exzessen aufzuputschen. Der schädliche Einfluss solcher Musik auf das Denken und Handeln von Jugendlichen wurde grob unterschätzt. Niemand in unserem Staate hat etwas gegen eine gepflegte Beat-Musik. Sie kann jedoch nicht als die alleinige und hauptsächlichste Form der Tanzmusik betrachtet werden. Entschieden und systematisch müssen ihre dekadenten Züge bekämpft werden, die im Westen in letzter Zeit die Oberhand gewannen und auch bei uns Einfluss fanden. Daraus entstand eine hektische, aufpeitschende Musik, die die moralische Zersetzung der Jugend begünstigt.

Solche Kritik erschwerte dem Sender den Spagat zwischen den Musikwünschen der Jugendlichen und der von Partei und Staat vertretenen Weltanschauung. Doch ein eigener Jugendsender mit derlei Zugeständnissen schien allemal geeigneter als die Abwanderung jugendlicher Hörer auf West-Sender wie SFB, RIAS 2, Radio Luxemburg oder AFN. Mit seinen wegweisenden Sendungen „Morgenrock", „Duett – Musik für den Rekorder", „Tendenz Hard bis Heavy", „Maxistunde" oder „Electronics" war das „Jugendradio DT 64", das unter dieser Bezeichnung bis Mai 1993 bestand, ein wichtiger Teil der Jugendkultur und ein wesentliches Stück Rundfunkgeschichte der DDR. Zu den bekannten Moderatoren von „DT 64" gehörten die späteren Tagesschau-Sprecher Susanne Daubner und Jens Riewa.

Eine weitere Besonderheit, die in diesem Zusammenhang zu erwähnen ist, sind die „Briefe ohne Unterschrift", eine deutschsprachige Sendung der BBC. 25 Jahre lang, von 1949 bis 1974, übertrug der englische Rundfunksender jeden Freitagabend anonyme Zuschriften von DDR-Bürgern. Diese konnten ihre Mitteilungen, Wünsche, Befürchtungen etc. an den „Funkbriefkasten", d. h. an eine Adresse in West-Berlin senden, die Woche für Woche wechselte. Trotz dieser Vorkehrung ließ die Stasi nichts unversucht, die Briefschreiber zu identifizieren und die Moderatoren unter Druck zu setzen. Für die Hörer in der DDR war der britische Sender bzw. waren die „Briefe ohne Unterschrift" ein Fenster in die Freiheit und ein Ventil für ihre Alltagssorgen.[9] Im Zuge der Entspannungspolitik wurde die vielgehörte Sendung eingestellt.

Neben den fünf Programmen („Radio DDR I", „Radio DDR II", „Stimme der DDR", „Berliner Rundfunk", „DT 64"), die der DDR-Staatsrundfunk am Ende seines Bestehens 1990 ausstrahlte, gab es noch den Auslandssender „Radio Berlin International" sowie die zeitlich begrenzten Sondersender „Messewelle", ein international geprägtes Programm, das alljährlich während der Leipziger Messe im März und September erklang, und die „Ferienwelle", ein in den Sommermonaten aus Rostock ausgestrahltes Urlaubsprogramm für die Besucher der Ostsee. Außerdem bestand, neben Zeitungen, auch ein spezielles Radioprogramm in sorbischer Sprache, das aus Cottbus und Bautzen für die nationale Minderheit der Sorben in der Ober- und Niederlausitz gedacht war.

Ansonsten galt auch für die Sendungen des DDR-Rundfunks: Neben der Propagierung eines sozialistischen Weltbildes boten sie den Hörern in einem von Unfreiheit, Repressalien und Mangelwirtschaft geprägten Alltag Stunden der heiteren Ablenkung und des Träumens von einer besseren Welt. Das Warenangebot in der DDR war zwar grundsätzlich nicht so vielfältig wie in der Bundesrepublik, doch auch hier wurde solide produziert. Zu den bekanntesten Herstellern von Rundfunk- und Fernsehgeräten gehörte die Firma Sachsenwerk in Radeberg, die bereits 1946 unter der Bezeichnung „Sowjetische Aktiengesellschaft *Gerät* in Deutschland, Werk Sachsenwerk in Radeberg" einfache Rundfunkempfänger fertigte. Als „VEB RAFENA-Werke Radeberg" (Rafena) war der Betrieb jahrelang alleiniger Hersteller von Fernsehgeräten in der DDR, in den 1970er/80er Jahren produzierte er Radios und Fernsehapparate auch für die westdeutschen Versandhäuser Neckermann und Quelle. Schmuckstück Mitte der 1950er Jahre war die Fernsehtruhe „Claudia", die gemäß dem Motto „Alles in einem" eine hochwertige Kombination von Radio- und Fernsehempfänger, Tonbandgerät und Plattenspieler bot und sogar noch ein Fach für die Hausbar enthielt.

In Stollberg im Erzgebirge war die Firma REMA ansässig, im Juli 1945 als „Fabrik für Rundfunk, Elektrotechnik und Mechanik" von ehemaligen Tele-

Abb. 53: REMA Centuri 2060, gefertigt zwischen 1966 und 1970.

funken-Mitarbeitern gegründet. Ab 1956 produzierte das Unternehmen den berühmten „Rema Trabant", ein mobiles, sechs Kilo schweres Radio, mit dem man seine Freizeit außer Haus verbringen konnte. Bis 1961 wurden von dem schmucken Gerät rund 5.200 Exemplare hergestellt, der Preis betrug sagenhafte 555 Mark.

In den 1980er Jahren hatte sich „VEB Stern-Radio Sonneberg" zum größten Produzenten von Rundfunkgeräten in der DDR entwickelt. Der Standort in Thüringen gehörte mit „VEB Stern-Radio Rochlitz" und „VEB Stern-Radio Staßfurt" zum Kombinat „VEB Stern-Radio Berlin". Von hier aus wurde die Herstellung von Radios zentral verwaltet. Einige Betriebe hatten bereits in der Frühzeit des Rundfunks Geräte produziert, bevor sie nach dem Krieg enteignet und zu einem Volkseigenen Betrieb (VEB) umgewandelt wurden. Bekannteste Marke von „Stern-Radio Sonneberg" war das „Sternchen", das erste Transistor-Taschenradio in der DDR, das sich ab 1959 zum lang anhaltenden Verkaufsschlager entwickelte, auch in den Ländern des Ostblocks.[10]

Abb. 54: Dompfaff von VEB Stern-Radio Berlin (1954).

VII.

Rundfunk im wiedervereinigten Deutschland

Eine neue Senderlandschaft

Der große politische Umbruch – der Mauerfall 1989 und die Wiedervereinigung 1990 – wirkte sich auch auf das Rundfunksystem aus. Sender änderten ihren Namen oder fusionierten, bevor sie ganz verschwanden. In den letzten Monaten der DDR entfiel die bislang von der SED kontrollierte politische Berichterstattung, nach und nach machte das autoritär-zentralistisch geprägte Programm der Meinungsvielfalt Platz, sogar Sitzungen der (am 18. März 1990 frei gewählten) Volkskammer wurden direkt übertragen. Bereits im Februar hatten die noch tonangebenden Funktionäre der PDS, der Nachfolgepartei der SED, beschlossen, die Rundfunkeinrichtungen in öffentlich-rechtliche Landesanstalten nach bundesrepublikanischem Vorbild umzuwandeln. Für eine Übergangszeit entstanden zum 1. Juli 1990 die fünf Landesdirektionen Antenne Brandenburg (Potsdam), Radio Mecklenburg-Vorpommern (Rostock), Radio Sachsen-Anhalt (Halle), Sachsenradio (Leipzig) und Thüringer Rundfunk (Weimar). Ab September übernahmen die Länder die gesetzgeberischen Zuständigkeiten für Hörfunk und Fernsehen.

Wechselvoll verlief die Geschichte des Senders „Stimme der DDR"; aus ihm wurde der Deutschlandsender. Dieser wiederum fusionierte im Juni 1990 mit „Radio DDR II" zum „DeutschlandSender Kultur" (DS Kultur). Sein Programm bestand aus überwiegend klassischer Musik, Wissenschaftssendungen, Beiträgen aus Politik und Gesellschaft, Hörspielen. Ein weiterer Namenswechsel erfolgte dann 1994: DS Kultur vereinigte sich mit RIAS und dem (1962 in Köln gegründeten) Deutschlandfunk zum Deutschlandradio, das ein Beitrag zur deutsch-deutschen Integration sein sollte. Der Gemeinschaftssender von ARD und ZDF ist eine Mehrländeranstalt mit drei Programmen: In Köln wird unter dem Namen „Deutschlandfunk" ein Informationsprogramm zum aktuellen Tagesgeschehen produziert und aus dem Funkhaus am Hans-Rosenthal-Platz in Berlin wird unter der Bezeichnung „Deutschlandfunk Kultur" ein vielseitiges Kulturprogramm gebracht. Seit 2010 betreibt der Sender zudem ein anspruchsvolles Radioprogramm für Jugendliche, das sich seit Mai 2017 „Deutschlandfunk Nova" nennt.

Für die anderen Sender der DDR endete ihre Geschichte nach einer Übergangsfrist gemäß Art. 36 des Einigungsvertrags vom 31. August 1990:[1]

(1) Der „Rundfunk der DDR" und der „Deutsche Fernsehfunk" werden als gemeinschaftliche staatsunabhängige, rechtsfähige Einrichtung von den in Artikel 1 Abs. 1 genannten Ländern und dem Land Berlin für den Teil, in dem das Grundgesetz bisher nicht galt, bis spätestens 31. Dezember 1991 weitergeführt, soweit sie Aufgaben wahrnehmen, für die die Zuständigkeit der Länder gegeben ist. Die Einrichtung hat die Aufgabe, die Bevölkerung in dem in Artikel 3 genannten Gebiet nach den allgemeinen Grundsätzen des öffentlich-rechtlichen Rundfunks mit Hörfunk und Fernsehen zu versorgen. Die bisher der Deutschen Post zugehörige Studiotechnik sowie die der Produktion und der Verwaltung des Rundfunks und des Fernsehens dienenden Liegenschaften werden der Einrichtung zugeordnet. Artikel 21 gilt entsprechend.

...

(6) Innerhalb des in Absatz 1 genannten Zeitraums ist die Einrichtung nach Maßgabe der föderalen Struktur des Rundfunks durch gemeinsamen Staatsvertrag der in Artikel 1 genannten Länder aufzulösen oder in Anstalten des öffentlichen Rechts einzelner oder mehrerer Länder überzuführen. Kommt ein Staatsvertrag nach Satz 1 bis zum 31. Dezember 1991 nicht zustande, so ist die Einrichtung mit Ablauf dieser Frist aufgelöst. Zu diesem Zeitpunkt bestehendes Aktiv- und Passivvermögen geht auf die in Artikel 1 genannten Länder in Anteilen über. Die Höhe der Anteile bemisst sich nach dem Verhältnis des Rundfunkgebührenaufkommens nach dem Stand vom 30. Juni 1991 in dem in Artikel 3 genannten Gebiet. Die Pflicht der Länder zur Fortführung der Rundfunkversorgung in dem in Artikel 3 genannten Gebiet bleibt hiervon unberührt.

Genau ein Jahr später unterzeichneten die Bundesländer den „Staatsvertrag über den Rundfunk im vereinten Deutschland". Dieser Vertrag trat am 1. Januar 1992 in Kraft und regelte u. a. das duale Rundfunksystem, das Gebührenwesen und die Finanzierung des Rundfunks. Zugleich ging die Post der DDR in der Deutschen Bundespost auf, die Deutsche Bundespost Telekom (die heutige Deutsche Telekom AG) übernahm die Sendeanlagen und damit den Ausbau und Betrieb der Rundfunk- und Fernsehsender in den neuen Ländern. Die neuen Gebührensätze betrugen im Westen 23,80 DM für Fernseh- und Radioanschluss, im Osten 19 DM bis zur Angleichung im Jahre 1995. Ebenfalls als neue Landesanstalten und damit Teil der ARD nahmen in Leipzig der Mitteldeutsche Rundfunk (MDR) für Sachsen, Sachsen-Anhalt und Thüringen („MDR 1", „MDR live", „MDR info", „MDR Kultur") sowie der Ostdeutsche Rundfunk Brandenburg (ORB) in Potsdam für Brandenburg („Radio Brandenburg", „Antenne Brandenburg", „RockRadioB") ihren Betrieb auf. Für eine Übergangszeit sendeten einige Radioprogramme weiterhin aus dem „Funkhaus Nalepastraße".

Zu den weiteren rundfunkpolitischen Maßnahmen, auf die hier nur kurz hingewiesen werden soll, gehört die Fusion von SDR und SWF: Seit August

Abb. 55: Straßenbahn in Potsdam mit Werbung für „Antenne Brandenburg" (2023).

Abb. 56: Das „Haus des Rundfunks", Masurenallee Berlin, 2022.

1998 ist der Südwestrundfunk (SWR) als Zweiländeranstalt für das Programm in Baden-Württemberg und Rheinland-Pfalz erfolgreich auf Sendung. Ein vergleichbarer Zusammenschluss fand zum 1. Mai 2003 auch im Nordosten Deutschlands statt: ORB und SFB fusionierten zum Rundfunk Berlin-Brandenburg (RBB), obgleich die geplante Fusion beider Bundesländer 1996 gescheitert war. Seitdem wird aus Potsdam-Babelsberg gesendet („Antenne Brandenburg", „Radio Eins" und der Jugendsender „Fritz") und aus dem geschichtsträchtigen „Haus des Rundfunks" an der Masurenallee („rbb 88,8", „rbb Kultur", „rbb24 Inforadio").

Die Digitalisierung des Hörfunks

Zur Jahrtausendwende fand bei allen Sendern die Digitalisierung statt, seitdem bieten die derzeit neun Landesrundfunkanstalten (BR, HR, MDR, NDR, Radio Bremen, RBB, SR, SWR, WDR) Angebote, von denen vor 100 Jahren kein Mensch geträumt hätte. Bequem lassen sich heute im Internet per Livestream eine Vielzahl von Programmen abrufen und dank schnellem Download lässt sich eine verpasste Sendung komfortabel nachhören, nicht nur einmal, sogar mehrmals, oder der Text der Sendung kann in aller Ruhe (nach-)gelesen werden. Wurde früher, in den 1960er/70er Jahren, eine Sendung, meist Musik, umständlich auf Tonband, dann Kassette, schließlich auf CD zum Wiederhören aufgenommen, ist heute eine platzsparende und klanglich einwandfreie Übertragung und Speicherung von Musik auf Festplatte, Smartphone oder MP3-Player möglich. Mit der neuen Technik hat sich auch die Arbeitsweise der Journalisten verändert. Sie müssen nun geschickt mehrere Arbeitsprozesse miteinander verbinden, so die Recherche, den Schnitt, die Technik und die Moderation. Diese Vorgehensweise ist vor allem bei den zahlreichen Formatradiosendern anzutreffen, bei denen also die Sendungsfolgen nach einem wiederkehrendem Muster aufgebaut sind (Begrüßung, Musik, Gewinnspiel, Werbung, Interview, Nachrichten, Werbung, Musik). Längst ausgedient haben auch die Postkarten an den Sender oder die frankierten Rückumschläge, wollte sich der Hörer mit Beschwerden, Anmerkungen oder der Bitte um Zusendung eines Manuskripts an die Redaktion wenden; zeit- und kostensparende Kontaktmöglichkeiten wie E-Mails oder Twitter haben dieses Procedere abgelöst.

Bereits gegen Ende der 1990er Jahre war es gang und gäbe, dass die Sender eigene Webseiten einrichteten, mit denen sie auf ihr Programm hinwiesen. Die heute bei den Sendern übliche redaktions-, medien- und standortübergreifende Zusammenarbeit und Vernetzung, also die enge redaktionelle und technische Kooperation zwischen Rundfunk, Fernsehen und Internet (inzwischen sogar unter einem Dach), wird als Trimedialität bezeichnet. Wegbereiter dieses gern genutzten Service war 2007 der WDR mit „Quarks & Co." (TV), „RadioQuarks" (WDR 2) und dem Internet.

Für die Vielgestaltigkeit der einzelnen Sender, die nach wie vor an die Gebote der Staatsferne, der Unabhängigkeit und der von ihnen zu leistenden Grundversorgung (ausgewogenes Angebot an Informationen, Kultur, Bildung, Unterhaltung) gebunden sind, sei beispielhaft der NDR mit Hauptsitz in Hamburg genannt. Seit 1992 sendet er als Vierländer-Anstalt (Hamburg, Niedersachsen, Schleswig-Holstein und Mecklenburg-Vorpommern) ein breit gefächertes Programm, das seine Stärke in der Regionalisierung hat; die einzelnen Sender lauten: „NDR 90,3" (Hamburg), „NDR 1 Niedersachsen", „NDR 1 Welle Nord", „NDR 1 Radio MV" (Mecklenburg-Vorpommern), „NDR 2" (Popsender mit Werbesendungen), „NDR Kultur" (ehemals NDR 3), „NDR Info" (ehemals NDR 4) und „N-Joy" (Jugendradio). Ausschließlich über Kabel, Satellit und DAB+ wird „NDR Info Spezial" verbreitet (v. a. Sportübertragungen, Seewetterbericht, Ausländerprogramm). Nur digital (DAB+, DVB-C und DVB-S) gesendet werden das Schlagerradio „NDR Schlager" und der Musikkanal „NDR Blue".

Unter DAB („Digital Audio Broadcasting") versteht man einen ab Ende der 1990er Jahren verwendeten digitalen Übertragungsstandard für den terrestrischen Empfang (Empfang über Haus- und Zimmerantenne) von Digitalradio (Frequenzbereich von 30 MHz bis 3 GHz); möglich ist auch die Verbreitung des Rundfunkprogramms über Satellit und Kabel (DAB+). Dank der digitalen Technik können auf einem Frequenzblock (Kanal) mehrere Programme verbreitet werden. Dabei werden die Datenströme (Pakete) abwechselnd stückchenweise gesendet. Dieses Verfahren, das eine hohe Klangqualität gewährleistet, wird „Multiplexing" genannt.[2] DVB wiederum steht für „Digital Video Broadcasting", die Abkürzung C steht für „Cable" und S für „Satellite", gemeint sind also das digitale Kabel- bzw. Satellitenfernsehen. Ebenso eroberte die Modulationsart DRM („Digital Radio Mondial") die Welt.[3]

Wie bei den anderen Sendern auch variiert die Anhängerschaft von Programm zu Programm erheblich. Während „NDR 1 Niedersachsen" täglich von rund 2,5 Millionen Hörern eingeschaltet wird, verfolgen das Kulturprogramm 280.000 Zuhörer (zum Vergleich: „hr2-Kultur" hat eine Reichweite von ca. 70.000 Hörern, beim SWR 2 sind es noch nicht einmal 40.000).

Der nichtkommerzielle Rundfunk

Eine deutlich geringere Zuhörerschaft haben die nichtkommerziellen Rundfunksender (Freie Radios, Offene Kanäle, Bürgerrundfunk, Hochschulradios), die sich in den vergangenen Jahren neben dem öffentlich-rechtlichen und dem privaten Rundfunk erfolgreich etabliert haben und die als „dritte Säule" oder „Rundfunk der dritten Art" bezeichnet werden. Zugelassen von der jeweiligen Landesmedienanstalt, der Aufsichtsbehörde für private Radio- und Fernsehprogramme, gewährt diese zwar den nichtkommerziellen Sendern eine Förderung aus ihrem Gebührenanteil, vor allem aber finanzieren diese Sender sich aus Beiträgen, Spenden und weiteren Zuschüssen. Werbeeinnahmen entfallen, da sie gemeinnützig sind, also wie ein Verein organisiert sind und daher in der Regel keine Werbung bringen. Im Vordergrund ihres Handelns stehen Vielfalt und Bürgernähe. Möglichst vielen Interessierten soll ein Zugang ermöglicht werden, d. h. Laien beteiligen sich am Programm und engagieren sich „vor Ort" ohne wirtschaftliche Interessen für ihren Verein, eine Initiative oder ein Anliegen, das von allgemeiner Relevanz ist. Priorität hat also die Förderung der freien Meinungsäußerung. Gesendet werden Beiträge (über Antenne, Kabel oder Internet), die allenfalls in der Lokalpresse, nicht aber in anderen Rundfunksendern Beachtung finden. Die Interessen seiner Mitglieder vertritt der 1993 gegründete „Bundesverband Freier Radios". Eines dieser Mitglieder ist „Radio RheinWelle 92,5 e. V." mit Sitz in Wiesbaden – seit September 1997 auf Sendung und eines von sieben nichtkommerziellen Lokalradios in Hessen. Ein Jahr zuvor hatte sich ein Trägerverein gegründet, dessen Mitglieder den Hörfunksender ehrenamtlich betreiben. Zu den Gruppen und Verbänden, denen Sendemöglichkeiten am Konrad-Adenauer-Ring gegeben werden, gehören auch Amnesty International, Greenpeace, die Aidshilfe oder der Ausländerbeirat der hessischen Landeshauptstadt. Das Verbreitungsgebiet des vielfältigen Programms, das über aktuelle Ausstellungen oder Probleme des öffentlichen Nahverkehrs etc. informiert und das von rund einer Million Menschen täglich gehört wird, erstreckt sich auf die Region um Wiesbaden und Mainz.

Die Programme der Freien Radios („Radio Dreyeckland" in Freiburg, „Radio Blau" in Leipzig, „Radio LOTTE" in Weimar u. a.), Offenen Kanäle („Offener Kanal Essen", „Offener Kanal Worms", „StadtRadio Göttingen" u. a.), oder des Bürgerrundfunks („Bürgerrundfunk Bremerhaven" u. a.) – die Bezeichnungen sind von Bundesland zu Bundesland unterschiedlich – stellen eine wichtige Ergänzung des Rundfunkangebots dar. Beliebt sind die nichtkommerziellen Sender vor allem wegen ihres regionalen Bezugs.

Hörfunk im 21. Jahrhundert

Die heute so gern genutzten Internetangebote wie Podcast sind Teil der Rundfunkgeschichte des 21. Jahrhunderts. Ermöglicht wurden die vielfältigen Telemedienangebote durch den 12. Rundfunkänderungsstaatsvertrag im Jahr 2009, der die rechtliche Grundlage für die Bereitstellung von Online-Beiträgen schuf. Bereits zuvor hatte nach Intervention kommerzieller Anbieter die EU-Wettbewerbskommission die Rechtmäßigkeit der programmbegleitenden Internet-Angebote der öffentlich-rechtlichen Sender geprüft und diese unter der Maßgabe gestattet, dass „ein digitales Angebot den gesellschaftlichen Bedürfnissen entspricht, den publizistischen Wettbewerb stärkt und finanziell in einem angemessenen Rahmen bleibt".[4]

Da der seit 1991 geltende Rundfunkstaatsvertrag die neuen Medien noch nicht berücksichtigt hatte, sondern auf Hörfunk und Fernsehen konzentriert war, wurde dieser seit November 2020 durch den „Staatsvertrag zur Modernisierung der Medienordnung in Deutschland" (Medienstaatsvertrag) abgelöst. Im Vordergrund des von allen 16 Bundesländern geschlossenen Vertrages stehen Anpassungen der Regeln an die Digitalisierung. Zulassungsbestimmungen von Rundfunkprogrammen wurden gelockert, ergänzt wurden zudem Aussagen zum Diskriminierungsverbot und zur Transparenz. Bestimmungen zu Werbung, Sponsoring und Produktplatzierung wurden präzisiert etc. Überarbeitet wurde auch die Definition von Rundfunk; so heißt es in § 2 I, 1,2 des Vertrages:

Rundfunk ist ein linearer Informations- und Kommunikationsdienst; er ist die für die Allgemeinheit und zum zeitgleichen Empfang bestimmte Veranstaltung und Verbreitung von journalistisch-redaktionell gestalteten Angeboten in Bewegtbild oder Ton entlang eines Sendeplans mittels Telekommunikation. Der Begriff schließt Angebote ein, die verschlüsselt verbreitet werden oder gegen Entgelt empfangbar sind.

Im Jahr 2017 ging die ARD-Audiothek online. Dieses Angebot führt dazu, dass Radioprogramme zunehmend nicht linear, sondern auf Abruf genutzt werden.

Trotz dieser neuen Möglichkeiten des Erstellens eines individuellen Programms oder des „Visual Radio", das zum gesendeten Titel gleichzeitig Bilder und Erläuterungen liefert, bietet das herkömmliche Rundfunkprogramm auch weiterhin vielen Hörern eine Struktur. Viele richten ihren Tagesablauf mit Beruf, Hausarbeit, Einkauf, Freizeit ein Stück weit auch nach den Beiträgen aus dem Radio. Während der Fahrt zur Arbeit wird z. B. die SWR-Sendung „Wissen" (werktags um 8.30 Uhr) gehört, bewusstes Zuhören erfordert die „Musikstunde" zwischen 9 und 10 Uhr, gegessen wird zu den 13-Uhr-Nachrichten, danach dem „Mittagskonzert" gelauscht, nach den 17-Uhr-Nachrichten (evtl. auf dem Nachhauseweg) gibt es das „Forum". Der Abend mag dann dem Fernsehen gehören oder einer anderen Freizeitbeschäftigung, bevor das Radio nochmals im Bett eingeschaltet wird für die Mitternachts-Nachrichten oder das ARD-Nachtprogramm.

Eine Renaissance erlebte das Radio während der Covid-19-Pandemie 2020/21. Lauschten bereits vor den flächendeckenden Einschränkungen rund 35 Millionen der deutschsprachigen Bevölkerung ab 14 Jahren täglich Radio (meist bei einem Sender und in der Regel „nebenbei", d. h. beim Einkaufen, im Fitnessstudio, beim Autofahren und auf Busreisen, beim Kochen und Bügeln etc.), so stieg die Zahl der Hörer mit Beginn der Covid-19-Maßnahmen weiter an.[5] Da viele zum „Home Office" verdammt waren und sich unter Abkehr vom normalen Tagesablauf während der Heimarbeit die Arbeitszeit freier einteilen konnten, konnte auch das Rundfunkprogramm bewusster und intensiver genutzt werden. In dieser Krisenzeit fungierte der Rundfunk nicht als Begleitmedium, sondern als Begleiter. Trotz Isolierung, Beschränkung oder gar Vereinsamung vermittelte er das Gefühl der Gemeinschaft. Während die Verkündung der neusten Covid-19-Fallzahlen zu einem Ritual wurde, spendete das Programm auch Trost (wie überhaupt bei Krankheit): Auf Initiative eines niederländischen Moderators sendeten am 20. März

Abb. 57: Gerade für alte Menschen ist das Radio ein wichtiger Begleiter und erlaubt die Teilhabe an gesellschaftlichen Ereignissen (Foto von 1955).

2020, also zu Beginn der Pandemie, über 100 Radiosender gleichzeitig um 8.45 Uhr den allseits bekannten Evergreen „You'll Never Walk Alone" der Liverpooler Band „Gerry & the Pacemakers". Eine solche Aktion in unseren Tagen war geradezu einmalig und sie schuf über Grenzen hinweg ein Gefühl der Solidarität.

Zu den Sendungen, die im Coronajahr 2021 mit dem Deutscher Radiopreis ausgezeichnet wurden, gehört sogar ein Beitrag, der sich dem Rundfunk widmete („100 Jahre Radio – eine Zeitreise ins Jahr 1920"). Ausgestrahlt im Dezember 2020 in „Bayern 1", wurde ihm im September 2021 im Hamburger Hafen die Auszeichnung in der Kategorie „beste Sendung" verliehen. Mit dem seit 2010 vergebenen und von den Hörfunkprogrammen der ARD, des Deutschlandradios und der Privatradios gestifteten Deutschen Radiopreis werden zehn Kategorien prämiert (u. a. auch „beste Morgensendung", beste Musiksendung", „bestes Interview", „beste Recherche").

Nicht immer sind Schlagzeilen rund um den Rundfunk positiv. Ärger verursachten immer wieder Schleichwerbung, Postengeschacher oder der nachlässige Umgang mit der deutschen Sprache. Wurde in früheren Jahren das Übermaß an überflüssigen Anglizismen beklagt, ist es in unseren Tagen die angeblich fehlende journalistische Neutralität und eine von vielen Hörern abgelehnte Gendersprache, die für Unmut sorgen. Funk und Fernsehen hätten eine sprachliche Vorbildfunktion, mahnte etwa die FAZ an, daher widerspreche das Gendern dem Neutralitätsgebot:

> Dabei werden die Kunstpause, Doppelpunkt oder Asterisk von mehr als drei Viertel der Medienkonsumenten abgelehnt. Eine kleine Minderheit nutzt jedoch den Einfluss der durch Zwangsrundfunkgebühren jedes Bürgers finanzierten öffentlich-rechtlichen Rundfunk- und Fernsehsender, um ihre Sprachauffassung durchzusetzen. Die Sprachgemeinschaft erziehen zu wollen ist eine Anmaßung der öffentlich-rechtlichen Sender, die von niemandem toleriert werden muss.

Immer mehr verletzten die Medien ihre Aufgabe gemäß Medienstaatsvertrag, die „Grundsätze der Objektivität und Unparteilichkeit der Berichterstattung, der Meinungsvielfalt sowie die Ausgewogenheit ihrer Angebote zu berücksichtigen".[6]

Sogar Peter Voß, ehemaliger SWR-Intendant, beklagte die Zustände des öffentlich-rechtlichen Rundfunks („Durch das Gendern sondern sich ARD und ZDF vom Publikum ab")[7] und auch Sigmund Gottlieb, langjähriger Chefredakteur des Bayerischen Rundfunks, bezog Position:[8]

> In den deutschen Medien, auch den öffentlich-rechtlichen, findet sich fast eine Dreiviertelmehrheit für linke und grüne Tonlagen. So kommentiert und sendet man leicht am Zuschauer vorbei. Links und grün erscheint den meisten offenbar schicker oder „fortschrittlicher" als das Empfinden der meist bürgerlichen Zuschauer ...
> Der Bekenner-Mut bei den Gender-Sternchen ist ja billig. Damit können Politiker und Journalisten sich ohne jedes Risiko auf der guten Seite der Menschheit präsentieren. Die allermeisten Zuschauer und Zuhörer sind aber bloß verärgert. Radio und Fernsehen sind keine Volkshochschule, sie sollen berichten, nicht erziehen! Die Gesinnung darf nicht dominieren über den Auftrag zu informieren.

Ein Dauerthema ist die Finanzierung. Pro Jahr erhalten die öffentlich-rechtlichen Rundfunkanstalten rund 8,4 Milliarden Euro aus dem Rundfunkbeitrag. An die ARD mit ihren 64 Hörfunk- und 13 TV-Programmen (und insgesamt 20.000 festangestellten Beschäftigten)[9] gehen 5,9 Milliarden, das ZDF erhält 2,1 Milliarden und an Deutschlandradio sowie an die Landesmedienanstalten (Aufsichtsbehörden für private Radio- und Fernsehprogramme) fließen 400 Millionen Euro (2022). Hinzu kommen Zusatzeinnahmen durch Werbung.

Im Jahr 2021 wurde deutschlandweit über den „GEZ-Rebellen" Georg Thiel berichtet, der nach Klage des WDR sechs Monate Erzwingungshaft in der JVA Münster absitzen musste, weil er sich weigerte, den Rundfunkbeitrag zu zahlen. Die Beitragspflicht lehnte er ab, da er seit 25 Jahren kein Fernsehgerät und seit zehn Jahren kein Radio habe.[10] Auf Seiten der Beitragsverweigerer stand die Wochenzeitung *Junge Freiheit* (JF), ein Forum der Neuen Rechten, die im August 2022 eine Petition zur Abschaffung der Rundfunkgebühren initiierte. Innerhalb von 14 Tagen beteiligten sich annähernd 200.000 Bürger an der Aktion für die Abschaffung der Gebühren. Vorbild für das Anliegen war Frankreich, wo der Verfassungsrat Anfang August 2022 auf Druck der Bürger die seit 1933 geltende Gebühr zum 1. Januar 2023 abgeschafft hatte; sie betrug zuletzt 138 €/Jahr. Die JF-Petition lautete:[11]

> Wir fordern die für die Sender verantwortlichen Landesregierungen und alle Politiker der in den Parlamenten vertretenen Parteien auf: Schaffen Sie die per Zwang erhobenen Rundfunkbeiträge ab! An die Stelle muss ein neues und vereinfachtes Finanzierungsmodell treten. Reduzieren Sie den Etat von ARD und ZDF auf ein Minimum. Schaffen Sie endlich unsinnige Doppelstrukturen ab. Wir fordern darüber hinaus eine Demokratisierung der öffentlich-rechtlichen Berichterstattung und fairen, unideologischen Journalismus, der endlich alle gesellschaftlichen Gruppen und Parteien repräsentativ berücksichtigt und Schluss macht mit links-grün-roter Indoktrination ...

Der Petition unmittelbar vorausgegangen war die „Affäre Schlesinger": Patricia Schlesinger war seit 2016 Intendantin des RBB Berlin und von Januar 2022 bis zu ihrer fristlosen Entlassung im August 2022 zudem Vorsitzende der ARD. Im Juni desselben Jahres waren in den Medien Vorwürfe der Untreue, der Vorteilsnahme (unverhältnismäßige Gehaltserhöhung, Dienstwagen mit Massagesitzen) und Vetternwirtschaft gegen sie erhoben worden, was schließlich zu einem staatsanwaltlichen Ermittlungsverfahren führte[12] und den öffentlich-rechtlichen Rundfunk monatelang in eine schwere Krise stürzte. Selbst aus den eigenen Reihen wurde Kritik laut, wurden Reformen (u. a. Stärkung der Gremien, einheitliche Compliance-Standards) angemahnt.

Nicht nur die RBB-Intendantin verlor ihren Posten, ebenso der Verwaltungsratschef, schließlich wurde auch gegen zwei weitere Mitglieder der RBB-Geschäftsleitung ermittelt. Dabei ging es „um den Verdacht der Untreue und Beihilfe zur Untreue bei der Einführung eines Boni-Systems und Gehaltszahlungen an Mitarbeiter, die für den RBB gar nicht mehr tätig" waren.[13] Schließlich wurden bei mehreren ehemaligen Spitzenmitarbeitern un-

Hörfunk im 21. Jahrhundert

Abb. 58: Das RBB-Gebäude am Theodor-Heuss-Platz Berlin, 2022.

verhältnismäßig hohe Ruhestandszahlungen bekannt: So hat der frühere RBB-Chefredakteur Christoph Singelnstein, der im März 2021 vorzeitig abgelöst wurde, „Anspruch auf Ruhegeld und Pension und obendrein auch noch einen Beratervertrag", „sodass er als Privatier auf 15.000 Euro im Monat kommt, ohne für den RBB einen Finger rühren zu müssen".[14] Empörung erregte auch die Meldung, ein einstiger Intendant vom SFB, der drei Jahre im Amt war, beziehe pro Jahr 157.000 Euro Ruhegeld, während er zur aktiven Zeit 138.000 Euro erhalten hatte.[15] Nach und nach wurden auch andere Ungereimtheiten aufgedeckt. So wurden beim BR umstrittene Zusatzeinkünfte des Spitzenpersonals durch Aufsichtsratsmandate bei Tochterfirmen bekannt. Für Irritationen sorgte hier auch der Fall Birgit Spanner-Ulmer. Die technische Direktorin des Senders verfügte über zwei Dienstwagen; mit dem einen ließ sie sich von zwei Fahrern chauffieren, bei dem anderen setzte sie sich selbst ans Steuer. Für Schlagzeilen sorgte ferner der NDR: Im Landesfunkhaus in Kiel ging es um den Vorwurf, die Leitung habe kritische Berichte zugunsten einer politisch voreingenommenen Berichterstattung verhindert, und aus Hamburg wurde gemeldet, die Landesfunkhauschefin Sabine Rossbach habe auf die Einstellung ihrer Tochter beim NDR Einfluss ausgeübt.

Angesichts dieser Skandale forderte Bundesfinanzminister Christian Lindner (FDP), die zum 1. Januar 2025 vorgesehene Erhöhung des Rundfunkbeitrags auszusetzen, eine effizientere Verwaltung, die Konzentration auf den Informations- und Bildungsauftrag sowie die Gehaltsdeckelung für Spitzenverdiener beim Rundfunk: „Rund 8,4 Milliarden Euro Beitragsaufkommen sind ein weltweiter Rekord. Kein Intendant sollte mehr verdienen als der Bundeskanzler."[16] Anfang November 2022 forderte der ARD-Vorsitzende und WDR-Intendant Tom Buhrow einen neuen Grundlagenvertrag für den öffentlich-rechtlichen Rundfunk und eine Generaldebatte. Eine „komplette Reform" könne langfristig sogar die Fusion von ARD und ZDF bedeuten.[17] Naheliegend wäre zumindest die Fusion des Saarländischen Rundfunks mit dem SWR und eine Zusammenlegung von Radio Bremen, kleinste Rundfunkanstalt der ARD, mit dem NDR.

Der zum Teil verantwortungslose Umgang mit den Rundfunkbeiträgen hat die Akzeptanz für diese Zwangsgebühr weiter sinken lassen. Nach einer im Sommer 2022 durchgeführten Umfrage stimmten 84 Prozent der Befragten für die Abschaffung des Rundfunkbeitrages.[18] Zwar nehmen die meisten Hörer solche Affären mit Unmut zur Kenntnis, sie mögen für kurzzeitigen Aufruhr sorgen, doch ebenso schnell sind sie vergessen. Genauso schnelllebig ist das Angebot der derzeit rund 460 Radiosender mit eigener Frequenz, von denen 70 dem öffentlich-rechtlichen Rundfunk zuzurechnen sind. Hinzu kommen mehr als 2.500 Internetradios alleine in Deutschland, deren individuelles Angebot vor allem von jungen Hörern konsumiert wird. Bei einer durchschnittlichen Hördauer von ca. 185 Minuten täglich ist der Rundfunk allgegenwärtig, er ist ein permanenter Tagesbegleiter. Das Radio am Bett, im Bad, in der Küche, im Wohn- und Arbeitszimmer, im Hobbykeller, im Auto ist ein Alltagsgegenstand, der auch im 21. Jahrhundert seine Daseinsberechtigung hat; im Durchschnitt besitzen die Deutschen vier Radioapparate. Gehört wird allerorten, im Fitnessstudio, beim Joggen und Einkaufen, im Wartezimmer und in Freizeiteinrichtungen etc. Wie zu allen Zeiten, dominiert auch heute Musik das Programm. So bringt „SWR 3" zwischen 300 und 350 Titel am Tag, das sind innerhalb einer Woche 2.300 bis 2.400 Stücke. Das Hörerlebnis findet meist ganz individuell statt – das ist der Unterschied zu früher, als die Familie mehr oder weniger einträchtig um den Rundfunkempfänger saß und gemeinschaftlich dem „Wunder der Technik" lauschte. Die Bedeutung des Mediums ist so anerkannt, dass es seit 2012 sogar den „Welttag des Radios" (13. Februar) gibt.

Ausblick

Seit nunmehr 100 Jahren begleitet der Rundfunk die Menschen. Nach wie vor Überbringer guter oder schlechter Nachrichten, ist er mit Emotionen verbunden. Wie gesehen, hatte er im Laufe der Jahrzehnte unterschiedliche Funktionen. In seinen Anfangsjahren in der Weimarer Republik stand er für technischen Fortschritt und diente vornehmlich der Belehrung. Die Nationalsozialisten vereinnahmten den Rundfunk wie auch den Film für ihre Propaganda, beide Medien dienten der politischen Beschwichtigung und Ablenkung. Damit erfolgte die Bindung an das Regime für die Mehrheit der Bevölkerung nicht über Gewalt, sondern zum großen Teil über Anreize, die den Bedürfnissen der Masse entgegenkamen. Ähnlich war es wenige Jahre später in der DDR, auch hier stand das Rundfunkprogramm im Dienst der Propagierung einer Ideologie. In der Bundesrepublik und erst recht im wiedervereinigten Deutschland entfaltete der Rundfunk neue Möglichkeiten, er bot ein breites Angebot und spezialisierte sich. Und trotz der wachsenden Konkurrenz durch das Fernsehen behauptet er sich bis heute. So spiegelte er ein Stück Technikgeschichte und Kriegsgeschichte, er war Teil des Wirtschaftswunders und des Kalten Krieges, mit Staunen vernahmen seine Hörer die Berichte zum Mauerfall 1989 und mit seiner Digitalisierung zu Beginn des 21. Jahrhunderts war er an einer epochemachenden Innovation beteiligt. Vor allem aber sind die derzeit neun Landesrundfunkanstalten Ausdruck eines lebendigen Föderalismus.

Die vielfältigen Programme gingen mit der Zeit, thematisierten das aktuelle Geschehen weltweit, widmeten sich Randgruppen, der Kernenergie oder den Umweltproblemen, heute propagieren sie etwa die Gendersprache und Wokeness.

Das Radio war stets mehr als ein technisches Gerät, es war Einrichtungsgegenstand, zu allen Zeiten ein Informations- und Begleitmedium, mit dem jede Generation ihre eigenen Radiomomente erlebte. Doch längst hat es seine ursprüngliche Exklusivität eingebüßt. Dank der günstigen Produktionskosten werden bereits seit Ende des 20. Jahrhunderts einfache, hand-

Ausblick

Abb. 59: Das Museum für Kommunikation („Postmuseum") in Berlin.

Abb. 60: Das Museum für Kommunikation („Postmuseum") in Frankfurt am Main.

große Radioempfänger als Werbegeschenke und damit als Wegwerfprodukte angeboten.

Wie beliebt der Rundfunk auch in unseren Tagen ist, bewies der Hörerzuspruch zuletzt während der Pandemie, denn in dieser Krisenzeit schuf das Programm eine Struktur im „außerplanmäßigen" Alltag. Mit Sicherheit wird es den Hörfunk auch in den kommenden hundert Jahren geben, noch experimenteller als gegenwärtig. Wie er dann rezipiert wird, welche Bedeutung er dann für die Menschen haben wird, das mögen spätere Generationen erforschen.

Anmerkungen

Einleitung

[1] Völkischer Beobachter (VB), 10.9.1934. Die Orthografie aller Zitate in diesem Buch habe ich zur Verbesserung der Lesbarkeit stillschweigend den heutigen Konventionen angepasst.
[2] Joseph Goebbels: Die Zeit ohne Beispiel. Reden und Aufsätze aus den Jahren 1939–1941, München 1941, S. 219.

I. Grundlagen des Hörfunks

[1] Siehe Knut Berger: „Hallo! Hallo! Hier Eberswald!" Die Versuchsstation für drahtlose Telegraphie in Eberswalde, hg. vom Museum in der Adler-Apotheke Stadt Eberswalde, Eberswalde 1998.
[2] Funk, Heft 45/1927, S. 371.
[3] Ansgar Häfner (Hg.): Heinrich Hertz. Eine Funkgeschichte, Frankfurt a. M. 1991.

II. Der Hörfunk in der Weimarer Republik

[1] Zit. nach Winfried B. Lerg: Die Entstehung des Rundfunks in Deutschland. Herkunft und Entwicklung eines publizistischen Mittels (Beiträge zur Geschichte des deutschen Rundfunks, Bd. 1), Frankfurt a. M. 1965, S. 120.
[2] Der Rundfunksender bzw. die gleichnamige Rundfunkgesellschaft Funk-Stunde AG Berlin ging auf die Deutsche Stunde zurück.
[3] Kurt Fischer (Hg.): Dokumente zur Geschichte des deutschen Rundfunks und Fernsehens, Göttingen 1957, S. 72 f.
[4] Karlsruher Tageblatt, 30.10.1923.
[5] Berliner Tageblatt, 30.10.1923.
[6] Wormser Zeitung (WZ), 27.12.1923.
[7] Ab 1933 Norddeutsche Rundfunk GmbH.

Anmerkungen

[8] Die „Deutsche Stunde in Bayern. Gesellschaft für drahtlose Belehrung und Unterhaltung mbH" war (als Vorläufer des Bayerischen Rundfunks) bereits im September 1922 in München als erste Bezirksgesellschaft gegründet worden.
[9] Zit. nach Hans-Ulrich Wagner: Hallo! Hallo! Hier Radio! Geschichte der Radiosignale, in: Gerhard Paul/Ralph Schock (Hg.): Sound des Jahrhunderts, Bonn 2013, S. 122.
[10] Zit. nach Lerg, Rundfunk in der Weimarer Republik, S. 171.
[11] Zit. nach Konrad Dussel: Deutsche Rundfunkgeschichte, Köln 2022, S. 67.
[12] A. Schwarz: Die Entwicklung des deutschen Rundfunks im besetzten Gebiet, in: Frei ist der Rhein, hg. von der Wormser Zeitung, Worms 1930, S. 261.
[13] Nach Fischer (Hg.), Dokumente zur Geschichte des deutschen Rundfunks, S. 77 f.
[14] Der Weltrundfunkverein, so die deutsche Bezeichnung seit 1929, war eine 1925 als Internationale Radio-Union (IRU) gegründete Organisation zur Überwachung grenzüberschreitender Sendefrequenzen europäischer Hörfunksender. Sitz war Genf, Deutschland gehörte zu den 12 Gründungsmitgliedern.
[15] Die 1923 gegründete Drahtlose Dienst AG (Dradag) war ein publizistischer Dienstleister für den Hörfunk, dem er politische Informationen lieferte. Zwischen der Dradag und dem Reichsinnenministerium bestand eine enge Beziehung. 1932 wurde die Institution von der RRG übernommen. Siehe Rainer Krawitz: Die Geschichte der Drahtloser Dienst AG 1923–1933, Köln 1980.
[16] Zit. nach Fischer (Hg.), Dokumente zur Geschichte des deutschen Rundfunks, S. 79.
[17] Siehe Dussel, Deutsche Rundfunkgeschichte, S. 69.
[18] Hermann Schubotz: Politik und Rundfunk, in: Rundfunk-Jahrbuch 1930, hg. von der Reichs-Rundfunk-Gesellschaft, S. 105–115.
[19] Siehe Ulrich Heitger: Vom Zeitzeichen zum politischen Führungsmittel, Münster 2003, S. 345.
[20] Siehe Daniel Ladnar: „Der Flug der Lindberghs" – ein Beispiel für Brechts Radioarbeit, u. a. Beiträge, in: Heiner Boehncke/Michael-Dieter Crone (Hg.): Radio Radio. Studien zum Verhältnis von Literatur und Rundfunk, Frankfurt a. M. 2005, S. 279–302.
[21] Bertolt Brecht: Der Rundfunk als Kommunikationsapparat, in: Ders.: Gesammelte Werke, Bd. 18, Frankfurt a. M. 1968, S. 128
[22] Siehe Jörg Koch: Das Wunschkonzert im NS-Rundfunk, Köln/Weimar/Wien 2003, S. 89.
[23] Bsp. der *Funkstunde* für die zweite Juli-Woche 1929.
[24] Hörbeispiel in der Dauerausstellung „Mediengeschichte", Technoseum Mannheim.
[25] Cornelia Göksu: Lehrreiche Unterhaltung aus dem Äther. Schulfunk im Norden, in: Das Archiv, Post- und Telekommunikationsgeschichte, hg. von der Deutschen Gesellschaft für Post und Telekommunikationsgeschichte in Zusammenarbeit mit der Museumsstiftung Post und Telekommunikation, Heft 4/2011, S. 56.
[26] Zit. nach Fischer (Hg.), Dokumente zur Geschichte des deutschen Rundfunks, S. 177.
[27] Zum Programm der schlesischen Sender siehe Nina Heidrich: Rundfunk in der Weimarer Republik. Regionale und nationale Konzepte, Bielefeld 2018.
[28] The Times, 30.5.1928. Gegründet wurde die BBC als British Broadcasting Company; der Sendebetrieb begann im November 1922.
[29] Text und Musik: Hermann Leopoldi (1888–1959).

[30] Hans-Ulrich Wagner: Achtung, Aufnahme! Mikrofonberufe in der Geschichte des Rundfunks, in: Gerhard Paul/Ralph Schock (Hg.): Sound des Jahrhunderts, Bonn 2013, S. 116–121.
[31] Zit. nach Gerd Klawitter (Hg.): 100 Jahre Funktechnik in Deutschland. Bd. 2, Berlin 2002, S. 131.
[32] Zit. nach Fischer (Hg.), Dokumente zur Geschichte des deutschen Rundfunks, S. 81.
[33] Zit. nach Dussel, Deutsche Rundfunkgeschichte, S. 63.
[34] Dussel, Deutsche Rundfunkgeschichte, S. 57.
[35] Zit. nach Fischer (Hg.), Dokumente zur Geschichte des deutschen Rundfunks, S. 201 f.
[36] Dussel, Deutsche Rundfunkgeschichte, S. 89.
[37] Zit. nach Fischer (Hg.), Dokumente zur Geschichte des deutschen Rundfunks, S. 85 ff.
[38] Zit. nach Fischer (Hg.), Dokumente zur Geschichte des deutschen Rundfunks, S. 248.

III. Rundfunk unterm Hakenkreuz

[1] Die Tagebücher von Joseph Goebbels, Teil 1: Aufzeichnungen 1923–1941, hg. von Elke Fröhlich, München 2005, Bd. 1/II, S. 33 (Eintrag vom 14.12.1925).
[2] Joseph Goebbels: Vom Kaiserhof zur Reichskanzlei, München 1934, S. 253.
[3] Hitler hielt diese Rede am Abend des 1. Februar 1933, doch unzufrieden über seinen Auftritt wurde die Ansprache des Reichskanzlers noch einmal aufgenommen und dann am 2. Februar als Aufzeichnung über alle deutschen Sender ausgestrahlt.
[4] WZ, 3.2.1933.
[5] Ansgar Diller: Rundfunkpolitik im Dritten Reich, in: Hans Bausch (Hg.): Rundfunk in Deutschland. Bd. 2, München 1980, S. 58.
[6] Die Tagebücher von Joseph Goebbels, Teil 1, Bd. 2/II, S. 35 (Eintrag vom 12.10.1932).
[7] VB, 9./10.7.1933.
[8] Zit. nach Helmut Heiber (Hg.): Goebbels Reden 1932–1945, Bindlach 1991, S. 82–107; Zitat: S. 87, 93, 103.
[9] Ebd., S. 102.
[10] Eugen Hadamovsky: Dein Rundfunk. Das Rundfunkbuch für alle Volksgenossen, München 1934, S. 58 f.
[11] Eugen Hadamovsky: Der Rundfunk im Dienste der Volksführung, Leipzig 1934, S. 118.
[12] VB, 10.9.1934.
[13] Auswahl an Überschriften im Völkischen Beobachter zwischen Juli 1933 und April 1934.
[14] VB, 7./8.1.1934.
[15] VB, 4./5.1934.
[16] Friedrich Herzfeld: Die Musik im nationalsozialistischen Rundfunk, in: Deutsche Radio-Illustrierte, 24.1.1937.
[17] Bundesarchiv (BA), R 78/1219, S. 23.
[18] Zit. nach Reinhard Döhl: Das Hörspiel zur NS-Zeit, Darmstadt 1992, S. 59.
[19] Zit. nach Rufer und Hörer, 3/1933, S. 49 f.

Anmerkungen

[20] „Dr. Goebbels: Der Rundfunk dient der Auflockerung des Alltags", in: Berliner Lokal-Anzeiger, 5.12.1935.
[21] RGBl. 1933, Teil 1, S. 797.
[22] Der Deutsche Sender 46/1932, S. 4.
[23] Stephan Eisel: Politik und Musik. Musik zwischen Zensur und politischem Missbrauch, München 1990, S. 54.
[24] BA, R 78/908, fol. 347.
[25] Fritz von Borries: Die Reichsmusikprüfstelle und ihr Wirken für die Musikkultur, in: Jahrbuch der deutschen Musik 1944, hg. von Hellmuth von Hase, Leipzig 1944, S. 49–55.
[26] Zit. nach Zeitschrift für Musik, März 1940, S. 174.
[27] BA, 62 DAF 3, 19236, S. 108 f.
[28] Ebd., R 55/556, fol. 2, S. 110.
[29] Zit. nach Podium der Unterhaltungsmusik, Nr. 2913/1942, S. 75 f.
[30] Mitteilungen der RGG, 30.3.1933.
[31] Zum VE siehe Wolfgang König: Der Volksempfänger und die Radioindustrie. Ein Beitrag zum Verhältnis von Wirtschaft und Politik im Nationalsozialismus, in: Vierteljahresschrift für Sozial- und Wirtschaftsgeschichte 90/3 (2003), S. 269–289; Ders.: Volkswagen, Volksempfänger, Volksgemeinschaft. „Volksprodukte" im Dritten Reich. Vom Scheitern einer nationalsozialistischen Konsumgesellschaft, Paderborn 2004.
[32] 76 RM entsprechen nach heutiger (2023) Kaufkraft und Währung ca. 380 Euro.
[33] Ein Großteil der Gebühren floss letztendlich jedoch an die RGG und damit an das RMVP.
[34] Heinz Pohle: Der Rundfunk als Instrument der Politik. Zur Geschichte des deutschen Rundfunks von 1923/38, Hamburg 1955, S. 256.
[35] Zit. nach Westfälische Neueste Nachrichten (Bielefeld), 11.11.1933.
[36] Ebd.
[37] VB, 7.8.1938.
[38] Inge Marßolek: Radio in Deutschland 1923–1960. Zur Sozialgeschichte eines Mediums, in: Geschichte und Gesellschaft 27/2 (2001): Kommunikationsgeschichte, hg. von Klaus Tenfelde, S. 217.
[39] Diller, Rundfunkpolitik im Dritten Reich, S. 182.
[40] Zum Fernsehen in der NS-Zeit siehe Klaus Winker: Fernsehen unterm Hakenkreuz: Organisation, Programm, Personal, Köln 1994.
[41] Peter Reichel: Der schöne Schein des Dritten Reichs, Frankfurt a. M., S. 314.
[42] Pohle, S. 334.
[43] VB, 22.1.1942.
[44] Heinz Boberach (Hg.): Meldungen aus dem Reich. Die geheimen Lageberichte des Sicherheitsdienstes der SS 1938–1945, Herrsching 1984, Bd. 11, S. 4235.
[45] BA, R 78/910, S. 101.
[46] Zit. nach Albrecht Riethmüller/Helmut Rösing: Musik und Politik im 3. Reich, in: Herbert Bruhn u. a. (Hg.): Musikpsychologie. Ein Handbuch in Schlüsselbegriffen, München/Wien/Baltimore 1985, S. 339.
[47] Mitteilungen der RRG, 23.11.1934.
[48] Richard Litterscheid: Nachruf auf den Jazz, in: Die Musik, Februar 1936, S. 327.

Anmerkungen

49 Mitteilungen der RRG, 14.2.1936.
50 Mitteilungen der RRG, 25.3.1936.
51 Funk, Heft 12/1933 (17.3.1933), S. 46.
52 VB, 12.10.1935.
53 Werner Stephan: Joseph Goebbels, Stuttgart 1949, S. 39.
54 Zit. nach Funk und Bewegung, Nr. 6, 1. Beilage, Juni 1934.
55 Vorlage der Reichssendeleitung vom 25.9.1934, BA, R 78/910, S. 231.
56 Mitteilungen der RGG, 27.4.1935.
57 Zit. nach Werner Egk: Die Zeit wartet nicht. Künstlerisches, Zeitgeschichtliches, Privates aus meinem Leben, München 1981, S. 343.
58 Ebd., S. 318.
59 Vorlage der Reichssendeleitung vom 25.9.1934, BA, R 78/910, S. 231.
60 Neugestaltung der Rundfunkprogramme, zit. nach Der Deutsche Rundfunk, 15.3.1935.
61 Handbuch des Deutschen Rundfunks 1938, S. 293.
62 Handbuch des Deutschen Rundfunks 1939/40, S. 317.
63 Zit. nach Mitteilungen der RGG, 28.8.1936.
64 Schreiben der Reichssendeleitung A 2 vom 7.1.1937; BA, R 78/917, S. 34.
65 Mitteilungen der RGG, 11.11.1936.
66 BA, R 78/1163, Schreiben vom 18.2.1937.
67 Herbert Gerigk: Die Unterhaltungsmusik im Rundfunk, in: Die Musik, Oktober 1933, S. 13.
68 Carola Stern: Sonnenblumen und Heldentod. Interview über ihre Zeit als BDM-Führerin. Sendung im Dritten Fernsehprogramm des NDR im Mai 1986, zit. nach Anna Christine Brade/Tilman Rhode-Jüchtern (Hg.): Das Völkische Lied. NS-Indoktrination der Jugend durch Musik, Bielefeld 1991, S. 84.
69 Abbildungen der Blaupunkt-Werbung (1937) in: Hans Dieter Schäfer: Das gespaltene Bewusstsein. Deutsche Kultur und Lebenswirklichkeit 1933–1945, München/Wien 1981 (Abb. 12 und 35).
70 Koch, Wunschkonzert, S. 168–247.
71 VB, 16.10.1938.
72 Daniela Münkel: Professionalisierung von Rundfunkberufen in der NS-Zeit?, in: Inge Marßolek/Adelheid von Saldern (Hg.): Zuhören und Gehörtwerden. Radio im Nationalsozialismus. Zwischen Lenkung und Ablenkung, Tübingen 1998, S. 62–72.
73 Zitate bei Koch, Wunschkonzert, S. 145
74 Heinz Goedecke/Wilhelm Krug: Wir beginnen das Wunschkonzert für die Wehrmacht, Berlin 1940, S. 27 f.
75 Meldungen aus dem Reich, Bd. 1, S. 5.
76 BA, R 78/904, S. 85 ff.
77 Ebd., S. 131 f.
78 Ebd., S. 51 ff.
79 Neues Mitteilungsblatt, Mai 1936, S. 3.
80 Helmut Heiber: Joseph Goebbels, München 1988, S. 317.
81 BA, R 55/620, S. 91.

Anmerkungen

82 Ebd.
83 Zit. nach Manfred Overesch (Hg.): Chronik deutscher Zeitgeschichte, Düsseldorf 1983, Bd. 2/II, S. 9
84 VB, 20.9.1939.
85 RGBl. 1939, Teil 1, S. 1618.
86 VB, 20.9.1939.
87 Goebbels: Die Zeit ohne Beispiel, S. 219.
88 Ebd., S. 219 f.
89 Gerhard Eckert: Der Rundfunk als Führungsmittel, Heidelberg 1942, S. 197.
90 Boberach, Meldungen aus dem Reich, Bd. 4, S. 1153 f.
91 Die Tagebücher von Joseph Goebbels, Teil 1, Bd. 8, S. 101.
92 Horst H. Lange: Jazz in Deutschland. Die deutsche Jazz-Chronik 1900–1960, Berlin 1966, S. 98.
93 Benannt war die Propaganda-Band nach Karl „Charlie" Schwedler, siehe Florian Steinbiß/David Eisermann: „Wir haben damals die beste Musik gemacht." Über Goebbels' Propaganda-Jazzband „Charlie and his Orchestra", in: Der Spiegel Nr. 16/1988, S. 236.
94 RGBl. 1939, Teil 1, S. 1683.
95 BA, R 55/20020 (Schreiben von Ministerialdirigent Berndt an die Gaupropagandaleitung Breslau vom 20.12.1939).
96 Curt Riess: Joseph Goebbels. Der Advokat des Teufels, Zürich 1949, S. 248.
97 Siehe Michael P. Hensle: Rundfunkverbrechen. Das Hören von „Feindsendern" im Nationalsozialismus, Berlin 2003.
98 VB, 13.7.1940.
99 Meldungen aus dem Reich, Bd. 5, S. 1692 f.
100 Ursula A. J. Becher: Trommelfeuer auf die Ohren – Rundfunk im Dritten Reich, in: Christoph Studt (Hg.): Das Dritte Reich. Ein Lesebuch zur deutschen Geschichte 1933–1945, München 1998, S. 136.
101 Meldungen aus dem Reich, Bd. 4, S. 1119.
102 Walter Klingler: Nationalsozialistische Rundfunkpolitik 1942–1945. Organisation, Programm und die Hörer. Diss. Mannheim 1981, S. 59 f.
103 Erlass des Reichssicherheitshauptamtes vom 20.9.1939, zit. nach Joseph Walk (Hg.): Das Sonderrecht für die Juden im NS-Staat. Eine Sammlung der gesetzlichen Maßnahmen und Richtlinien – Inhalt und Bedeutung, Karlsruhe 1981, S. 305.
104 Zit. nach ebd., S. 307.
105 Hans Jürgen Koch/Hermann Glaser: Ganz Ohr. Eine Kulturgeschichte des Radios in Deutschland, Köln/Weimar/Wien 2005, S. 120.
106 Siehe Steinbiß/Eisermann, „Wir haben damals die beste Musik gemacht", S. 236.
107 Willi A. Boelcke: Kriegspropaganda 1939–1941. Geheime Ministerkonferenzen im Propagandaministerium, Stuttgart 1966, S. 195.
108 Dieter Heimann: Die Reichssender-Zeit. Rückblick und Chronik II (1933–1945), in: Walter Först (Hg.): Aus Köln in die Welt. Beiträge zur Rundfunkgeschichte, Köln/Berlin 1974, S. 265.
109 Der Deutsche Rundfunk, 9.6.1940.

Anmerkungen

[110] Boelcke, Kriegspropaganda 1939–1941, S. 414.
[111] Meldungen aus dem Reich, Bd. 5, S. 1584.
[112] Ebd., Bd. 4, S. 1118.
[113] Ebd., Bd. 5, S. 1577.
[114] Zitate im Folgenden aus: Protokoll der Arbeitssitzung der Abteilungsleiter Musik des Großdeutschen Rundfunks am 2./3.10.1941; BA, R 55/695, S. 50 ff.
[115] Meldungen aus dem Reich, Bd. 7, S. 2356.
[116] Siehe ebd.
[117] Der Deutsche Rundfunk, 23.5.1941.
[118] BA, R 58/1090, S. 52 f.
[119] Hans Leip: Das Tanzrad oder die Lust und Mühe eines Daseins, Frankfurt a. M./Wien 1979, S. 79.
[120] Ebd.
[121] Norbert Schultze: Mit dir, Lili Marleen. Die Lebenserinnerungen des Komponisten Norbert Schultze, Zürich/Mainz 1995, S. 58.
[122] Johann Holzem: Lili Marleen und Belgrad 1941. Der lange Weg zum Ruhm, Meckenheim 1997, S. 56.
[123] Dieter Bartezko: Zwischen Flucht und Ekstase. Zur Theatralik von NS-Architektur, Berlin 1985, S. 12.
[124] Zit. nach Henry Pickert: Hitlers Tischgespräche im Führerhauptquartier, Stuttgart 1976, S. 230 (Notiz vom 22.4.1942).
[125] BA, R 55/695, S. 24.
[126] Zit. nach PK-Bericht von Robert Oberhauser: Lili Marlen [sic] an der Ostfront, in: Das Podium der Unterhaltungsmusik, Nr. 2908, 18.12.1941, S. 922 f.
[127] Zit. nach Hans Bayer: Wir hören Musik, in: Das Podium der Unterhaltungsmusik, Nr. 2913, 6.3.1942, S. 72.
[128] Christian Peters/Stiftung Haus der Geschichte der Bundesrepublik Deutschland (Hg.): Lili Marleen. Ein Schlager macht Geschichte, Bonn 2001, S. 35.
[129] BA, R 55/696, S. 66.
[130] Ebd.
[131] Ebd., S. 107.
[132] BA, R 55/125, S. 63.
[133] BA, R 55/696, S. 142 f.
[134] Zit. nach Koch, Wunschkonzert, S. 223 f.
[135] Siehe Anthony Hopkins: Songs of the Front and Rear, Edmonton 1979.
[136] Schweizer Illustrierte, Nr. 41/1943 (6.10.1943), S. 19.
[137] Zit. nach Derek Jewell: Rommel schickte Kaffee und Schnaps. Die Geschichte des Landser-Liedes „Lili Marleen", in: Der Spiegel, Nr. 1/1968, S. 19.
[138] BA, R 55/695, S. 50.
[139] Michael H. Kater: Gewagtes Spiel. Jazz im Nationalsozialismus, Köln 1995, S. 241.
[140] Ministerkonferenz vom 17.5.1941, nach Boelcke, Kriegspropaganda 1939–1941, S. 730 f.
[141] Kater, Gewagtes Spiel, S. 241.
[142] BA, R 55/20001e, Blatt 3.

Anmerkungen

[143] VB, 21.1.1942.
[144] BA, R 55/439, S. 16 f.
[145] Fritz Stege: Der deutsche Rundfunk im dritten Kriegsjahr, in: Jahrbuch für deutsche Musik 1943, S. 156.
[146] Erich Kochanowski: Die Neugestaltung des Unterhaltungsprogramms im Großdeutschen Rundfunk, BA, R 78/1000a, S. 7.
[147] Stege, Der deutsche Rundfunk im dritten Kriegsjahr, S. 155.
[148] BA, R 78/1000a, S. 7.
[149] BA, R 55/1254, S. 26.
[150] Auf diese Mitteilung vom 21.2.1944, kurz vor 20 Uhr, folgte die Zerstörung der Stadt Worms, siehe Jörg Koch: Worms ein verschwundenes Stadtbild, Erfurt 2019, S. 11.
[151] Zit. nach VB, 2.3.1942.
[152] Zit. nach Königsberger Zeitung, 1.3.1942.
[153] Zit. nach VB, 12.3.1942.
[154] BA, R 55/20637, S. 72 ff.
[155] Fritz Hippler: Die Verstrickung, Düsseldorf 1981, S. 247 f.
[156] Mitteilung Norbert Schultzes an den Autor vom 4.7.1995.
[157] Mitteilung Fritz Hipplers an den Autor vom 17.6.1995.
[158] Hippler, Die Verstrickung, S. 248.
[159] Reichel, Der schöne Schein des Dritten Reichs, S. 194.
[160] Meldungen aus dem Reich, Bd. 14, S. 5446.
[161] BA, R 56 I/27.
[162] Meldungen aus dem Reich, Bd. 9, S. 3199.
[163] BA, R 55/1254, S. 109 ff.
[164] BA, R 55/696, S. 61.
[165] Ebd., S. 65.
[166] Ebd.
[167] Meldungen aus dem Reich, Bd. 4, S. 1325.
[168] BA, R 55/696, S. 87.
[169] Ebd., S. 89.
[170] Ebd., S. 112.
[171] Meldungen aus dem Reich, Bd. 12, S. 4735.
[172] Ebd., S. 4736.
[173] Ebd., S. 4831 f.
[174] BA, R 55/696, S. 122.
[175] Ebd., S. 108.
[176] Ebd., S. 74.
[177] BA, R 55/20001g 2, Blatt 9.
[178] Deutsches Rundfunkarchiv Frankfurt (DRA), Archivnr. 2955859 [= Digitalisierung vom Originaltonträger der Reichsrundfunkgesellschaft (RRG 62864/[62]880)].
[179] Ansgar Diller: Die Weihnachtsringsendung 1942. Der Produktionsfahrplan der RRG, in: Rundfunk und Geschichte. Mitteilungen des Studienkreises Rundfunk und Geschichte. Informationen aus dem Deutschen Rundfunkarchiv, Heft 1/2 2003, S. 47 ff.

¹⁸⁰ Zit. nach Overesch (Hg.), Chronik deutscher Zeitgeschichte, S. 508.
¹⁸¹ Ebd.
¹⁸² Lutz Koch: Rommel. Der Wüstenfuchs, München 1979, S. 246.
¹⁸³ Meldungen aus dem Reich, Bd. 13, S. 4929.
¹⁸⁴ BA, R 55/556, Blatt 2, S. 73.
¹⁸⁵ Ebd., S. 87.
¹⁸⁶ Ebd., S. 95.
¹⁸⁷ Ebd., S. 105.
¹⁸⁸ Ebd., S. 153 ff.
¹⁸⁹ Ebd., S. 109.
¹⁹⁰ Zit. nach Overesch (Hg.), Chronik deutscher Zeitgeschichte, S. 605.
¹⁹¹ Ebd., S. 611.
¹⁹² Ebd., S. 614.
¹⁹³ Robert und Einzi Stolz: Servus Du, München 1980, S. 356.

IV. Neuanfang in den Besatzungszonen

¹ Rundfunk Berlin-Brandenburg (Hg.): Hier spricht Berlin. Das Haus des Rundfunks – lebendige Radiogeschichte, Berlin 2021, S. 8.
² Siehe Gerhard Walther: Der Rundfunk in der Sowjetischen Besatzungszone Deutschlands, Bonn 1961.
³ Siehe Andreas Zimmer: Der Kulturbund in der SBZ und in der DDR. Eine ostdeutsche Kulturvereinigung im Wandel der Zeit zwischen 1945 und 1990, Heidelberg 2019, S. 19 ff.
⁴ Heide Riedel: Lieber Rundfunk ... 75 Jahre Hörergeschichte(n), Berlin 1999, S. 16.
⁵ Siehe Herbert Kundtler (Hg.): RIAS Berlin. Eine Radiostation in einer geteilten Stadt, Berlin 1994.
⁶ 1944 hatte es im ganzen Reich rund 16 Millionen gemeldeter Rundfunkteilnehmer gegeben.
⁷ Zit. nach Hans Bausch: Rundfunkpolitik nach 1945, Teil 1: 1945–1962, München 1980, S. 72 f.
⁸ Auszug aus dem Gesetz über den Hessischen Rundfunk vom 2.10.1948, zit. nach Fischer (Hg.), Dokumente zur Geschichte des deutschen Rundfunks, S. 91 f.
⁹ Später kamen hinzu Delegierte aus Gemeinschaften der Frauen und der Jugend sowie der Heimatvertriebenen.
¹⁰ Hans-Ulrich Wehler: Deutsche Gesellschaftsgeschichte, Bd. 5: 1949–1990, München 2008, S. 272.
¹¹ Bernd Stöver: Das Veto der Bombe. Amerikanische Liberation Policy im Jahr 1956: Das Beispiel Radio Freies Europa, in: Roger Engelmann u. a. (Hg.): Kommunismus in der Krise. Die Entstalinisierung 1956 und die Folgen, Göttingen 2008, S. 207 f.

Anmerkungen

V. Rundfunk in der Bundesrepublik

1. Inflationsbereinigt und in heutiger Währung entspricht der damalige Verkaufspreis 590 bzw. 640 €. Das Durchschnittseinkommen eines Arbeitnehmers betrug 1950 monatlich 243 DM.
2. Siehe Andreas Fickers: Der „Transistor" als technisches und kulturelles Phänomen. Die Transistorierung der Radio- und Fernsehempfänger 1955 bis 1965, Bassum 1998.
3. Siehe Janina Fuge: Schwarzhörer in der Rundfunkgeschichte, in: Das Archiv, Heft 3/2007, S. 6–13.
4. Henning Wicht: Der Hörfunk im Zeitalter des Fernsehens. Die Programme der ARD-Anstalten, in: ARD-Jahrbuch 1969, S. 63–79, zit. nach Konrad Dussel/Edgar Lersch: Quellen zur Programmgeschichte des deutschen Hörfunks und Fernsehens, Göttingen 1999, S. 286 f.
5. Zit. nach Olaf Stieglitz: Tor, Toor, Toor, Tooooor. Sportreportagen im Radio, in: Gerhard Paul/Ralph Schock (Hg.): Sound des Jahrhunderts, Bonn 2013, S. 370–375.
6. Koch/Glaser, Ganz Ohr, S. 249.
7. Wehler, Deutsche Gesellschaftsgeschichte, Bd. 5, S. 395.
8. Siehe Jörg Koch: Einigkeit und Recht und Freiheit. Die Geschichte der deutschen Nationalhymne, Stuttgart 2021, S. 163.
9. Siehe Fritz Raff/Axel Buchholz (Hg.): Geschichte und Geschichten des Senders an der Saar – 50 Jahre Saarländischer Rundfunk, Freiburg i. Br. u. a. 2007.
10. Generalbeschreibung der SWF-Programme (1973), zit. nach Dussel/Lersch, Quellen zur Programmgeschichte des deutschen Hörfunks und Fernsehens, S. 302 ff.
11. Siehe Frank Capellan: Für Deutschland und Europa. Der Deutschlandfunk 1961–1989, München u. a. 1993.
12. Wehler, Deutsche Gesellschaftsgeschichte, Bd. 5, S. 274.
13. Bundesamt für zivilen Bevölkerungsschutz: Schutz gegen radioaktive Niederschläge in Haus und Betrieb, Bad Godesberg o. J., S. 7.
14. Eine Befreiung bzw. Ermäßigung von der Gebühr ist aus sozialen oder gesundheitlichen Gründen möglich; davon betroffen waren 2022 rund 2,6 Millionen Menschen.
15. Koch/Glaser, Ganz Ohr, S. 252.
16. Entscheidung des Bundesverfassungsgericht vom 16.6.1981 siehe: Uwe Kischel: Rundfunkfreiheit und Rundfunkmonopol, in: Gerhard Hohloch (Hg.): Aspekte des Rechts der audiovisuellen Kommunikation, Baden-Baden 1996, S. 81. Siehe auch Friedrich Landwehrmann/Michael Jäckel: Kabelfernsehen – von der Skepsis zur Akzeptanz. Das erweiterte Programmangebot im Urteil der Zuschauer, München 1991.
17. Alfred-Joachim Hermani: Medienpolitik in den 80er Jahren. Machtpolitische Strategien der Parteien im Zuge der Einführung des dualen Rundfunksystems, Wiesbaden 2008, S. 98.
18. Siehe Michael Jäckel/Michael Schenk (Hg.): Kabelfernsehen in Deutschland. Pilotprojekte, Programmvermehrung, private Konkurrenz. Ergebnisse und Perspektiven, München 1991.

[19] WZ, 2.1.1984.
[20] Die Abkürzung FFH steht für „Funk und Fernsehen in Hessen".

VI. Rundfunk in der DDR

[1] Programmstatistik 1955, siehe Dussel, Deutsche Rundfunkgeschichte, S. 191.
[2] Siehe Klaus Arnold: Kalter Krieg im Äther. Der Deutschlandsender und die Westpropaganda der DDR, Münster 2002.
[3] Siehe Susanne Schädlich: Briefe ohne Unterschrift. Wie eine BBC-Sendung die DDR herausforderte, München 2017, S. 50.
[4] Zit. nach Dussel/Lersch, Quellen zur Programmgeschichte des deutschen Hörfunks und Fernsehens, S. 186 f.
[5] Ebd., S. 190.
[6] Ebd., S. 194 ff.
[7] Diese Angabe bezieht sich auf das Morgenprogramm im Jahr 1970, siehe Dussel, Deutsche Rundfunkgeschichte, S. 188.
[8] Zit. nach Barbara Brugger: Im Spagat zwischen Hörerwunsch und Parteiauftrag. Eine kleine Chronik des DDR-Jugendradios DT 64, in: Das Archiv, Heft 4/2011, S. 27.
[9] Siehe Schädlich, Briefe ohne Unterschrift, S. 57 ff.
[10] Siehe Bernhard Hein: Die Geschichte der Rundfunkindustrie in der DDR, Bd. 1: Der schwere Wiederbeginn, Aufstieg und Blüte der Röhrenempfänger, 3. Aufl. Dessau 2002, S. 102–111.

VII. Rundfunk im wiedervereinigten Deutschland

[1] Vertrag zwischen der Bundesrepublik Deutschland und der Deutschen Demokratischen Republik über die Herstellung der Einheit Deutschlands (Einigungsvertrag), hg. vom Presse- und Informationsamt der Bundesregierung, Bonn 1990, Nr. 104, S. 886.
[2] Zum Rundfunk im 21. Jahrhundert siehe Hans-Jürgen Krug: Radiolandschaften. Beiträge zur Geschichte und Entwicklung des Hörfunks, Frankfurt a. M. 2002 und Ders.: Grundwissen Radio, München 2019.
[3] Siehe Thomas Riegler: Digital-Radio. Alles über DAB, DRM und Web Radio, Baden-Baden 2004.
[4] epd Medien Frankfurt a. M. Nr. 20/2008 (21.3.2008).
[5] Florian Schütz: „Hier sitzt man gemeinsam und hört zu". Radio relativ zu Raum und Zeit, in: Das Archiv, Heft 3/2020, S. 9.
[6] Frankfurter Allgemeine Zeitung (FAZ), 10.8.2022.

Anmerkungen

[7] FAZ, 8.12.2022.
[8] Zit. nach BILD, 19.9.2022.
[9] Mit rund 4.000 Mitarbeitern ist der WDR größter Sender innerhalb der ARD.
[10] Süddeutsche Zeitung, 6.7.2021.
[11] JF online, 16.8.2022.
[12] Siehe etwa Focus, 6.8.2022.
[13] FAZ, 7.10.2022.
[14] FAZ, 1.12.2022.
[15] FAZ, 13.12.2022.
[16] FAZ, 27.9.2022. Zum Vergleich: Der Bundeskanzler erhält ein Jahresgehalt von rund 360.000 €. Der Intendant des SR verdient 245.000 €/Jahr, der Intendant des WDR erhält dagegen 413.000 €/Jahr, Frau Schlesinger bezog als Intendantin des RBB (ohne Bonuszahlungen) ein Jahresgehalt von rund 300.000 € (Angaben für 2022).
[17] FAZ, 3.11.2022.
[18] Ebd.

Abbildungsnachweis

Abb. 1, 3, 10, 11 und 30: Archiv Sender- und Funktechnikmuseum Königs Wusterhausen.

Abb. 28: Grafik aus Kurt Riemenschneider: Der Antennenbau, Berlin 1925, S. 77.

Abb. 36: Foto: J. Senkpiehl, Landsberg/Warthe.

Abb. 40: Der Spiegel 3/1958; Foto: Jörg Koch

Abb. 43: Motorrundschau, 10.03.1960; Foto: Jörg Koch

Alle übrigen Abbildungen: Archiv Jörg Koch.

Personenregister

Achann, Reinfried 101
Adenauer, Konrad 52, 156, 159 f., 163, 165, 170
Adorno, Theodor W. 147
Aichinger, Ilse 161
Alexander, Peter 161
Andersch, Alfred 147, 162
Andersen, Lale 110 f., 114–117
Appelius, Ulrich 92

Bach, Johann Sebastian 35, 76, 169
Bachmann, Ingeborg 161
Becher, Johannes R. 39
Beethoven, Ludwig van 35, 76, 169
Behrendt, Joachim-Ernst 167
Beinhorn, Elly 41
Bell, John 49
Berry, Chuck 157
Bersarin, Nikolaj 141
Blomstedt, Herbert 169
Bochmann, Werner 84
Bodenstedt, Hans 37, 41
Borchert, Wolfgang 148
Borgmann, Hans-Otto 84
Borries, Fritz von 119
Bosse, Peter 180
Boulez, Pierre 169
Böhm-Raffey, Bruno 101
Böhmelt, Harald 84, 124
Böll, Heinrich 161
Brahms, Johannes 76
Braun, Alfred 39–41
Braun, Artur 152
Braun, Erwin 152
Braun, Ferdinand 18
Braun, Max 152 f.

Brecht, Bertolt 34 f.
Bredow, Hans 12–14, 23, 29, 31, 43, 52, 159
Brockmann, Wilhelm 102
Brockmeier, Wolfram 98
Bruckner, Anton 76
Brühne, Lothar 84
Buchheim, Lothar-Günther 121
Buhlan, Bully 142
Burger, Lothar 101

Carrell, Rudi 164
Curie, Marie 7

Daubner, Susanne 185
Dehler, Thomas 160
Dehmel, Willy 124
Dietrich, Marlene 116
Doelle, Franz 124
Dreßler-Andreß, Horst 61 f.
Drews, Heinz 62
Dvořák, Antonín 35
Döblin, Alfred 34
Dürrenmatt, Friedrich 161

Ebert, Friedrich 24
Eggebrecht, Axel 148
Einstein, Albert 34, 49
Eisenhower, Dwight D. 117
Elisabeth II., Königin von England 170
Enzensberger, Hans Magnus 147
Erhard, Ludwig 160
Ernst, Bernhard 34, 41
Eschenbach, Christoph 169
Eskens, Margot 161
Euringer, Richard 98

Personenregister

Fernau, Joachim 121
Fleißer, Marieluise 34
Flesch, Hans 34
Forst, Willi 110
Frankenfeld, Peter 164
Frick, Wilhelm 76
Friedrich der Große 98
Frisch, Max 161
Fritsch, Willy 83, 110, 128
Fritzsche, Hans 122, 134
Fuhlberg-Horst, John 39
Fuhrmann, Richard 93
Furtwängler, Wilhelm 78

Gayl, Wilhelm von 50
George, Heinrich 90
Glasmeier, Heinrich 99, 104, 118
Goebbels, Joseph 51, 54–56, 59–62, 65, 67, 69, 77 f., 81, 88 f., 91–94, 97, 99 f., 104, 106, 109, 114 f., 117 f., 122–126, 129–131, 134 f.
Goedecke, Heinz 87
Goldschmidt, Fritz 23
Gottlieb, Sigmund 199
Greene, Graham 148
Greene, Hugh 148
Griessing, Otto 65
Grimme, Adolf 148
Grothe, Franz 94, 118, 124
Grundig, Max 153 f.
Günther, Kurt 39

Habermas, Jürgen 147
Hadamovsky, Eugen 57, 77 f., 99, 104
Haentzschel, Georg 94, 118
Hagen, Nina 137
Hahnemann, Helga 180
Haley, Bill 156
Hansel, Günther 182
Hanstein, Otfried von 39
Harvey, Lilian 83
Hauptmann, Gerhart 34
Haydn, Joseph 76

Hebbel, Friedrich 60
Heck, Dieter Thomas 165, 172
Heesters, Johannes 110
Heine, Heinrich 26
Heist, Walter 162
Hertz, Heinrich 17, 49
Heuss, Theodor 160, 165
Hildesheimer, Wolfgang 161
Hindemith, Paul 35, 77
Hinkel, Hans 114 f., 122, 131
Hippler, Fritz 123, 125
Hitler, Adolf 22, 26, 54, 64, 67, 95, 98, 113 f., 133–135
Händel, Georg Friedrich 35, 62, 76
Hindenburg, Paul von 50
Hoerschelmann, Fred von 161
Hohenberger, Kurt 109
Holzamer, Karl 121
Honecker, Erich 184
Höfer, Werner 166

Jary, Michael 84, 109, 124, 141
Jente, Martin 121
Jordan, Siegfried 183

Kaiser, Jakob 160
Kaléko, Mascha 162
Karajan, Herbert von 88
Kaufmann, Karl 141
Kersting, Walter Maria 65
Kiesinger, Kurt Georg 104
Kistenmacher, Richard 112
Knöpfke, Friedrich Georg 23
Koch, Lutz 121
Koeppen, Wolfgang 162
Kohl, Helmut 173
Kollhoff, Wilhelm 25
Krauss, Werner 39
Kreisler, Fritz 23
Kreuder, Peter 84, 109, 124
Krug, Wilhelm 87
Kulenkampff, Joachim 164
Künneke, Eduard 124

Künneke, Evelyn 110
Küttner, Herbert 180
Kütz, Wilhelm 43

Lasker-Schüler, Else 34
Laven, Paul 41
Leander, Zarah 88, 109, 125 f.
Lehn, Erwin 141
Leip, Hans 111 f., 117
Lieben, Robert von 49
Lindbergh, Charles 34
Lindner, Christian 202
Lynn, Vera 116
Loewe, Siegmund 48
Luther, Martin 98

Mackeben, Theo 124
Mahle, Hans 141
Mann, Heinrich 34
Mann, Thomas 40, 103, 162
McCloy, John 149
Marconi, Guglielmo 17 f.
Marquardsen, Otto 39
Marx, Wilhelm 26
Maxwell, James Clerk 17, 49
Meißner, Alexander 12
Mendelssohn-Bartholdy, Felix 35
Miller, Glenn 118
Mitscherlich, Alexander 91, 147
Montgomery, Bernard 116
Moser, Hans 87
Mozart, Wolfgang Amadeus 35, 76, 169
Mölders, Werner 118
Möller, Eberhard Wolfgang 98

Nannen, Henri 121
Norrington, Roger 169

Oersted, Hans Christian 49

Papen, Franz von 50
Pieck, Wilhelm 180
Pinelli, Aldo von 124

Platen, Horst 28
Presley, Elvis 157
Prokofjew, Sergej 35
Poincaré, Raymond 22
Poulsen, Valdemar 14
Preußen, Luise von 98

Quinn, Freddy 161

Raabe, Peter 62 f.
Raddatz, Carl 88
Radler, Max 39
Rahn, Helmut 162
Raschke, Martin 98
Rattle, Simon 169
Rehberg, Hans 98
Reis, Philipp 49
Reutter, Otto 39
Richard, Little 157
Richter, Ilja 173
Riess, Curt 100
Riewa, Jens 185
Ringelnatz, Joachim 39
Ritter, Gerhard 167
Rommel, Erwin 116, 121, 123, 133
Rosenthal, Hans 144
Rossbach, Sabine 202
Rökk, Marika 94, 109, 127 f., 130
Rundstedt, Gerd von 133
Rühmann, Heinz 110, 123

Schenk, Heinz 164
Schenk Graf von Stauffenberg, Claus 133
Schlesinger, Patricia 200, 220
Schmid, Carlo 160
Schmidt, Helmut 173
Schmundt, Rudolf 114
Schnitzler, Eduard von 148
Scholz, Erich 51
Schönberg, Arnold 77
Schramm, Percy Ernst 121
Schubert, Franz 35

Personenregister

Schubotz, Hermann 32
Schultze, Norbert 84, 111, 124
Schultz, Norbert jr. 117
Schumacher, Kurt 160
Schumann, Robert 35, 60
Schuricke, Rudi 161
Schütze, Alma 91
Schwarzkopf, Erich 14 f.
Schwenn, Günther 124
Seghers, Anna 34
Senger, Harry 39
Sexauer, Manfred 165
Serrano, Rosita 88, 109 f., 129
Silcher, Friedrich 169
Singelnstein, Christoph 201
Spanner-Ulmer, Birgit 201
Springer, Axel 174
Stalin, Joseph 141, 180
Stauffer, Teddy 109
Stern, Carola 83
Strassmann, Franz 39
Strauss, Richard 62, 78
Strawinsky, Igor 35
Stresemann, Gustav 39

Thoelke, Wim 164
Tukur, Ulrich 137

Uhlig, Manfred 182
Ulbricht, Walter 180
Urack, Otto 23

Valente, Caterina 161
Verhoeven, Paul 117
Voss, Ernst Ludwig 22
Voß, Peter 199

Wagner, Richard 35, 76
Wallace, Edgar 34
Wand, Günter 169
Wächter, Werner 69
Webern, Anton von 77
Wehner, Herbert 160
Weil, Kurt 35
Weissenbach, Fritz 167
Weissenbach, Gerdi 167
Werner, Ilse 88, 110, 125
Wiesberg, Wilhelm 169
Windt, Herbert 84

Zahn, Peter von 121, 148
Zimmermann, Herbert 162
Zuckmayer, Carl 148